美育与大学生艺术素养

主 编　付胜利

副主编　毛建芳　党　焱　赵文华

参 编

丁　玲　张　戈　赵恬添

崔佳琦　张一凡　郑　艺

李肇雪　李　阳　柴　磊

西北大学出版社

· 西安 ·

图书在版编目（CIP）数据

美育与大学生艺术素养 / 付胜利主编. -- 西安：
西北大学出版社，2025.1. -- ISBN 978-7-5604-5595-2

Ⅰ. G40-014；J

中国国家版本馆CIP数据核字第20251PC893号

美育与大学生艺术素养

主　　编　付胜利

出版发行　西北大学出版社

地　　址　西安市太白北路229号

邮　　编　710069

电　　话　029-88303940

经　　销　全国新华书店

印　　装　西安奇良海德印刷有限公司

开　　本　889毫米×1194毫米　1/16

印　　张　15.25

字　　数　350千字

版　　次　2025年1月第2版　2025年7月第2次印刷

书　　号　ISBN 978-7-5604-5595-2

定　　价　48.60元

如有印装质量问题，请与本社联系调换，电话029-88302966。

前　言

马克思说："社会的进步是人类追求美的结晶。"（《1844年经济学哲学手稿》）从古今中外的历史来看，美育总是伴随着人类文明、社会文化的发展而同步发展，美育也始终是整个教育事业的一个重要组成部分。党的十八大以来，党和国家高度重视学校美育工作，习近平总书记多次强调德智体美劳"五育并举"。2020年10月，中共中央办公厅、国务院办公厅印发《关于全面加强和改进新时代学校美育工作的意见》，指出："美是纯洁道德、丰富精神的重要源泉。美育是审美教育、情操教育、心灵教育，也是丰富想象力和培养创新意识的教育，能提升审美素养、陶冶情操、温润心灵、激发创新创造活力。"

"科学和艺术是不可分割的，就像一枚硬币的两面。它们共同的基础是人类的创造力。"这是著名科学家李政道先生的经验之谈（1993年6月，北京，科学与艺术研讨会上的讲话）。"我觉得艺术上的修养对我后来的科学工作很重要，它开拓了科学创新思维。"这是"两弹一星"元勋钱学森的人生感悟（2005年7月29日，北京，与温家宝的谈话）。这些都精辟地说明了艺术与科技相互渗透、相互促进的关系。真正创造性的科学，源于深厚的哲学思维、艺术灵感，来自人们的信仰和对人与世界的感悟。艺术教育是通过艺术进行的审美教育，它是学校实施美育的主要内容和途径，是大学生文化素质教育的重要组成部分。

本书名为《美育与大学生艺术素养》，是基于美育与艺术的特殊关系编写的。尽管美育的范畴远远大于艺术审美，但是艺术审美在美育中占据着主渠道地位是不争的事实。各种艺术的美，不仅是现实生活中各种形态美的反映，而且艺术美比现实美更集中、更典型，也更带有普遍性。因此，艺术审美能力的培养在美育中也就占据着十分重要的地位。

为了使用方便，现简要介绍本书特点：

（1）化美育德，弘扬中华美育精神。立足学美养德、践美立德，将中华优秀传统美育资源融入教材的各个内容模块，达到传承和弘扬中华美育精神的目的。

（2）艺技融合，凸显高职美育特色。构建职业美学模块，包括劳动美、设计美、工匠精神美、企业文化美、职业服装美等单元，体现美育与职业教育的有机融合，通过美育培养学生的职业素养。

（3）艺术养心，文化涵养人文品格。力求突出艺术中的文化因素，使学生在走进大师、赏析名作的同时，能够感受到不同的社会风情和艺术大师的人格魅力。

（4）精选经典，体现时代艺术特点。在内容编排上，力求选取大学生最应该知道的，各个时期、各主要流派、各民族最具代表性的经典审美作品。运用当代最新的研究成果和观点，介绍最新的艺术流派和艺术作品。

（5）生动呈现，提供全新学习体验。在语言表达和版面设计上，力求生动形象、简洁美观；配有丰富的插图、案例和"美的视窗""美的拓展""美的巡览""数字展馆""数字剧院""数字音乐厅"等数字资源，提高"悦"读感受；设有"美的思考""艺术实践"学习任务，引导学生通过课后思考和实践，拓展审美视野，探索美的真谛。

艺术养心，美育化人。希望大学生通过本书的学习，能够寻美、懂美、求美、创美，能够热爱艺术、鉴赏艺术，并养成以审美的标准工作、以审美的姿态生活的良好习惯，在以后的职业生涯中既会做人又会做事，既能立足又能发展，以适应新时代社会建设的需求。

本书由付胜利提出写作思路、拟定写作大纲并负责全书的统稿及定稿，毛建芳、党焱协助统稿并负责教材编写的统筹协调工作，咸阳市工人文化宫主任赵文华负责职业美模块的内容策划及审定工作。其中，绪论由付胜利编写，第三章、第四章、第六章、第八章、第十章、第十二章由毛建芳编写，第十四章第五节、第六节由党焱编写，第一章由丁玲编写，第二章、第十三章第一节由张戈编写，第五章、第七章由赵恬添编写，第九章由崔佳琦编写，第十四章第一节、第三节由张一凡编写，第十四章第二节、第四节由郑艺编写，第十一章由李肇雪编写，第十三章第二节由李阳编写，第十三章第三节由柴磊编写，第九章第四节部分照片拍摄由毛建芳完成。

本书在编写时参考、引用、借鉴了国内外有关著作、文献，限于篇幅，恕未一一注明。西北大学出版社给予了大力支持，在此一并致谢。

由于时间仓促，水平有限，本书在内容上难免有一些不足乃至错误之处，恳切希望有关专家和广大读者给予批评指正，以便今后修订完善。

编　者
2024 年 10 月于咸阳

目录 CONTENTS

CONTENTS

下篇　艺术素养

CONTENTS

CONTENTS

绪论
美育与大学生成长

一 何为美育

爱美是人的天性，人们尽管在性别、民族、职业、信仰等方面千差万别，但有一点却是共同的，那就是爱美。美充满了人的一生，美包围着人的周身。对于人来说，宇宙、自然、社会、世界处处蕴含着美，时时显示着美，人类社会生活的一切领域都存在着美，美食、美居、美衣、美容、美言、美德、美景、美好的祝愿、美好的理想……可以说，与"美"字有关的词语太多了。人的一生都在永不停止地追求美、创造美、欣赏美，人们追求自然美、社会美和艺术美，从中得到美的创造和欣赏的无穷乐趣。

人们为美而忙。人们追求自身的美，包括外在美和内在美。无数的人在为他人的外表美而忙碌，如理发师、服装师、装潢师等。同时，人们更注重自身内在的美，学生努力学习以增长智慧美，教师认真教书育人，以培养学生的真、善、美。

人们为美而苦。如中国古代女子间受封建传统观念的影响盛行裹足，心甘情愿地忍受着难言的痛苦，去追求"三寸金莲"不健康的畸形的美；现代人通过科学的锻炼塑身健体，追求的是健康的形体美。

人们甚至为美而战。荷马史诗《伊利亚特》记载古希腊长达10年的战争，战争起因是为了争夺一位艳绝人寰的女子——海伦。当海伦终于登上城堡时，希腊军队的将士们发出感叹："无怪乎我们要打10年仗，值得！"18世纪的英法战争期间，当时海战进行得非常激烈，正巧有一条运送中国名贵月季花品种的船驶近战区，为了保护名花以便让它在欧洲传播，作战双方约定停战6小时。有为了争夺美而开战，也有为了保护美而停战，可见美具有多么大的魅力！

爱美的人是那么多，爱美的心是那么急切，然而真正懂得美的人却并不多，对于美的追求也往往存在较大的误区，这一点对于知识层次较高的大学生也不例外。如许多大学生盲目喜欢平庸的流行歌曲，不欣赏高雅音乐，不懂黄钟大吕；沉迷武打言情小说，不

◀《千里江山图》（局部）——王希孟

美的视窗
·千里江山图

读经典名著；服装以"奇"、以"怪"为美，不懂服装美学……美的荒芜与丑的泛滥在一定程度上普遍存在。大学生审美情趣和艺术修养亟待提高，自身素养不高。这一切都说明，美育再也不能拖延了，大学生必须加强审美教育。

那么，什么是美育？进行审美教育有什么意义？美育与德、智、体、劳四育的关系如何？

人类在漫长的社会实践中，有三次区别于动物的精神提升：第一次是认识与把握人与自然的关系，这是求"真"的过程，从科学的角度认识外部自然环境；第二次是认识和把握人与社会的关系，这是求"善"的过程，从伦理的角度认识外部社会环境；第三次是对于自身的认识，这是求"美"的过程，是从艺术与审美的角度认识人与人、人与社会、人与自然的关系。经过这样的精神提升，人类终于创造了精神文明的三大明珠，即真、善、美。"真"是真理和科学，它解决认知是非问题，通过智育获得；"善"是伦理和道德，它解决意志与善恶问题，通过德育获得；"美"是艺术与美学问题，它解决情感与美丑问题，通过美育获得。一个人只有具有了真、善、美的精神世界和人格结构，才是完美的。

美育即审美教育，是通过各类美的事物（自然美、社会美、艺术美）培养学生健康的审美理想、审美观念和审美能力，陶冶高尚的情操，塑造优良的人格结构，启迪和开发智慧的教育活动，它是一种高层次、高境界、涵盖面极宽的精神情感教育，其设立目的是促进人的全面和谐发展。

审美教育本质上是一种情感教育，是人类的一种高级情感活动，具有形象性、愉悦性和潜移默化性等特点。审美教育具有形象性，它通过各种美的形象来打动人心，总是以具体的感性形式表现出来；审美教育具有愉悦性，审美不带有一般教育具有的强制性，能使人们心甘情愿地去接受美的教育，在不知不觉中受到美的熏陶；审美教育具有潜移默化性，它是在不知不觉中对人发生作用的。

美育与德育、智育、体育、劳育一样，是教育的重要组成部分。它们都有各自独特的功能，但也有密切的联系。从本质上说，德育、智育、美育的关系体现了真、善、美的关系，真、善、美三者是统一的。在这方面，自古以来许多学者都有所发现。古希腊哲学家苏格拉底说，凡是符合人的功利目的的东西，既是善的，又是美的。一个人越懂得美就越有道德。狄德罗说，真和善是美的客观基础。这说明他们已经洞察到真、善、美的内在联系。德、智、体、美、劳是一个整体，是一项完整的工程，只有使这几方面的教育协调一致地发展，才能实现培养全面发展的一代新人的任务。

二　美育的作用

通过审美教育可以提高审美感受力。审美感受力是指人的审美感官对审美对象进行感知的能力。人们通过耳闻目睹就能对现实中的美进行直观把握，这是审美感受力的表现。没有一定的审美感受力，就无法获得美的直观印象。审美教育的首要任务，就是引导人们在审美实践中培养和提高对自然美、社会美和艺术美的兴趣和爱好，培养和提高他们对美的事物的感受力。审美感受力的高低，是以其敏锐程度为标志的。一个具有敏锐的审美感受力的人，能对美的对象迅速做出情感反应。罗丹说："所谓大师，就是这样的人，他们用自己的眼睛看别人看过的东西，在别人司空见惯的东西上能够发现出美来。"培养和提高审美感受力，主要应当引导人们直接置身于美的环境中，通过耳濡目染，亲身领略客观事物的美。

通过审美教育可以提高审美鉴赏力。审美鉴赏力是人们在实践中形成的对美的事物的领悟与评价的能力。一个审美鉴赏力较高的人，不但能一下子被美的事物深深感动，而且能做出审美判断，指出美在何处。因此，审美鉴赏力首先是一种审美理解力。审美理解力的高低，是审美鉴赏水平高低的决定性因素。要提高审美鉴赏力，就要努力培养审美理解力。培养审美理解力的道路，只能是努力学习科学文化知识，尤其是美学、文学、艺术、历史等学科知识。

通过审美教育可以提高创造力。首先，以美启真，通过美的体验和欣赏可以启迪智慧，促进认知的发展。美不仅是感官的享受，更是理解和认识世界的途径，通过自然、社会、艺术等多种形式的美，人们可以开阔视野，提升认知能力，从而达到对真理的更深理解和认识。其次，创新思维的核心是想象力，而美育是培养人们丰富想象力的有效途径。艺术创作、审美等活动，能极大激发和调动人的想象力和创造力，培养创新思维和创造能力。最后，美育的愉悦性和自由性可以使人精神解放、胸襟开阔，以充沛的生命活力投入创造活动，并对自己的审美创造活动充满乐趣。

通过审美教育可以陶冶情操、完善人格。美是纯洁道德、丰富精神的重要源泉，美育是审美教育，也是情操教育、心灵教育，具有陶冶情操、温润心灵、完善人格的作用。蔡元培提出："美育之目的，在陶冶活泼敏锐之心灵，养成高尚纯洁之人格。"审美具有引导人们向善的德育功能，美育能帮助人们形成健康的观念、趣味和理想，让人超越个人私利、私欲，培养高尚的人格，提升人生的境界。

三　美育的传统

重视审美教育，在我国有着优良的传统。早在西周时就已经提出审美教育，即礼、乐、射、御、书、数，其中就含有德、智、体、美等多种教育因素。列于六艺之首的，是礼与乐。古代教育家认为礼与乐是修身、齐家、治国、平天下的工具，所以孔子提出："兴于《诗》，立于礼，成于乐。"他说"《诗》，可以兴，可以观，可以群，可以怨"，因而提出"不学《诗》，无以言"。他对《韶》乐，赞不绝口，感叹地说"不图为乐之至于斯也"，甚至使他"三月不知肉味"。孔子看到了美育与德育、智育、体育之间的联系，自觉地把审美教育列为他所开创的学校教育事业的一个重要方面。孔子是我国历史上第一个大力提倡审美教育的思想家和教育家。我国近代，积极提倡审美教育的是王国维和蔡元培。王国维（1877—1927）是中国近代第一个将美育列入教育方针的人，在他的《论教育之宗旨》中提到："完全之人物不可不备真善美之三德，欲达此理想，于是教育之事起。教育之事亦分为三部：智育、德育（即意志）、美育（即情育）是也。""美育者一面使人之感情发达，发达完美之域；一面又为德育与智育之手段。"蔡元培（1868—1940）是我国近代史上杰出的思想家、教育家，伟大的爱国主义者，我国美育的真正首创者。他不仅在理论上对美育进行了系统、全面的探讨，而且还积极付之于实践。1912年，当他出任中华民国首任教育总长时，就创办了音乐、美术专门学校，开设美育课堂。1917年，蔡元培出任北京大学校长时，提出了"以美育代宗教"的主张，鲜明地显示了他的美育思想的色彩。

重视审美教育，在西方同样有着优良的传统。古希腊有"缪斯教育"，也就是美育和智育。柏拉图在他的《理想国》中提出，我们"应该寻找一些有本领的艺术家，把自然的优美方面描绘出来，使我们的青年们像住在风和日暖的地带一样，四周一切都对健康有益，天天耳濡目染于优美的作品，像从一种清幽境界呼吸一阵清风，来呼吸它们的好影响，使他们不知不觉地从小就培养起对于美的爱好，并且培养起融美于心灵的习惯"。亚里士多德在《政治学》中明确地说："音乐应该学习，并不只是为着某一个目的，而是同时为着几个目的，那就是教育、净化和精神享受，也就是紧张劳动后的安静和休息。……要达到教育的目的，就应选用伦理的乐调……"18世纪法国的启蒙思想家狄德罗认为，艺术能使德行显得可爱，恶行显得可憎，荒唐事显得触目，这就是一切手持笔杆、画笔或雕刻刀的正派人的宗旨。"审美教育"这个概念，在西方始于18世纪的德国美学家席勒。

元青花鬼谷子下山图罐

他在《美育书简》中系统地阐述了"审美教育"的主张。席勒认为，要使一个人形成完美的人格，除了使他成为审美的人，没有其他途径。英国的教育家斯宾塞也竭力主张进行审美教育，他认为，我们所赋予审美教育的价值，并不少于其他的东西。倘使没有绘画、雕刻、音乐、诗歌和其他自然美所产生的情感，人生就会失去一半美好的意义。

四　美育与创新人才培养

在培养创新人才方面，美育有着智育所不可代替的独特功能。

第一，美育可以激发和强化人的创造的冲动，培养和发展人的审美直觉和想象力。审美活动的核心是要创造一种审美意象，它从本质上就是一种创造活动。所以审美活动能激发和强化人的创造冲动，培养、发展人的审美直觉和想象力。许多大科学家都谈到，科学研究中新的发现不是靠逻辑的推论，而是靠一种直觉和想象力。爱因斯坦认为，想象力比知识更重要。直觉和想象力的培养不能靠智育而要靠美育。因为智育一般都是在理智的、逻辑的框架里进行的，而逻辑推不出新的东西来，从脑神经科学来讲，这种逻辑的功能是跟大脑的左半球相联系的。美育可以培养想象力和直观的洞察力，这是和大脑右半球的功能相联系的。

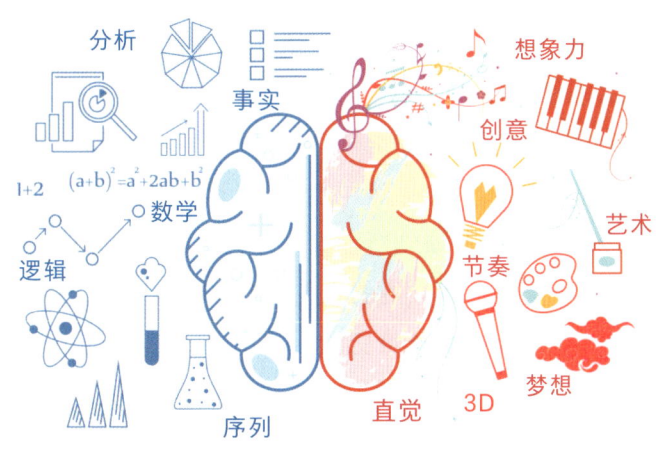

人脑功能图

第二，以美启真，美感对于发现新的规律、创建新的理论具有重要的作用。自然界本身一方面是有规律的、有秩序的。地球绕着太阳转，这是有规律的；分子结构、原子结构都是有规律的。另一方面它又有一种美的特征，这种美主要是形式美，譬如简洁、对称、和谐等。在科学发明活动中，科学家常常因为追求美的形式而走向真理。德国物理学家海森堡认为，美是真理的光辉，探索者最初是借助于这种光辉，借助于它的照耀来认识真理的。德国物理学家韦尔曾经说过，我的工作总是力图把真和美统一起来，但当我必须在两者中挑选一个时，我总是选择美。大科学家狄拉克认为，一个方程式符合美的要求，比它符合不符合实验的结果更重要。杨振宁认为狄拉克的这句话包含伟大的真理。科学史上很多事实表明，有的科学家，根据实验结果列出了方程式，他感到不对称，所以他就作了补充，这样就违反了实验的结果，但是符合了美的要求。后来的实验证明这个方程式是对的。在科学史上有很多这样的例子。所以法国数学家彭加勒认为，发明就是选择，你要有所发明，你必须有所选择，而当你选择的时候就不可避免地要受到美感的支配，美感支配你来选择。这是说，自然界本身一方面是有规律的，另一方面又是有形式美的特征，这两个方面有内在的联系，所以科学家通过追求形式美可以走向规律的发现。这些大科学家的话都表明在科学研究中美感对于发现新的规律、创建新的理论有重要的作用，美感对科学研究有重要的作用。这种美感要靠美育来培养。

第三，一个人要成就一番大事业、大学问，除了要有创造性，还要有宽阔、平和的胸襟，这也有赖于美育。美育可以使人得到一种广阔的心胸、一种宽阔的眼界，成为一个充满生机的、明事理有作为的人。我国古代的思想家特别强调这一点，唐代的大思想家柳宗元和清代的大思想家王夫之都说过，一个人如果心烦意乱、心胸狭隘、眼光短浅，那么他必定不能做出大的学问，也必定不能成就大的事业。

现代西方心理学通过大量的调查研究和实验证明，决定一个人的成功除了智力因素以外，还有许多非智力因素，除了智商（IQ）以外，还有情商（EQ）。情商是心理的一种综合因素，是一种心理综合的能力，譬如处理人际关系的能力、承受挫折的能力等。一个人能否有所成就，不仅仅取决于学习成绩的高低，还有很多决定因素，其中一个人的整体心理素质就起着重要的影响，美育对培育人的良好情商具有很大的作用。

第四，人才培养的大成之道在于科学技术精神与人文精神的有机融合，在于做人，在于学会生活。只有学会生活，才能更好地工作。要造就适应未来社会需求、有发展潜力和后劲的高素质创新型人才，其知识能力结构已不单单在专业技术方面，更包括美育及艺术教育在内的人文素质的培养。人的成才好比树木生长，专业是根，而文化是土壤，只有土壤肥沃，营养丰富，才能长出参天大树。

现在，人类已进入了美好的21世纪，同时也进入了一个审美时代，走进了一个美育大发展的时代。新时代对美育的呼唤格外强烈、格外紧迫，在新时代美育的地位和作用更为重要、更为突出，这就必然会将美育推向一个新的高峰。这不仅是教育本身发展的需要，也是时代发展的需要、社会文明发展的需要和知识经济发展的需要，更是提高整个中华民族思想道德素质和科学文化素质、提升全民族精神境界、在21世纪实现中华民族伟大复兴的需要。

当代大学生肩负着祖国和社会赋予的伟大重任，提高美育素养对于当代大学生的意义非同寻常。我们应该努力学习美学和艺术学知识，鉴赏大量经典作品和高雅艺术，积累艺术审美经验，提高艺术审美修养，培养自己创造美的能力。只有这样，才能把自己塑造成适应社会需求、全面发展的高素质创新型人才。

上篇 认识美

爱美之心，人皆有之。但「美」似乎是广义而模糊的：敦煌飞天的飘逸是美的，傩戏面具的狞厉也是美的；西湖胜景是美的，「魔鬼城」也是美的；幽静的月夜是美的，咆哮的壶口瀑布也是美的；运动场上矫健的身影是美的，剧场里滑稽小丑的表演也是美的……究竟「什么是美」？

历史上许多美学家致力于揭示美的奥秘，但到今天，它仍然是个谜。因此有人把这个问题称为美学上的「哥德巴赫猜想」。

但「美」并不是远在天边，不可捉摸。让我们从了解「美的本质及特征」开始，在领会「美的范畴」与「形式美的法则」的真谛中，在感受「自然」与「人」这永恒之美的魅力中，探索美的奥秘。

第一章
何为美

1750 年，"美学之父"、德国哲学家鲍姆嘉通的《美学》的出版，标志着美学学科的正式诞生。两百多年来，美学家们为"美学研究什么"这个问题争论不休。有说美学是研究艺术的，有说美学是研究审美关系的，有说美学是研究审美经验的，众说纷纭，至今尚无定论。但是，不管从哪种角度来讲，学者们都是在探讨"美"的现象及其规律。掌握美学原理的基本知识，会使你审美的眼睛更加明亮，使你的心灵更加充实美好，使你的生活更加丰富，更加有意义。

第一节　美的本质及特征

美的世界是令人向往的。所谓"美育"，可以说，就是以美育美，即"由美的对象产生美"。美育的基本内容和手段，是美的事物；美育的根本目的，是培养审美的人，创造美的世界。

但是，美究竟来自何处？美的本质是什么？美有哪些特征？这些都是进行美育首先要认真研究的问题。只有认真研究了这些问题，我们才会善于发现美、认识美、感受美、创造美，才能开展真正意义上的美育。

那么究竟什么是美呢？这个问题看起来十分简单，然而要真正揭示美的本质，绝非一件容易的事。两千多年来，中外学者孜孜不倦地研究美，然而至今尚未完全揭示美的本质。美成了一个两千多年来未完全解开的"斯芬克斯之谜"和"哥德巴赫猜想"。2400 多年前，古希腊学者柏拉图在《大希庇阿斯篇》一书中记载了他的老师苏格拉底同大学者希庇阿斯进行的对话。

苏格拉底（以下简称"苏"）：什么是美？

希庇阿斯（以下简称"希"）：美是一位漂亮的小姐。

苏：被神称赞过的一匹漂亮的母马美不美？

希：美！

苏：一个样子灵巧、绘有花纹的圆形汤罐美不美？

希：美！

苏：一把美丽的竖琴美不美？

希：美！

苏：好了！既然小姐、母马、汤罐、竖琴都是美的，那么美到底是什么呢？

希：……（目瞪口呆，无言以对，承认辩论失败）

柏拉图于是叹息道："美是难的！"

苏格拉底 老师 柏拉图 老师 亚里士多德
（前469—前399） （前427—前347） （前384—前322）

揭示美的本质十分困难。托尔斯泰认为，美的客观定义是没有的。歌德认为，研究美的概念的人是自讨苦吃。黑格尔认为，乍看起来，美好像是一个很简单的概念，但不久就可以发现，美可以有许多方面。

尽管"美是难的"，美的根源和本质仍然是可以被逐步认识的。数千年来人们的探索虽然还未能解开这个谜，却提出了不少见解，为后人开辟了许多途径。黑格尔认为美就是理念的感性显现，是理性和感性的统一，内容和形式的统一；与黑格尔齐名的另一位德国古典美学大师康德认为"至于审美的规定根据，我们认为它只能是主观的，不可能是别的"；亚里士多德认为美就在事物之中，美是事物的属性；19世纪俄国革命民主主义美学家车尔尼雪夫斯基则给美下了这样一个定义——"美是生活""任何事物，凡是我们在那里面看得见依照我们的理解应当如此的生活，那就是美的；任何东西，凡是显示出生活或使我们想起生活的，那就是美的"。车尔尼雪夫斯基"美是生活"的观点，在回答"美是什么"的问题上，达到了前人所未达到的高度，体现了马克思主义美学出现之前的最高水平。

辩证唯物主义认为，美是人类社会实践的产物，美根源于社会实践，随着社会实践产生和发展。马克思说"整个所谓世界历史不外是人通过人的劳动而诞生的过程""劳动创造了美"，美最初就是产生于原始人制造和使用工具的劳动之中，原始劳动过程、原始工具、原始产品，是原始的自由自觉活动及其结晶，即人类劳动创造的原始美；美以后又不断随着人劳动能力的提高和范围的扩大而不断地丰富和发展。因此，社会实践，首先是生产实践——劳动，是一切历史现象、一切现实生活的终极根源，也是美的终极根源。

人类最初的劳动从制造石器工具开始。人从功利的目的出发创造出工具，在劳动对象上打上了人的意志的烙印。恩格斯认为一切动物的行动，都不能在自然界打上它们的意志的印记，这一点只有人才能做到。当原始人通过劳动创造出了一个工具，如扁的石斧、圆的石球时，劳动成果就显现在眼前。人们创造了既有实用功利价值，又有一定的形式美（形状、色彩、光洁度等）的产品，人们又在劳动产品中反观自身，看到并肯定了自己的本质力量，从而引起愉快的情感。这时候我们可以说，美与美感同时产生了。

　　劳动既创造了美，又发展了美感。原始人通过劳动，促进了自身的进化。劳动创造了美的对象，又发展了人对美的感觉。手不仅是劳动的器官，还是劳动的产物。由于劳动，人的手才能达到这样高度的完善，在这个基础上它才能仿佛凭着魔力似的产生了拉斐尔的绘画、托尔瓦德森的雕刻以及帕格尼尼的音乐等。人类感官的进化从纯生物性到社会性，从生理性到心理性，从物质性到精神性，从单调性到丰富性，从而极大地发展了人类特有的美感。老鹰的视力超过人眼，但人的认识能力非老鹰所能及；狗的听觉非常灵敏，但不能像人一样欣赏音乐。

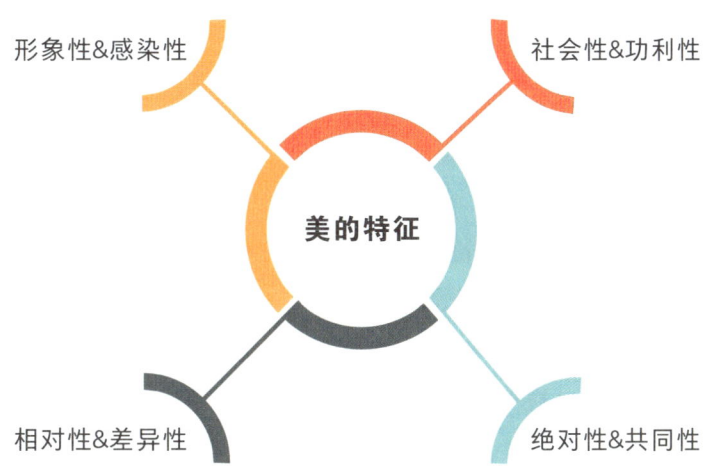

鱼纹彩陶盆（新石器时代　仰韶文化）　陕西西安半坡遗址出土

美具有形象性和感染性、社会性和功利性、相对性和差异性、绝对性和共同性等特征。美具有形象性和感染性特征，美的事物必须具有可以感知的具体形象，如形、色、声、味，主要是视觉形象和听觉形象。这种形象一定要具有打动人心的情感震撼性，医学用的人体模型造型逼真，但没有美的感染力，真多而美少，维纳斯雕像则具有永恒的美的巨大魅力。社会性是美的又一个特点，美是人类社会现象，要打上社会的烙印。鲁迅先生说过，灾区的饥民总不会去种兰花，贾府里的焦大也不会爱林妹妹的。社会和时代在发展变化，美也在发展变化。美还有功利性特点，美既然是社会现象，必然要对社会的进步起到有益的作用，最重要的是审美教育作用。一个少女可以歌唱她所失去的爱情，但守财奴却不能歌唱失去的钱财。美的事物要至少对人无害。除此之外，美还具有相对性和差异性、绝对性和共同性等特征。如美的时代差异性。春秋时代以瘦为美，所谓"楚王好细腰，宫中多饿死"。到了大唐盛世，社会富裕，又以胖为美了，"春寒赐浴华清池，温泉水滑洗凝脂"，诗中的杨贵妃何等丰美。埃及金字塔，中国的长城、兵马俑，它们的壮美为全世界所赞叹；鸟语花香、流水浮云的自然美也具有共同性。《孟子·告子上》曰："口之于味也，有同嗜焉；耳之于声也，有同听焉；目之于色也，有同美焉。"《淮南子·说林训》也说道："佳人不同体，美人不同面，而皆悦于目；梨、橘、枣、栗不同味，而皆调于口。"这些都说明了美的绝对性和共同性。

第二节　美的类型及美感

美的对象有着极为丰富的形态，从不同的角度可以做三种分类：按照内容与形式分，包括内容美与形式美。按照认识论和美的形态可以分为第一性的现实美和第二性的艺术美；现实生活中的美又可以分为自然美和社会美。其中社会美又包括人文美、劳动美、科学美、技术美、生活美。生活美又可以细分为衣饰美、饮食美、装潢美、旅游美、商品美、工艺美等。艺术美主要指造型艺术（绘画、雕塑、摄影）、实用艺术（建筑、园林、工业）、表情艺术（音乐、舞蹈）、综合艺术（戏剧、曲艺、影视）和文学艺术（诗歌、散文、小说）。按照美感的特性美可分为崇高、壮美、优美（秀美）、喜剧美、悲剧美、滑稽美和荒诞美等。

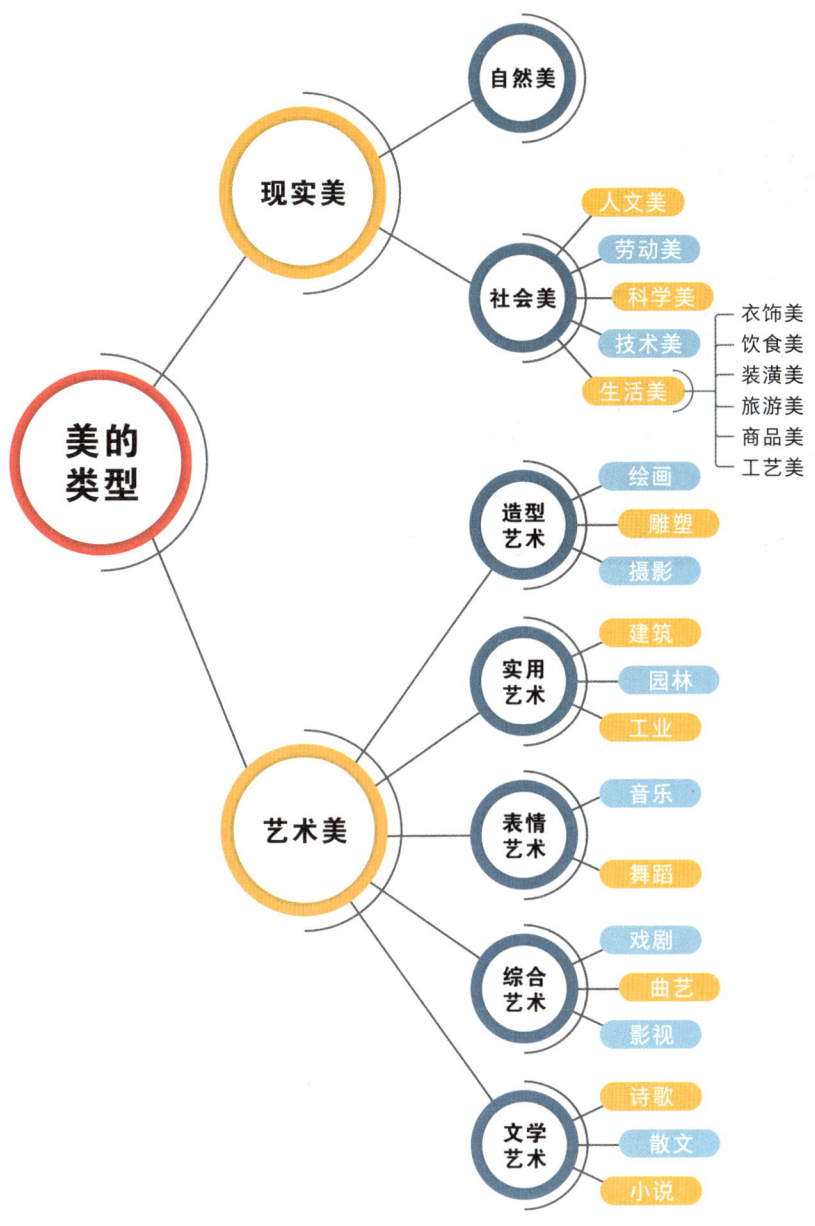

一、美的范畴

按照美感特性所分的崇高、壮美、优美、喜剧美、悲剧美、滑稽美和荒诞美等同属西方传统美学思想的基本范畴。审美基本范畴是指西方传统美学中重点讨论的几个概念，它们在西方美学思想史上形成的时间早，流传久远，影响重大，成为西方传统美学整个体系的基石，是美学中不可缺少的基本概念。审美范畴从不同方面、不同角度揭示出美和审美的本质，了解它们有助于对审美对象做出恰当的审美判断。

1. 崇高

潘鹤的雕塑作品《艰苦岁月》定格了长征路上红军队伍小憩的景象。一位衣衫褴褛、骨瘦如柴的小红军怀抱步枪，倚在一位同样衣衫褴褛、骨瘦如柴的老红

▶ 艰苦岁月（潘鹤雕塑作品）

军身旁，静静地睁着大大的眼睛，全神贯注地倾听着老红军的笛声。看着这一尊雕塑，眼前不断叠印出长征的艰难行程：泥泞的沼泽，成群飞舞的蚊虫，围追堵截的敌军，而红军战士腹中却只有野菜、草根、树皮甚至皮带。然而，为了革命事业，他们没有害怕、没有后退，继续勇敢地前行。小憩时的笛声，展示出他们高度的乐观主义精神。他们无视艰难的环境和个人的生死，具有坚定的革命信仰。雕塑所刻画的一老一少两个红军战士极度衰弱、疲劳，饥饿的身躯没有表现出赏心悦目的美，却焕发着顽强的战斗意志和乐观主义精神。从这尊雕像中，我们感受到了崇高的意义、崇高的美。

崇高可分为社会崇高、自然崇高和艺术崇高三种，它们仿佛挟带巨大力量排山倒海而来，不可抵挡，不可理解，使人有些退让回避，感到自己的渺小，一瞬间一惊，即刻产生一种敬佩，猛然间又有振作发奋、挺胸昂首、精神激昂的情感，对审美客体接受、审视并欲模仿，进而泯化物我界限，使人努力超越对象，克服自身平庸，净化身心，探求包含巨大伦理情感和深邃哲理的人生价值，从而产生一种愉悦心情，这时崇高美就产生了。

社会生活崇高主要表现在实践主体的巨大意志力量，表现在真、善、美的进步力量和先进人物对假、恶、丑的反动力量和人物所进行的斗争。正义的力量要征服邪恶力量不是轻易实现的，需要经过反复曲折的斗争，付出巨大的努力乃至牺牲，才能最后取得胜利。正是在这种反复艰苦的斗争中，先进的社会力量才能显示出巨大的潜力和崇高的精神品质。刘胡兰面对敌人的铡刀视死如归，充分表现了一个共产党员的崇高本质。毛泽东同志给她的题词"生的伟大，死的光荣"就充分表现了这种崇高。

艺术崇高是一种审美现象，在艺术作品中得到最真实、最集中的反映。例如，屈原写道"长太息以掩涕兮，哀民生之多艰""路漫漫其修远兮，吾将上下而求索"。当人们诵读这些诗句时，总是感到发自肺腑的崇敬，他那诗句的高昂和悯惜人民的困苦之情，正是生命迸发出的崇高。

在改造自然、征服自然的过程中，人与恶劣的自然条件所做的斗争，无论是开垦荒原、筑坝拦水、劈山开道、围海造田，还是攀登雪峰、潜入海底、穿越沙漠、征服南极，都显现着人的伟大和崇高。在社会冲突中，昔日的战斗英雄、革命志士，今日保卫祖国边疆的卫士、奋不顾身扑向歹徒的群众、克服重重困难救死扶伤的

医生、抗灾抢险的解放军官兵，他们都以自己的行为展示着崇高。英雄人物的一生必是崇高的，但崇高并不限于英雄，平凡的人也可以有崇高、光辉的人生。例如，那些隐姓埋名，献身于我国核工业、航天工业的科技工作者，他们把自己的智慧和才能融进了那震撼世界的巨响，却不能有显示成就和价值的学术专著问世，甚至对家人都不能说出自己从事的职业，更不能享受现代城市的文明与家庭生活的温馨，他们的人生不是也闪耀着崇高的光芒吗？

自然界的事物也能引起人的崇高感，那是因为人把自然事物拟人化了，使它具有一种象征性。帕米尔高原的慕士塔格山，人称"冰山之父"，它终年积雪，雄伟壮观，在蔚蓝的天幕下，显得庄严、圣洁、肃穆，见之如见一位德高望重的长者，因而有崇高感。

崇高对于提高人的精神境界和人格是非常有益的。这种庄严的、圣洁的、严肃的、刚性的美时时激起人的自豪与勇气，使人不断克服自身的渺小，去创造光辉灿烂的人生。

2. 壮美

"黄河西来决昆仑，咆哮万里触龙门"，李白的这两句诗展现了怒涛狂啸、激流直下的黄河的气势，引起人惊心动魄的情感反应。黄河是我国的母亲河，她从青海的巴颜喀拉山发源，向北向东奔流 5500 多千米，由山东注入渤海，沿途留下众多胜迹，壶口瀑布便是最能体现黄河气势的地方。它是黄河上唯一的大瀑布，也是世界上罕见的金黄色大瀑布，地跨山西和陕西两省。

壶口瀑布

当黄河巨流一路奔腾到陕西宜川与山西吉县一带时，300 米宽的河面骤然被两岸青山约束为 50 余米，河水奔腾怒啸，山鸣谷应，如巨壶之水沸腾，又突然有一个高高的断崖出现，铺天盖地的大水以排山倒海之势，雷霆万钧之力，从这个缺口呼啸直下，泻入十里龙槽，落差 50 米，形成"千里黄河一壶收"的壶口大瀑布。其巨瀑破空而下，反激起的水柱冲天而起，散做细小的水珠，飘落成巨大的白雾，在阳光下形成七色彩虹；洪波激流，声如雷鸣阵阵，景象极为壮观。

著名的钱江潮与壶口瀑布的气势可有一比。钱塘江又名浙江，发源于皖南山区，经杭州湾注入东海。由于杭州湾是个巨大的喇叭状海湾，湾口宽 100 千米，然后迅速变窄，到海宁盐官时减至仅 3 千米，涨潮时，大量潮水从湾口涌入，受到钱塘江两岸越来越窄的约束，后浪推前浪，波峰叠起，形成陡立如墙的涌潮，最高可达 4 米。涌潮潮头到了盐官一带，江面更窄，潮水卷着浪花，像飞舞的银龙、咆哮的群狮直扑海塘，掀起排空巨浪，涛声震耳，雷霆万钧，令人惊心动魄。每年农历八月十八潮汛最大，涌潮现象最为壮观。古书记载：江潮"声如雷霆，震撼激射，吞天沃日，势极雄豪"。

壶口瀑布与钱江潮都是壮美的景象。壮美也是人们常常感受到的一种美。与优美对象的特点相反，壮美的对象是巨大、急疾、刚强的。

巨大，是指壮美的对象占有的空间较大。塞外漠野，辽远空旷；茫茫星空，神秘深邃；长江大海，无边无际，它们都是壮美的。中国的长城，在崇山峻岭间万里蜿蜒；埃及金字塔，那巨大的几何形体，在蓝天黄沙下巍然耸立。美国科罗拉多大峡谷大致呈东西走向，总长 349 千米，蜿蜒曲折，像一条桀骜不驯的巨蟒，游走于凯巴布高原之上。据说，这个大峡谷是在太空中俯瞰地球时唯一可见的自然景观。它们也都是壮美的。

▶ 黄山云海

急疾，是指壮美的对象以剧烈的运动变化为特点，在时间上表现为急速、快疾。奔腾咆哮的黄河，震撼激射的钱江潮，狂风呼啸，火山爆发，表现出壮美。长江三峡中的瞿塘峡入峡处，流水似箭，势如万马奔腾，声撼谷间；黄山云海，弥天盖日，瞬息万变，都因有急速、快疾的特点构成壮美。

刚强，是指壮美的对象在力量上显得强大，性质上显出刚硬。秦兵马俑庞大整齐的阵容显现出巨大的力量和所向无敌的气势，咆哮万里的黄河水展现出摧枯拉朽的伟大力量；豪放、强劲的音乐，直上直下的峭壁，威镇山林的狮虎，哥

▶ 秦始皇陵兵马俑

特式建筑尖利的直刺云霄的塔顶，都显示出了刚硬的性质。

壮美的舒畅、豪放使人感受到豪壮的审美愉快。孔子"登泰山而小天下"，直抒壮美引起的豪情壮志；李白"朝辞白帝彩云间，千里江陵一日还"，形象地展现了壮美引起的开朗进取的情感。壮美使人胸怀开阔，精神振奋，是一种豪放舒展的美。

3. 优美

读晏殊的诗《寓意》中"梨花院落溶溶月，柳絮池塘淡淡风"之句，眼前会

出现一个宁静美好的春天月夜：朦胧醉人的月光，波光粼粼的池水，温柔拂面的轻风，弥漫于空气中的是梨花的清香，飘落于小径上的是松软的柳絮，多么惬意，多么动人！此时，让人感受到的是优美。

游新疆喀纳斯湖，你会感觉来到了一个名副其实的"美丽而神秘的地方"。雪山、冰川、森林、草地与喀纳斯湖，构成了这块宁静、神秘的人间净土。喀纳斯湖四周层峦叠嶂，烟云缭绕，冬季冰封雪飘，银装素裹；暖季湖周绿草如茵，繁花似锦，森林青翠，景色宜人。进入喀纳斯，如同进入仙境、梦境，处处让人感到优美。

▲喀纳斯月亮湾

听小提琴协奏曲《梁山伯与祝英台》，在轻柔的弦乐颤音的背景下，长笛吹出了鸟鸣般的华彩旋律，接着，双簧管又柔和、抒情地引出主题——梁、祝两人深挚的友情、美好的爱情，乐声起伏回转，流畅轻柔，令人不禁赞叹这乐曲的优美。

优美是人们最常感受到的一种美。凡能使人感到优美的对象一般具有小巧、轻缓、柔和的特点。

小巧，是指优美的对象占有的空间较小。江南园林是优美的，亭台楼阁小巧典雅，假山小丘峰峦回抱，荷花池水明洁清幽，古木藤萝封满山石，小溪潺潺，曲径通幽；案头的小工艺品是优美的，它们精致巧妙，玲珑可爱。

轻缓，是指优美的对象运动变化不明显，在时间上表现为缓慢、安静。"日出江花红胜火，春来江水绿如蓝"的江南风光，"江作青罗带，山如碧玉簪"的漓江秀色，绰约多姿的西湖胜境，水平如镜的九寨沟五彩池，都因有缓慢、安静的特点而构成优美。

柔和，是指优美的对象在力量上比较弱小，性质上比较温和。长绸盘旋飞舞，旋律轻柔婉转，温顺的梅花鹿、小白兔，洛可可式建筑上波浪形的涡卷纹，女性形体柔美的曲线，都表现出力量的弱小与性质的温和。

优美的对象常常以清新、秀丽、柔媚、娇小、纤巧、精致、幽静、淡雅、素静、轻盈等来描述。18 世纪法国启蒙思想家卢梭，被人称为"自然之子"。他陶醉于优美的自然景色之中，在心情苦闷、忧郁的日子里，更是潜心于自然，去同自然交谈。自然中的小草给他带来欣喜，花朵使他心醉，绿湖使他入迷，旖旎风光使他心驰，不知不觉中苦闷、孤寂离他而去。于是卢梭从自己的切身体会中提出，对儿童实行美育的最好老师是大自然。初春，大地复苏，小草悄悄地吐出绿芽，从这嫩芽中，人们会看到生命重返大地，周围是一片愉快的情景，心中涌起欢乐、温柔的感情；秋天，大地装饰着种种的珍宝，展现出富丽的景色，使人们感受到生活的迷人魅力。

4. 喜剧美

美学中的喜剧不仅指戏剧，还有漫画、笑话、相声、讽刺诗等。喜剧美的特征是主题思想的端庄与表现形式的诙谐相统一。历史上，当统治阶级成为某种陈腐生活方式的代表，在生活中充分暴露其腐朽性，而又极力掩盖其腐朽性的时候，就会成为可笑的丑角；在社会生活中，由于内容与形式的矛盾，而产生种种乖讹、倒错、自相矛盾，使事物变得荒唐可笑。鲁迅先生认为喜剧是将那无价值的东西撕破给人看。喜剧体现了生活中美丑斗争的一种特殊状态，喜剧中美以压倒优势撕毁着丑，对丑的渺小本质进行揭露和嘲笑。喜剧中的笑声来自先进力量的胜利。在现实生活中，喜剧的内容是多种多样的，笑声也是多样的，有讽刺的笑，幽默的笑，还有赞美的笑。此外，喜剧的内容还包括对新的事物和正面人物的歌颂，人类一方面愉快地向自己的过去诀别，另一方面愉快地去迎接自己的未来。

喜剧美在表现形式上是多样的，主要有讽刺和幽默。讽刺所反映的对象是社会生活中的否定现象。讽刺具有两种不同的性质：一种是对敌人的揭露和批判；另一种是对人民内部的缺点和错误提出尖锐批评。尽管批评是尖锐的，但在笑声中仍然体现了热情帮助。虽然也免不了笑中带刺，但这种刺却像一根治病的银针，刺痛是为了治好疾病。卓别林的电影《摩登时代》，使我们看到在资本主义条件下科学技术的发展给无产者带来的灾难。影片中表现工人在自动传送带上拧紧螺帽，这是一种极其紧张的、反复的、简单的操作，这种操作摧残着工人的肉体和神经，把工人变成了机器，使人精神失常，以致看见别人的衣服纽扣和鼻尖就忍不住要用钳子去拧掉。这种情节引起人们大笑，却绝不是单纯逗乐，而是在笑声中包含了工人的眼泪。《摩登时代》可以说是含泪的喜剧。幽默不同于讽刺，虽然两者在喜剧艺术中常常是难以分开的。幽默不仅反映生活中的否定现象，而且反映生活中的肯定现象，它比讽刺更带有快乐的色彩。讽刺较严厉，幽默较轻松；讽刺较辛辣，幽默较温和。幽默使人产生会心的微笑，同情的苦笑，或戏弄的讥笑。当幽默运用于歌颂新的事物或正面形象时，能使人产生会心的微笑，它直接地表达了先进社会力量的一种优越感。幽默的微笑包含了诙谐或机智的成分，传统喜剧作品中常常把讽刺与幽默结合在一起，在讽刺嘲弄反面人物的同时，赞扬正

美的视窗
·电影《摩登时代》片段

▶ 电影《摩登时代》剧照

面人物的美好品质。

5.悲剧美

悲剧是一种崇高的美，是崇高的高级形式。悲剧的崇高特征，是通过社会上新旧力量的矛盾冲突，显示新生力量与旧势力的抗争。经常表现为具有强大力量的旧势力对新生力量暂时的压倒，表现为带有一定历史发展必然性的失败或挫折。新生事物所遭受的暂时失败或毁灭，就会形成悲剧。人们在欣赏悲剧时往往流泪，因为在悲剧中美受到摧残，同时由于美在受到摧残时，显示出其光辉品质，又使人在道德情感上受到熏陶。悲剧中所体现的崇高，经常以其庄严的内容和粗犷的形式震撼人心，引起人们的崇敬和自豪，它与悲观、悲惨、消沉等是完全不同的。

连环画《李自成》

电影《祝福》中的祥林嫂

悲剧不同于悲情，不是轻轻地叹息，不是默默地流泪，不是自我感伤，而是抗争。无论是轰轰烈烈的抗争，还是鸡蛋碰石头式的抗争，只要有抗争，便会有一种悲壮的精神，这便是悲剧。普罗米修斯盗取火种，无视最高威严，在主神残酷的镇压下，绝不屈服，英勇斗争，直到毁灭。祝英台追求爱情自由，无视封建势力的权威，坚决抗婚，在封建势力的巨大压力之

电影《林家铺子》中的林老板

下，她没有委曲求全，而是怒斥天之不公，投坟壮烈而去。电影《狼牙山五壮士》中五位抗日战士要面对的是3000余名日伪军，经过殊死搏斗，最终五壮士一起跳下悬崖，英勇就义。抗争是悲剧的重要特点，没有抗争就没有悲剧。正因为有抗争，悲剧显现出与悲情不同的刚性的特点。

由于矛盾性质不同，悲剧可分为英雄悲剧、人民悲剧、社会悲剧等几种不同的类型。

（1）英雄悲剧。这是革命的悲剧，具有悲壮美，在悲剧的对象中占有重要的地位。如小说《李自成》描述了农民领袖李自成悲壮的一生。这种悲剧的特点不是悲惨，而是悲壮；不是怜悯，而是自豪；不是恐惧，而是无畏。

（2）人民悲剧。《祝福》中的祥林嫂就是封建制度下千百万农村劳动妇女的典型。祥林嫂具有勤劳而善良的美好品质，她希望有正常生活、劳动的权利，但

美的视窗
·狼牙山五壮士

019

在旧社会统治阶级的压迫下却不能实现。她的不幸、苦难、死亡是和旧制度的摧残分不开的。在旧社会中像这样的悲剧性人物是大量存在的，经艺术家创造成为艺术形象，具有强烈的感染力。这种悲剧不是低沉，而是深沉；不是悲哀，而是悲愤，是蕴藏的愤怒。

（3）社会悲剧。在一定历史阶段，曾经是先进的、合理的社会力量开始转化为旧的力量，而与社会历史进程相矛盾，但是它还没有完全丧失自己存在的合理性。因而，它的代表人物的失败或毁灭，也有一定的悲剧性。如《林家铺子》的林老板就是这样的悲剧人物。

除此之外，悲剧艺术又可分为"命运悲剧""性格悲剧"等。

欣赏悲剧艺术，会引起人的悲伤、畏惧、怜悯，心灵上会受到强烈的震撼和刺激，会失声痛哭，会泪流满面，有着强烈的痛感。奇怪的是，人们仍然喜爱悲剧艺术，愿意忍受痛苦。这是因为在悲剧感的强烈的痛苦中总是有一种使人兴奋和振奋的强烈刺激，是一种强烈的快感，这是悲剧特有的美。

6. 滑稽美

一位撑竿跳高运动员踏地起跳时撑竿突然断了，闪在一边，摔了个筋斗；一位足球后卫将球踢进自己的球门；一个演说家，正慷慨激昂，铿锵陈词，忽然打了一个喷嚏等。这些镜头记载的是属于人不由自主地做的不适当的事情，它们构成了滑稽，引起人们开心大笑。

不仅是行为和语言的倒错、不合理能构成滑稽，事物形式上的变形和畸形也能构成滑稽。变形的东西往往是怪的东西，怪本身就是事物形式上的不正常，它是对正常的物的尺度的一种偏离。但怪的东西不一定是滑稽的东西，狮身人面像、青铜饕餮等，有沉重的威吓内容，不是滑稽对象。只有不使人感到恐惧的变形才可能成为滑稽，逗人发笑，让人快乐。如漫画中的人物形象经过艺术家的扭曲与夸张——把鼻子放大，或是把身子拉长变细，但是又把这个人的特点抓得很准，就形成滑稽。东汉的说唱俑四肢比例并不合适，但左臂左腿曲，右臂右腿直，全身动作协调，与面部表情的诙谐大笑相呼应，朴拙可爱，滑稽逗人，令人情不自禁地发笑。

东汉击鼓说唱陶俑

滑稽的价值载体主要是艺术。因为艺术家可以用艺术的手段把对象的形式与内容的倒错和背离揭示得淋漓尽致，使人们更能体会到滑稽，或许这能被称为真正的"化丑为美"吧。

滑稽与幽默有一定联系，因为幽默也会令人发笑。但是滑稽的基础是人类自身的弊端所造成的形式与内容的倒错、背离或变形，幽默却是人自觉地用倒错歪曲的形式表现深刻的思想和真实的内容，显出含蓄、诙谐与机智。剧作家沙叶新的名片上有这么一段文字："我，沙叶新，上海人民艺术剧院院长——暂时的；剧作家——永久的；某某委员，某某理事，某某教授，某某顾问，都是挂名的。"这里有几分自嘲，几分自贬，但作家坦荡的胸怀、洒脱的性格却格外鲜明。人们感受到了他的幽默，却不会觉得可笑。

滑稽是一种美，因为它引起的笑声使人们的生活变得轻松、活泼、有趣、充满活力。

7. 荒诞美

奥地利小说家卡夫卡极负盛名的小说《变形记》中有位名叫格里高尔·萨姆沙的小职员，他在噩梦中醒来之后发现自己变成了一只大甲虫，接下来，他清醒地知道自己变成了大甲虫，在一日接一日的期待中，他发现自己不可能再变成人了，亲人们从开始的怜悯他到最后也抛弃了他，于是，他只能凄惨地死去。一个人，在没有任何前兆、任何原因的情况下莫名其妙地变成了甲虫，显示的就是荒诞。

荒诞是西方现代艺术的一个主题，本身就得名于西方现代派艺术的一个流派——荒诞派戏剧，这是第二次世界大战后出现在巴黎戏剧舞台上的一个新剧种。它没有戏剧应有的情节和完整的人物形象，甚至对白也是语无伦次、晦涩难懂。但经过十多年实践后，这种剧作逐渐得到了社会的承认并在欧美各国流行，形成了西方战后最重要的戏剧流派。爱尔兰作家塞缪尔·贝克特在 1952 年创作的《等待戈多》是荒诞派戏剧的代表作。其内容讲述了两个流浪汉在没有情节、冲突、故事的戏里，等待着总是等不来的戈多。戈多是谁，他什么时候来，他会不会来，没有人知道。这样，人的行为、人生、外在事物、存在的不可理解和荒诞性，就在这样的等待中表现了出来。

荒诞作为一种审美价值类型，是西方现代社会与现代文化的产物。荒诞的本义是不合情理与不和谐，它的形式是怪诞、变形，它的内容是荒谬不真。

从形式上看，荒诞与喜相似，但荒诞的形式是与内容相符的，并不像喜那样揭示的是形式与内容的相悖或形式所造成的假象，所以荒诞不可能让人笑。荒诞的形式还与原始艺术相似，因为怪诞、变形本是原始艺术的特征。在原始装饰与刻画中、原始巫术与图腾崇拜仪式中、原始乐舞中，都可以看到那些稚拙、奇怪、可怖的纹样、图案、声音与形象。

从内容上看，荒诞更接近于悲，因为荒诞展现的是与人敌对的东西，是人与宇宙、社会的最深的矛盾。但荒诞的对象不是具体的，我们一点也不知道《变形记》中的格里高尔为什么会变成甲虫，他自己更无从知晓，因此无法像悲和崇高那样去抗争与拼搏，更不会有胜利。荒诞也不能像悲情那样通过理性的理解达到超越，荒诞本身就是非理性的，不能理解的，所以荒诞也不可能让人哭。但是，荒诞传达出一种更深沉的不可言说的悲，反映出现代西方人的生存状态与基本情绪。

对荒诞的表现与感受，反映着人们对社会、人生和世界的不满、忧虑、恐惧、迷茫甚至绝望，但在荒诞的形式下又隐隐透出了人类对自身的完整性、自身的自由和解放的潜在追求。荒诞的艺术作品所具有的审美价值，在于它给予在荒诞中生存的人以反抗的勇气和力量。这应该也是荒诞成为一种审美价值类型的根源。

二、美感

美感是人类特有的社会情感。美感与美同时产生，都是由劳动创造的，美感是对人自身本质力量的感性显现所进行的自我观照以后产生的愉悦情感。美感有广义和狭义两种含义，广义的美感又叫审美意识，如审美趣味、审美能力、审美理想、审美观念、审美感受等；狭义的美感专指审美感受，包括感觉、知觉、想象、情感、理解等基本审美心理因素。

美感具有直觉性、愉悦性、差异性、共同性和社会功利性等特征。

（1）美感具有直觉性。审美过程先从直觉体验感受开始，例如，听到一首优美的曲子，看到一束鲜艳的花儿，我们都会立刻说：多美啊！当然，美感的直觉性与理性有密切关系，是感性与理性的统一。在审美活动中人们往往有这样的体会：远看影影绰绰的群山，近观花红叶绿的园景，仰视一碧万顷的蓝天之下几朵白云似绵羊像骏马慢悠悠地行进着，高处俯视鳞次栉比的建筑物，或者观赏制作精美的工艺品，静观立体构图、诗意盎然的摄影和绘画，都会情不自禁地从心底升起一种感觉——真美！

（2）美感具有愉悦性。任何美感都是动情的、愉悦的，无论是自然风光、社会风情，还是艺术作品，都会深深地打动潜心审美的人。美感不同于快感，审美愉悦性不同于狭隘的实用功利，它是一种精神享受和陶冶。

（3）美感具有差异性。所谓"穿衣戴帽，各有所好"，美的差异是美的丰富性的体现。美的感受又有其主观性的一面。有人说花是有情的，所谓"落红不是无情物，化作春泥更护花"；有人说花很无情，"颠狂柳絮随风去，轻薄桃花逐水流"。同样是杨柳，在李白口中是"风吹柳花满店香"，到了郑谷那里是"杨花愁杀渡江人"。

（4）美感虽有差异性，但也有共同性。例如，人们对于大部分自然美都是喜爱的。为国捐躯的悲壮之美、坚贞不渝的爱情之美、救死扶伤的人道之美，无论发生在哪个国家、哪个民族、哪个时代都会唤起人们的美感。艺术美中的古希腊雕塑、中国的兵马俑等，受到全人类的赞叹。正因为美感具有共同性，人类才有共同的美好理想和追求。

（5）美感具有社会功利性。美感既然是审美主体对客观存在的美的对象的主观感受，是社会实践的产物，就总是同社会功利有着这样或那样的联系。一个人认为什么是美的，什么是不美的，这都与其所处的社会地位、所属的阶级阶层有密切的关系。美感是与社会历史条件息息相关的，直接受社会和历史的因素限制，折射和浓缩社会功利。南宋诗人陆游主张北伐抗金，但却遭到投降派的打击和排挤。因此，他悲观失望，意志消沉，在报国无门、无可奈何的情况下，他以"咏梅"

为题写道："驿外断桥边，寂寞开无主。已是黄昏独自愁，更着风和雨。无意苦争春，一任春芳妒。零落成泥碾作尘，只有香如故。"词中充满着忧郁感伤、消极悲观的情绪，在梅花这个审美的客体上寄托了孤芳自赏、洁身自好的情怀。1961年，毛泽东同志以同一词牌，写下了另一首千古绝唱《卜算子·咏梅》："风雨送春归，飞雪迎春到。已是悬崖百丈冰，犹有花枝俏。俏也不争春，只把春来报。待到山花烂漫时，她在丛中笑。"作者匠心独运地用"风""雨""冰""雪"等作陪衬，以高昂的革命激情塑造了梅花傲霜斗雪的英雄形象，激发革命人民学习梅花坚贞顽强的气节，为战胜一切艰难险阻而保持高尚的情操，笑迎山花烂漫、春色满园的到来。

第三节 形式美的法则

美的事物由内容和形式组成，内容决定形式，形式反作用于内容。在漫长的审美历程中，人们终于发现了形式美。形式美是无数美的形式概括抽象而形成的具有独立审美意义的一种美，它可以脱离美的具体内容而独立存在，具有相对性、间接性、抽象性、朦胧性等特点。形式美分为单体自然形式美和群体组合形式美两大类。

一、事物单体自然形式美

人们在欣赏美的事物时，往往总是用感官接触到美的外在形式，如色彩、线条、形体、声音、气味、滋味等，这是美的事物单体自然形式美，这种形式美直接而外显，比较容易感受到。

1. 色彩美

视觉是人类最重要的审美感官，而视觉首先是色彩感，其次是线形感，因为眼球对色彩的感知最方便，对形体的感知则要迅速扫视几遍。色彩的三要素为色相、色度和明度。

色相即不同波长的色彩类相。色相非常多，人眼可以分辨的颜色达 2 万种以上，主要由三原色组合而成。原色就是不能用其他色彩调配而得的颜色。原色分为两大类：一类是色光三原色，即红、绿、蓝，它是直接发光的颜色，色光三原色相加即为白色，电视荧屏就是由红、绿、蓝三原色组成；另一类是颜料三原色，即红、黄、蓝。三原色按不同比例相混合，就构成了无数复色。色度又叫饱和度、纯度，就是色彩

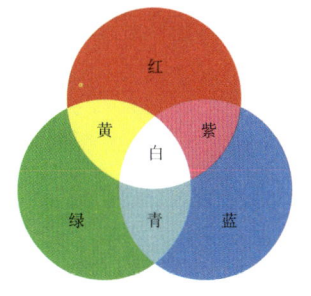

◀ 色光三原色

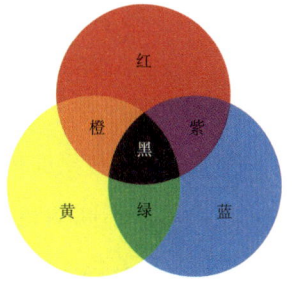

◀ 颜料三原色

的浓淡鲜艳程度,颜料加水越多,则色相不变,彩度下降,不同的彩度即构成了艳调、中调、灰调等彩度色调。明度又叫亮度,就是色彩的光强度。黑白照片准确反映了彩色物体的各种色彩明度。明度是眼睛感觉到的每个色相的明暗程度,最亮的是白色,最暗的是黑色。光线的强弱均影响着人们的情感。明亮的物体对人们的心理刺激大,暗淡的物体对人们的心理刺激小,不同的明度产生不同的感情效果,高明度会给人愉快、轻松的感觉;低明度则给人以朴素、低沉的感觉。

单独的色彩无所谓美不美,色彩的美在于关系。从矛盾的基本关系是调和还是对立来分,若干种色彩在一起构成调和关系或对比关系,但必须达到和谐的效果。色相、色温、纯度、明度都有调和或对比的不同关系。"桃花一簇开无主,可爱深红爱浅红"是同一色相相近纯度的调和关系,"万绿丛中一点红"则是不同色相互补的对比关系。就纯度而言,描写旧社会往往用灰调,歌颂新社会则转艳调。从明度而言,老人照相多用低调,少女照相多用高调。就色温而言,朝南房间宜用淡绿浅蓝等冷调,朝北房间则宜用淡黄淡橙等暖调。

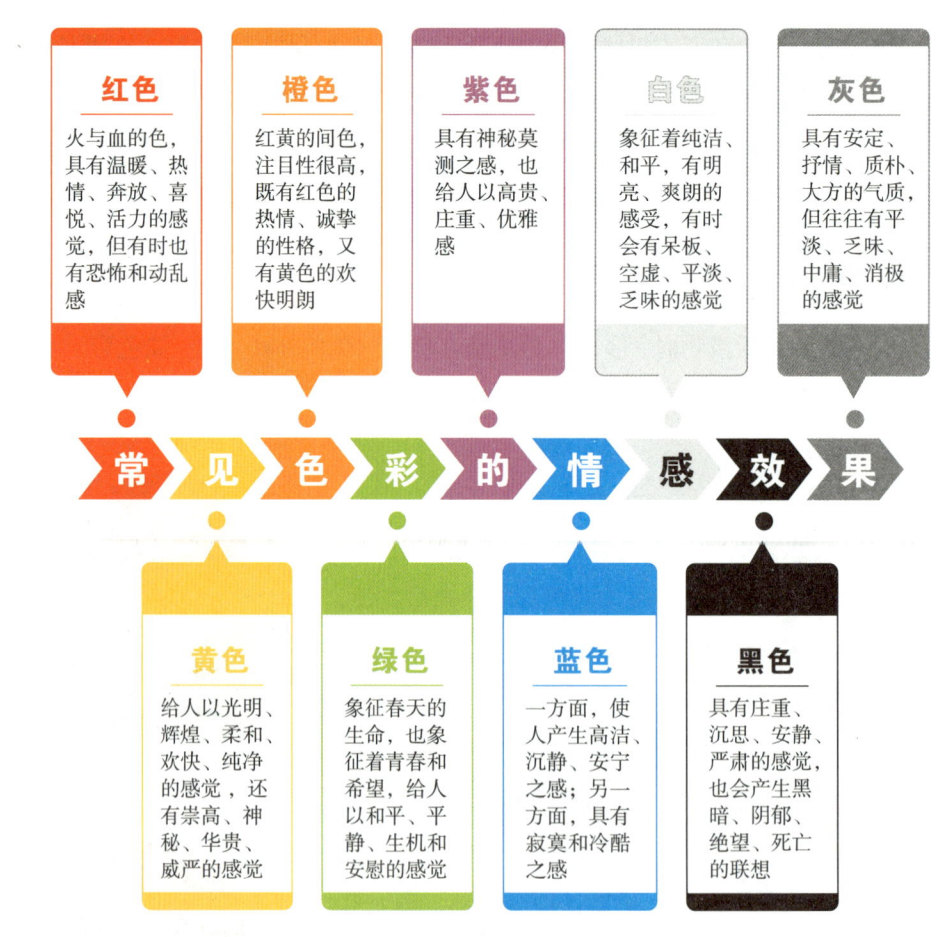

▶ 色彩的情感效果

色彩的审美效果即色彩的生理、心理效果,包括色彩的视觉效果、表情效果、象征效果等。不同的色彩可以产生不同的温度、胀缩、轻重、洁净、软硬等感觉。例如,在蓝色屋子里到了15℃就感到冷,在橙红色屋子里到11℃才感到冷;

深色看上去重，浅色看上去轻，如以白色视觉重量为100，则黄113，紫152，黑187。色彩的表情效果是人们按照实践经验，常把事物与相应的颜色加以联想，从而形成了不同的心理效果。如红色有热烈喜庆感，绿色有生机感，蓝色有幸福感，紫色有高贵、安静感等。

色彩在生活中的运用方法极多。一位足球教练员把本队的休息室刷成淡蓝色，把会议室涂成粉红色，以便发表慷慨激昂的赛前动员，他又把客队的房间全部刷成灰色，结果比赛经常获胜。某家医院进行职业色彩革命，改变过去一片白的传统，妇产科医生穿粉红衣，手术室医生穿果绿色衣，内科医生穿藕荷色衣，只有化验室仍穿白衣，此举深受医生和病人的欢迎和称赞。

2. 线形美

线条是最原始的造型语言，是形体与空间或色块与色块的分界处，经几何抽象而产生的概念，自然界并不存在无宽度的线条。线条是各种造型艺术的主要语言，可以表现形体轮廓、动静韵律、材质纹理等，具有强烈的情感性审美本质。线条的直曲、长短、粗细、软硬、浓淡、滑涩、干湿、疏密、升降、聚散等复杂的变化，可以表现极细微的思想感情和艺术效果。直线具有阳刚力度及稳定、安静、庄严、安全等美感，其中水平线具有平和、安静、稳定的感觉，垂直线具有崇高、上升、权威、紧张、希望的感觉，斜线具有运动指向性、不安定感，折线则具有节奏、动感、活泼、焦虑、不安、突变等感觉。

▲ 线形美——航空表演（付胜利摄）

曲线有长度及曲率变化，曲线的凹凸变化包含着极丰富的审美信息，表现为阴柔、优美、动感等。人体是最优美的曲线，骨骼隐含着直线，肌肉充满了曲线。直线与曲线可以组合成复杂的形体。例如，苗条的人直线与曲线高度和谐；丰满的人直曲和谐，以曲线为主。

3. 形体美

任何事物都有一定的形体，形体大致可分为方、圆、三角形。商代大方鼎具有刚直粗厚、稳定坚实的美感。太阳、月亮、器皿为圆形，具有浑然一体的动感；山峦多呈三角形，金字塔是三角形，具有稳定感。形体的审美有明显的时代感，古人喜欢朴实直刚的形体，欧洲中世纪巴洛克风格到处都是曲线装饰，现代人又追求流线形体。

4. 材质美

一切生活用品和艺术品均需由各种材料构成，材质是美的物质载体。材质美主要表现在色彩、纹理、硬度、柔软性、弹性、导热性、透气性、光泽度、悬垂性、挺括性、光滑度等，它给人以不同的视觉美感和触觉美感。材质分为天然与人造两类。天然材质具有与人的亲和性及返璞归真的审美情趣。材质的选择与搭配要注意到各种性能，符合人们的生理、心理、审美需要。如内衣一定要用棉、麻、丝料制作，不可用人造纤维；木质地板对人的健康有利，大理石地板光亮而冷硬，只能用于客厅、厨房、卫生间，而不能用于卧室等。

5. 声音美

声音是物体振动产生的机械波，包括自然之声、人声、艺术之声三大类。自然之声就是天籁之声，是大自然的声音，如鸟语虫鸣、虎啸狮吼、泉水叮咚、风吹雷炸等，这些声音装点了自然之美，具有信息作用和审美作用。人声包括语音与歌唱乐音，是最美的声音，具有更多的信息作用与审美作用。艺术之声除了歌唱，主要是乐器声，具有优良的审美作用。声音分为乐音与噪音，乐音可以审美，但人们听乐音的时间并不多，相反噪音却是人们整天接触的声音。噪音并非一概有害，人不能生活在死寂的空间里。关键在于声音的强度，声强超过人的正常接收限度，那么无论乐音和噪音对人体均有害。

6. 气息美

气味是嗅觉的产物。优雅的气味对人有益，如合适的花香对人的刺激有利于改善精神状态。国外有试验报道：三天内不闻任何香气者打字 14140 个 / 时，错误率 1.1%；闻树木香味者打字 15284 个 / 时，错误率 0.9%；闻花香者打字 16122 个 / 时，错误率为 0.08%。电脑房若有草香，误差可减少 20%，有茉莉香误差可减少 33%，有柠檬香误差竟可以减少 54%，所以对气味的适用要给以充分重视。

7. 味觉美

味觉美体现在饮食之中，往往与气味美共存。中国的五味指咸、甜、酸、辣、苦，各有其特点。味的审美也有地方性，常言道：南甜北咸，东辣西酸。烹调美学不可不注意到这些口味差别。

二、事物群休组合形式美

美的事物纷繁复杂，有许多时空组合方式。有时候单个事物很美，但几个事物组合在一起不一定美。如家具，中式、西式、组合式，木质、钢质、皮质等，都非常精巧美观，但如果一个房间内床是中式的，橱是西式的，桌子又是钢管玻璃的，那么看上去会很不舒服。又如一对佳侣举行婚礼，新娘穿的是旗袍，新郎穿的是牛仔装，势必让人感到不相称。可见事物组合起来要显示出美，其中仍然有着某些法则。这种美的组合法则不像个别事物色彩形状那样可以被人们一下子感受到，而是比较隐蔽，必须敏锐捕捉、细心体察，才能把握它。这些美的法则主要有单纯齐一、对称均衡、调和对比、比例尺度、节奏韵律、主宾层次、多样统一等。

（1）单纯与齐一是指整体的美，其组成的个体要相同或相似，单一而整齐。如军队方阵由身着统一军装的士兵组成，舞蹈队由身高、装束一样的演员组成等。

如果个别人与整体不一致，就会破坏整体美。单纯不一定单一、单调，而是可以有变化，如路边绿化，既可以由一种树木排列，也可以一树一花有规则排列。

（2）对称均衡都有形式上的平衡感。对称是典型的平衡，指以一条线为中轴或以点为中心的同形同量相向对应的结构形式。以中轴线为界形呈左右或上下两侧同形同量的叫轴对称，日常生活中的房屋、塔亭、家具、衣服、汽车、飞机、玻璃杯等多为轴对称。以某一点为中心，在其周围形成放射性同形同量的叫放射对称，圆是典型的放射对称。对称是生物体形体结构的一种规律性形式，人体便是一个非常精致的对称体，以从鼻梁到肚脐的连线为中轴，从头到脚画一条中心线，两侧的肢体必须对称，否则就是畸形的。植物也多为对称体，这应该是与自然规则相适应的，或者说是由大自然所决定的。

对称是人类最早形成的一种形式美法则，它在原始的装饰艺术中就被注意并运用了。而从最早的石器开始，人类使用的工具，由于它们的性质和用途，也要求对称的形式。因此，人们习惯了对称的形式，把它广泛地运用于各种人造产品的造型设计上。从原始人的彩陶造型到不锈钢的双耳锅，从石制箭头到先进的波音飞机造型，从低矮的茅舍到雄伟的大厦，都贯穿着对称法则。对称最主要的特点就是稳定性。合乎对称法则的对象，小到日用的盆、瓶、桌、椅，大到汽车、飞机，乃至雄伟的建筑，都会给人以安静、稳定、端庄的美感。

均衡是对称的变体，是一种非对称的平衡。均衡也存在中轴线，但中轴线两侧并非同形同量，而是大体的相当或互相呼应，使整体上保持平衡，因此均衡也

被称为静中有动的对称。宜兴的紫砂茶壶，造型敦厚、朴雅，壶嘴粗而短，壶把粗而圆，两者虽不同形，但在量上很接近。女式套装的图案装饰，左胸前的小型花与右裙摆的大型花相呼应，取得整体上的均衡效果。均衡同样使人感到安静、稳定与端庄，但它比对称更有差异性和灵活性，给人以稳定中透出动感、一致中显出活泼的美感。

（3）调和对比是不同形式因素的并列比较。调和是在不同形式因素的并列中趋向"同"，对比是在不同形式因素的并列中趋向"异"。

调和是指两个事物异中趋同，协调统一。色彩的调和符合典型的调和法则，北京天坛蓝色琉璃瓦与天空构成了最美的调和关系。从色彩的配合来讲，有两种调和：一是同色种相配，即把同一色相、明度较近的色彩搭配起来，如暗青色与淡青色，粉红色与大红色。但深浅色不能太近，近则不鲜明，看上去浑浊不清；也不能太远，远则太生硬，会感到刺目。二是邻近色相配，即把色谱上相近的颜色搭配起来，如红与黄、蓝与绿等，但两种颜色的明度和纯度要错开，如深蓝与浅绿，能显出调和中的变化。从图形来看，圆与椭圆并列，不同大小、不同种类的三角形相配，也是调和。采用调和的形式法则，给人以协调、融合的美感。

具有较大差异或相反特征的形式因素并列就是对比。对比的种类很多，色彩、力度、刚柔、形体、声音、材质、情感、美丑、善恶等都可以构成对比。形体的大小、长短、方圆、曲直，结构上的疏密、虚实，色彩上的冷暖、轻重、明暗，肌理上的粗糙细腻、温润干湿等都可以通过对比显现各自的特征。色彩的配合中有对比，是指能看出明显不同的对比效果的色彩的配合，如色相对比、明暗对比、冷暖对比、补色对比、同色对比、色度对比、面积对比等。房间布置中有对比：平滑的玻璃台面上放一只毛茸茸的小狗，形成了肌理上粗糙与细腻的对比。文学描写中有对比：所谓"蝉噪林逾静，鸟鸣山更幽""万绿丛中一点红"等，就是对比形成的形式上的反差。对比总是使比较双方的特征更加明显，因此给人带来鲜明、振奋、醒目、沽跃的美感。

（4）比例尺度是指体现事物整体与局部以及局部之间关系的形式构成。世间任何事物的构成都是有比例的，因此，符合形式美法则的比例关系是指人认为合适的、能让人感到满意和喜欢的比例，这是人在实践中逐步形成的一种形式感觉，黄金分割律的发现就说明了合适的比例与人的尺度的关系。黄金分割比例大约为1∶0.618。人体结构基本上合乎黄金分割比例，上下身以脐为分界点，大小腿以膝为分界点，眼睛高度恰在脸部的黄金分割点等。此外，书本、窗户的长宽之比均以黄金分割为美观。比例并不是绝对的，天鹅颈长尾短，孔雀颈短尾长，长颈鹿脖子奇长，它们都很美。中国石狮子头大身小，并不符合实际比例，但是具有威武雄壮的美。因此美的创造不能机械地受黄金分割限制。尺度是指物体与人体尺寸的比例关系。有的尺度是夸张的，如高耸的哥特式教堂、高大的皇帝宫殿具有崇高的美感。一般的尺度指与人体适合的尺度，例如居室高度一般在3米左右，过高感到空旷，过低又感到压抑。台阶的高度与宽度、阳台栏杆的高度都要有适当尺度，既亲切又安全。

（5）节奏与韵律是美好的事物在组合时或在运动中的有序性与情感性连续。宇宙万物的运动都存在节奏：一年四季有节奏地交替，白日黑夜，月圆月缺，潮起潮落都有缓慢的节奏；人体的节奏以心跳为典型，还有体力周期、智力周期、情绪周期等。因此节奏感在审美中有重大的意义，人们喜欢有节奏的事物。节奏包括时间因素，即节奏的快慢频率，又包括力度因素，即节奏的强弱交替。节奏在音乐中最明显，节拍的速度和强弱交替使得旋律产生有节奏的行进，从而组成美妙的音流。建筑被称为凝固的音乐，城市建筑的天际线宛如音乐的旋律，柱与窗的排列构成了音乐的节拍。东方太极拳节奏缓慢，西方迪斯科节奏快速强烈，这是由不同的文化审美特点决定的。韵律是在节奏基础上更深层次的情感内容与形式抑扬顿挫的统一。例如，层层梯田不但具有节奏美感，更具有对劳动的赞美和对丰收的期望感。大海永无休止的起伏波涛，海滩层层蜿蜒的淤沙，令人感叹大自然的伟大。沧海桑田的变迁，从而引起对人生的思索，这是一种韵律的美感。欢快的舞蹈，让人享受到青春律动的美感。中国古典诗词的平仄和押韵更具有韵律的美感。韵律美是深层次的美感，需要细心捕捉才能发现。

（6）主宾层次又叫主次呼应。若干美的事物组合在一起时要求层次清晰，主次分明，突出重点。文章要有主题，人物要有主角，宴会要有主菜，电影要有主色调，歌曲要有主旋律……要防止主次不分、主题湮灭、反宾为主、本末倒置、平分秋色以及把精美淹没于平凡之中。

（7）多样统一中的"多样"是指事物个性的千差万别；"统一"是指这千差万别的事物的共性和整体联系。客观世界美的事物既具有丰富的个性，又有统一的共性，在对立中求统一，在变化中求一致。如果具有多样和变化而没有统一，则显得杂乱无章。多样统一就是把具有差异、变化、对立的各种形式因素有机地组合在一起，使差异性在整体中消除融化，构成一个协调一致的统一体。这是形式美的最高法则，也称为和谐。因此，它包含了各种形式美的法则。从天上的日月星辰、风雨霜雪，地下的高山平原、大川小溪、花草树木，天地间生存的各种生物、动物与人类，是千变万化、千姿百态的。然而，这一切又都和平共处，按照自然的规律存在着、变化着和发展着，构成了美妙的大自然。而人类的创造物同样处处体现出和谐，因为人类创造物单独运用某一法则的情况还是比较少的，往往是多种法则并用，因此创造物必然体现出多样统一，体现出和谐。例如，音乐中的和声（各种和弦即多声部的运用），它是以相反的、极度的和中等的声音融合成为一种统一的、美妙无比的乐声，它使主旋律立体化，使音色瑰丽多姿。

在人类的创造活动中，形式美的法则总是在被人们自觉地运用与遵守。形式美的法则都是相通的，并不能单独割裂开来，因此，我们在美的鉴赏或创造时，要把全部形式美的因素和法则统一考虑，才能把握美的真谛。

第四节　美与人生启迪

无论是使人感到悦耳悦目的感性形式的美，使人感到悦心悦意的形式意蕴的美，还是令人悦志悦神的深层的底蕴的美，都展示出一种人所肯定的和愿意追求的理想境界，也都蕴含着生命的力量、人的幸福和美的理想。

青松不但带给人们青翠欲滴、挺拔向上的美感，而且带给人们坚韧不拔的精神鼓舞，"大雪压青松，青松挺且直"激励着人们在逆境中也要保持坚强与乐观。断臂维纳斯雕像以残缺之美展示了人的美感和生命的意义，它是如此深刻、宁静地照亮了一个个普通人的心灵，使人们平淡的生活闪耀着光芒。陶渊明的诗带给人们的是田园生活的宁静与淡泊，他的诗句如同清泉洗涤着尘世的喧嚣，引领人们返璞归真，回归自然。李白的诗总是能带给人们豪放不羁、激情四溢的震撼，他的诗歌如同壮丽的巨浪激荡着人们的心灵，让人们勇敢地追求自由与梦想。音乐，则是灵魂的慰藉与情感的释放，让我们在旋律的流转中感受到爱与温暖，也在节奏的跃动中释放内心、毅然前行……

每个人都有自己的人生，每个人的人生都有不同的光彩。但有一点是共同的，即人首先要有理想和目标，要有所追求，人生的路程才能展开。我们身边的各种美的对象，作为美的载体，总是在感性地、具体地显示着美的理想，它们对于每个具体的人都会有人生启迪的意义。

艺术巨匠的传世之作都是最高的美的展示。也是人的价值和生命意义的展示，它会使人的精神人格在刹那间提高，使人获得崇高的人生使命感。贝多芬的《第九交响曲》充满了关于人类命运的思想，充满了人类对争取自由、从苦难到欢乐、从斗争到胜利的坚定不移的信念。它的悲痛的深度和庄严凌驾于《热情奏鸣曲》之上；它的深思如同海洋一样辽阔和深湛；它的欢乐，尤论是《第三交响曲》或《第五交响曲》，都不能与之相比。人们从这部交响乐中能听到全人类解放的美好的恢宏的前景，也使自己身上充满为人类美好前途奋斗的激情。

伟大的艺术作品都有深层的美，那是艺术家对人生的一种理解，是对人生的重要课题，如理想、事业、追求、爱情、家庭、社会关系、伦理道德、心理感觉等的一种理解。他们通过艺术形式表现出他们的好恶，分辨出真假、善恶与美丑，建立审美理想。每个人对艺术作品的深层欣赏也即对人生的体悟，对自己尚未碰到的各种人生课题和美丑的理解。这对于人的一生有多么巨大的作用啊！它将使人面对各种人生难题不再被动甚至束手无策，面对各种人生坎坷不再恐惧甚至灰心绝望，使人生总是有正确的选择，美的选择。路遥的长篇小说《平凡的世界》一直备受喜爱，书中孙少平出身于平凡的双水村，却不甘于平淡命运。为追寻心中的远方，他毅然背井离乡外出闯荡。在艰辛的人生旅途中，繁重的体力劳动令他身心俱疲，爱情的夭折让他痛苦万分，但他心中对精彩世界的向往，对实现自我价值的热忱，从未熄灭。孙少平的故事，激励着我们无畏生活的挑战，始终如一地追求理想，在平凡中创造属于自己的不凡。毫无疑问，对美的深层的理解会使人生充实起来，内涵也愈益深刻。

小说《平凡的世界》封面

人生的道路是漫长的，每个人的人生道路都不会那么平坦、顺利，都会有坎坷、挫折。即使建立了总的人生目标，但具体的人生问题还是需要具体地解决。我们身边的美能时时给人以启示，甚至给予具体的指导。

无论是自然界的、生活中的，还是艺术中的，即使是感性形式的美，也时时使人欢欣鼓舞，使人生充满欢乐和色彩。这是感性形式的美对于人生的最主要的启迪作用。

在美丽的大自然中徜徉，那郁郁葱葱的林木、争奇斗艳的花卉、潺潺流淌的溪水、灵巧活泼的各种动物，充满生机和活力，使人感受到世界的美好、生命的可贵，产生对生活的渴望。

整洁优雅的环境、舒适而富有情趣的居室、来往行人明丽时尚的衣装、富丽而艺术化的购物场所、精巧美观的各种人工制品，同样也会使人感到人类社会的美好、生命的可爱，产生对生活的眷恋和向往。

所以，美是人生的向导，美是生活的动力。人生不能缺少美的启迪。

美的思考

1. 辩证唯物主义认为"劳动创造了美"，请从美学的角度谈谈"幸福是靠奋斗出来的"。

2. 阅读朱光潜《谈美：我们对于一棵古松的三种态度》，谈谈对于古松的三种态度各有什么特点。

3. 法国雕塑家罗丹说过：生活中不缺少美，缺少的是发现美的眼睛。用审美的眼光观察一下周围的人、景、物……发现生活中那些被你忽略的美。

4. 你在生活中喜欢什么颜色，它会给人带来哪些情感效果？谈谈中国红的寓意和象征。

美的拓展

· 我们对于一棵古松的三种态度

第二章

自然美

"自然美"即自然界的美，是指作为人的审美对象的自然具有的审美价值。从现象上看，千差万别、多姿多彩的自然景象，构成了自然美。有的自然景色是秀雅、幽静的，有的自然景色是宏伟、粗犷的，有的自然景色是奇特、险峻的。从内涵上看，自然蕴含着的宇宙真谛、人生哲理、历史文化意义，赋予自然美以深邃的意义。自然审美对于人的影响是巨大的。优美的自然引起人和谐、平静、松弛、舒畅的感受，使人感到纯净的愉快和美好；壮美的自然引起人豪放的壮美感；新奇的自然引起人超越日常审美经验的情感震撼。

第一节　世界自然遗产

一、关于世界文化和自然遗产

为保护自然、保护人类的文化，特别是保护人类的古代文化而提出的"世界文化与自然遗产"这个概念，是人类进步达到一个新的高度的标志。它表明，人类不仅看到了过去与现在，更看到了将来。世界文化与自然遗产将是留给人类子孙后代的最宝贵的财富。

1972年，联合国教科文组织在巴黎通过了《保护世界文化和自然遗产公约》，首次对文化遗产和自然遗产下了定义，并设立基金，对列入《世界遗产名录》的文化和自然遗产进行有效的保护。联合国教科文组织世界遗产委员会会议每年召开一次，会议将对申请列入遗产名单的项目进行审批，依据的是委员会委托专家对各国提名的遗产进行实地考察而作出的评价报告。

世界遗产分为文化遗产、自然遗产、文化和自然双重遗产三类。

文化遗产主要包括文物、建筑群和遗址三大类。其标准有六条：一是代表一种独特的艺术成就，表现人类创造性天赋的巨作；二是在一定时期内或世界某一文化区域内，对建筑艺术、城镇规划或景观设计等方面的发展产生过重大影响的事物；三是作为一种文化传统或文明的独特见证；四是人类历史发展中某一建筑风格的杰出范例；五是作为传统的人类居住地或使用地的杰出范例；六是要和某些事件、传统、理念、信仰、具有突出普遍意义的艺术和文学作品有直接或实质联系的东西。作为文化遗产至少应符合其中的一条。我国的苏州古典园林符合世界文化遗产的五条标准。日本广岛的一座圆顶建筑是作为原子弹爆炸遗迹被收录于世界文化遗产名录的，它符合第六条标准，因为 1945 年 8 月 6 日美国向广岛投掷的原子弹

▲ 广岛和平纪念碑

就是在这座捷克建筑师设计的建筑物上空爆炸的。现在它被称为广岛和平纪念碑。

自然遗产主要包括自然面貌、濒危物种生态区和风景名胜三大类。其标准有四条：一是构成代表地球演化史中重要阶段的突出例证；二是构成代表进行中的重要地质过程和地貌变化、生物演化过程以及人与自然关系的突出例证；三是独特、稀少的自然现象、地貌或具有罕见自然美的地带；四是尚存的珍稀或濒危动植物的栖息地。作为自然遗产至少要符合其中的一条。

文化和自然双重遗产是指同时含有文化与自然两方面因素的遗产。这类遗产的提出，否定了把自然与文化相对立的观点，确立了人类是可以与自然相融合的。

为了更好地保护世界文化与自然遗产，世界遗产委员会还规定了濒危世界遗产的评定工作，对已经列入世界遗产名录的遗产进行评定。如果遗产地的保护状况发生变异，将被敦促纠正，无积极反应的，就会被列入濒危遗产，如美国的黄石国家公园、柬埔寨的吴哥窟古迹等。如果无力阻止遗产价值丧失与环境恶化的，将被除名。这意味着对列入世界遗产名录的遗产要进行长期的、细致的、周密的保护，而不只是争取列入遗产名录，这样方能使世界遗产得到真正的保护。我国于 1985 年正式加入《保护世界文化和自然遗产公约》。近日，在印度新德里举行的联合国教科

▲ 敦煌莫高窟

▲ 西藏布达拉宫

文组织第46届世界遗产大会通过决议，将我国世界文化遗产提名项目"北京中轴线——中国理想都城秩序的杰作"和世界自然遗产提名项目"巴丹吉林沙漠－沙山湖泊群""中国黄（渤）海候鸟栖息地（第二期）"列入《世界遗产名录》。至此，我国世界遗产总数达到59项，居世界前列。

二、非洲著名自然美景

1. "非洲缩影"——维龙加国家公园

维龙加国家公园位于刚果民主共和国东部，毗邻卢旺达和乌干达，1925年创建，为非洲最早的国家公园，1979年作为自然遗产列入《世界遗产名录》，1994年被列入濒危世界遗产名录。

▶ 维龙加国家公园火山湖

维龙加国家公园横跨赤道线，是一片长100千米，面积80万公顷的狭长地带，东部是碧波粼粼的阿明湖和耸入云天的鲁文佐里山，有名的玛格丽塔峰高5109米，峰巅有厚厚的"赤道雪"，是白尼罗河的源头。其位于3400多米高的岩浆湖是世界上唯一可见熔岩翻滚的火山湖。所以"维龙加"在斯瓦希里语中是"火山"的意思。从海拔798米的赤道森林直至海拔5119米的鲁文佐里山巅，大幅度的地势海拔高度差造成了生态环境的多样性，它既有灌木和乔木杂布的草原景观，也有纸莎草和芦苇遍布的沼泽地、草原、雨带乔木林、山地森林、熔岩平原、竹林和荒野，还有温泉与硫质喷气孔。古维多利亚湖北侧和南侧是宽广的平原，林木茂密，翠草遍野，恬静幽远，一直伸展到依萨峡谷。丰富多彩的植被分布，使维龙加公园成为名副其实的"非洲缩影"。丰富多样的生态环境使维龙加成为动物的天堂与乐园，平原、沼泽和湖畔活动着世界上最庞大的河马群，共计有两万多头。另外园内还有大量大象、野牛、豹子、猴子和狒狒等。

2. "声若雷鸣的雨雾"——莫西奥图尼亚瀑布

非洲南部赞比亚与津巴布韦的接壤处，有著名的莫西奥图尼亚瀑布，它是世界上最大的瀑布，与北美洲的尼亚加拉瀑布、南美洲的伊瓜苏瀑布并列为世界三大瀑布，1989年作为自然遗产列入《世界遗产名录》。

赞比亚北部的赞比西河是非洲的第四大河，它从广袤的原野流到南部赞比亚与津巴布韦交界的区域，遇到许多大大小小的岛屿，河面像扇面一样逐渐展宽，开阔处达1.6千米，水流舒缓。到了乌兰巴（旧称利文斯敦）市附近，突然遇上了一个大断层，赞比西河在宽约180米的峭壁上骤然翻身，整个跌入约100米深的峡谷，万雷轰鸣，惊天动地，激起层层白色水雾，巨响和飞雾可远及15千米以外的区域，形成壮丽无比的大瀑布。赞比亚当地人称它为"莫西奥图尼亚"，而津巴布韦则称"曼古昂冬尼亚"，但意思相同，均为"声若雷鸣的雨雾"。19世纪中叶，英国传教士戴维·利文斯敦在对非洲的探险中发现这个瀑布后，以英国女王的名字命名，又称之为"维多利亚瀑布"。

◀ 莫西奥图尼亚瀑布

　　大瀑布被岩石分为五段，由西向东分别为"魔鬼瀑布""主瀑布""马蹄瀑布""彩虹瀑布"和"东瀑布"。这五条瀑布倾泻入一个仅宽400米的深潭，水流直落下去，又反冲而上，上下翻滚，波浪汹涌，宛如沸腾的怒涛，在天然的大锅中咆哮，又取名为"沸腾锅"。

三、欧洲著名自然美景

　　1. "巨人之路"和"巨人之路海岸"

　　"巨人之路"和"巨人之路海岸"位于英国北爱尔兰安特里姆平原边缘的岬角，1986年作为自然遗产列入《世界遗产名录》。

　　"巨人之路"是指一条通向大海的巨大的天然阶梯，延续约6千米，由4万多根玄武岩石柱组成。这些石柱大部分为匀称的六边形，也有四边、五边或八边的，直径38~50厘米，高者达12米，矮者也有6米多。它们不可思议地捆扎在一起，其间仅有极细小的裂缝，因而在总体上形成了气势磅礴的石柱，又高低参差、错落有致地排列着，延伸向大海，构成了一条有台阶的石道。这条壮观而神秘的石道，孕育了巨人跨海到苏格兰的动人神话故事：传说远古时代爱尔兰巨人芬·麦克库尔要与苏格兰巨人芬·盖尔决斗。为此，麦克库尔历尽艰辛开凿石柱，并把它们移到海底，铺成通向苏格兰的堤道。大功告成后，他回家睡觉，准备养精蓄锐后跨堤去攻打盖尔。此时，盖尔却捷足先登来察看敌情，他见到沉睡中的麦克库尔身躯如此巨大，不由暗暗吃惊，而此时麦克库尔的妻子急中生智，诡称沉睡巨人是她初生的婴儿，盖尔听了更为惊恐，"孩子如此巨大，其父该是怎样的庞然大物？"他吓得赶紧撤回苏格兰，并捣毁了其身后的堤道，只剩一段残留的

美的视窗
· 巨人之路

◀ 巨人之路

堤道屹立在北爱尔兰海边，"巨人之路"之称由此而来。

2. "淡水海洋"——贝加尔湖

贝加尔湖位于俄罗斯西伯利亚中部的崇山峻岭间，长636千米，面积达3万多平方千米。湖的四周有大小336条河流和山溪注入湖内，唯一的外流河即安加拉河。水流湍急，使湖水从其宽阔的石子河床上迅速奔出。其于1996年作为自然遗产列入《世界遗产名录》。

贝加尔湖

贝加尔湖是世界上最古老的湖泊，科学家认为它的存在至少已有两千万年。通常一个湖的寿命只有一万至一万五千年，因为湖水被风吹日晒，不断蒸发，湖岸遭到风化侵蚀，淤泥充塞，水量减少，水位下降，逐渐变成浅水湖、沼泽，最后甚至彻底干涸，变为平地。可是贝加尔湖的储水量不但不见减少，反而逐年增加。所以西伯利亚人把它叫作"神秘的湖"。

贝加尔湖的形状像一弯新月，因此有"月亮湖"之称。它还是世界上最深的湖，很多地方超过1000米，最深处为1637米，它的蓄水量超过了波罗的海。其被称为"神秘的湖"，不仅因为它的储水量，还因为它是一个"生物博物馆"，这里生活着地地道道的海洋动物：海豹、海螺、海鱼和龙虾。湖中还有不少生物，在热带或亚热带才有同种或近亲的，或者在几千万年或几亿年前的地层中才能找到它们的化石，却都生活在这里，这个湖里有64%的动植物种类都是独一无二的。

四、美洲著名自然美景

1. 黄石国家公园

黄石国家公园是美国历史最悠久、规模最大的国家公园之一，面积898,317公顷，森林占全园总面积的90%左右，其余是水面。园内最大的湖是黄石湖，最大的河流是黄石河。此外，园内还有峡谷、瀑布、温泉及间歇喷泉等，是一个久负盛名的游览胜地。其1978年作为自然遗产列入《世界遗产名录》，1995年被列入濒危遗产名录。

黄石国家公园以保持自然风光著称于世，是世界上第一座以保护自然生态和自然景观

黄石国家公园

为目的而建立的国家公园。6000万年以来，黄石地区多次发生的火山爆发，构成了现在海拔2000多米的熔岩高原，加上近代又有三次冰川运动，留下了山谷、瀑布、湖泊以及成群的温泉和喷泉，是大自然用水、火、冰、风精雕细琢成的迷人的自然景观。公园的东、西、北三面，山峦起伏，峡谷深幽，岩石嶙峋；流经黄石峡谷的黄石河蜿蜒曲折，大小瀑布飞流直下，气势磅礴，其中最为壮观的是黄石瀑布，是由黄石河从陡峭的黄石峡谷跌落而成；园内的河、湖、溪、池、泉、塘，比比皆是。

黄石公园有喷泉300多个，构成了公园最负盛名的地热风景特色——地热奇观。每个喷泉都有名字，如"狮群喷泉""河边喷泉""老忠实喷泉"等，这些名字大多根据其颜色、形状、性质而定。如"老忠实喷泉"是以通常每隔50多分钟喷射一次而得名，喷出的巨型水柱能射至半空，沸水散发出来的蒸汽，就如一朵白云，挂在空中，几分钟后才趋平息；它每次喷射2~5分钟，高度达90~180米。由于地热活动，这里四处都是蒸汽腾腾，人们既像置身浴室，又如升腾于茫茫云海。泉的周围，树木凋零，野草枯萎，但泉水内所含的各种金属离子及各种色彩斑驳的藻类，使清澈的泉水呈现出从青绿色到血红色等复杂多异的种种美丽的色彩。环绕温泉的沉淀矿物质还构成了千姿百态的瀑布和花菜状的天然石雕，而且随着泉水的流动不断变化着，是黄石公园的"活雕塑"。

2. 罗斯·格拉希亚雷斯冰川国家公园

罗斯·格拉希亚雷斯冰川国家公园位于阿根廷圣克鲁斯省西南部。这里是世界上除南极洲和格陵兰岛外最大的终年积雪地，有多种冰川现象，特别是难得一见的移动冰川。罗斯·格拉希亚雷斯在西班牙语中的意思就是"冰川"。其于1981年作为自然遗产列入《世界遗产名录》。

罗斯·格拉希亚雷斯冰川国家公园包括一个面积44.59万公顷的国家公园和一个占地15.41万公顷的国家保护区。北部的菲茨罗伊高地是一片湖泊山地，常年积雪，分布着从巴塔哥尼亚冰场漂移过来的十条冰川。冰川运动形成了引人入胜的冰雪奇景：在冰川消融过程中出现了移动冰块、成串的湖泊、融锥体、冰蘑菇；冰川水化后的水井和巨大的冰盆；侧冰碛、中心冰碛、底部冰碛和表层冰碛堆积而成的各种堆积地貌；冰川摩擦形成的卷积云岩石、条纹壁、深狭的山谷等。

公园里最大的冰川是乌普萨拉冰川，其前端伸到阿根廷湖北端，常有澄蓝的巨大冰山流入湖中，致使湖面上漂浮着由冰川崩裂而成的大小不一、形状各异的晶莹冰块，有的形成冰墙，高达80多米，缓缓向前移动，在阳光下反射、折射出虚幻迷

▲乌普萨拉冰川

离的耀眼光芒。

五、大洋洲著名自然美景

1. 乌鲁鲁－卡塔丘塔国家公园

乌鲁鲁－卡塔丘塔国家公园位于澳大利亚中部，是一片一望无际的干旱的沙地平原，在平原上耸立着两处独特的地理特征——艾尔斯岩石与奥尔加山，于1987年和1994年分别作为文化遗产与自然遗产列入《世界遗产名录》。

艾尔斯岩石是一块巨大的红色砂岩石，周长约9.4千米，高出地面349米，是世界上最大的独体岩块。对生活在沙漠的人们来说，它具有十分重要的地位。人们不仅为它的巧夺天工而惊叹，同时还可循着历史的踪迹回到遥远的过去。因为岩石的底部有许多岩洞，洞中有岩画，有些岩画已有一万年的历史。所以，澳大利亚土著居民将这块巨石视为圣地。在不同的季节、不同的时刻，随着阳光照射的时间、角度的变化，这块巨石的颜色千变万化，令人叹为观止。艾尔斯岩石是澳大利亚的象征，它代表着这个国家的远古历史。

▶ 艾尔斯岩石

奥尔加山在艾尔斯岩石以西20多千米处，是由36块峻峭的砾岩穹丘组成的巨石阵，占地3500公顷，高546米，样态十分怪异，很像是从地下探出地面的巨大脑袋，又像是从海面上浮出的怪兽，当地土著称之为"许多头"，就是许多脑袋之意，是远古山脉遭侵蚀后的罕见遗迹。公园里有150多种鸟类、两栖动物和无脊椎动物，一些稀有的哺乳动物也在这里繁衍生息。此外，公园里还生活着大量的爬行动物。

2. 汤加里罗国家公园

汤加里罗国家公园位于新西兰北岛中央地带，面积765.4平方千米，是一个独具特色的火山公园，公园里有15个火山口，其中汤加里罗、瑙鲁霍伊、鲁阿佩胡是最著名的3座活火山。壮观的火山群和毛利人的文化是这里的特色，因此，在1990和1993年分别作为文化和自然遗产列入《世界遗产名录》。

汤加里罗国家公园的 15 个火山口，火山活动的奇景千姿百态、各不相同，每游一处，都有耳目一新之感。远眺沸泉，只见热气蒸腾，烟笼雾绕；走近时，可见沸流高喷，呼呼作响，水柱在灿烂的阳光下闪烁着奇光异彩，令人仿佛置身于仙山琼阁之中。其中最壮观的

▲ 汤加里罗国家公园

是瑙鲁赫伊火山，呈圆锥形，顶部是直径 400 米的火山口。自 19 世纪 30 年代以来，它一直处于活动状态，常年烟雾腾腾。整个公园呈现出一片火山园林风光，由火山灰铺成的银灰色大道蜿蜒在山间，峰顶白雪皑皑，十分壮观。苍翠的天然森林环抱着重峦叠嶂的群山和绿草茵茵、繁花似锦的草原，云雾缭绕的高山火山口湖绿波荡漾，婀娜多姿。

汤加里罗国家公园里，还栖息着新西兰特有的国鸟——几维鸟，它是新西兰的象征，国徽和硬币均用它作标记。

六、亚洲著名自然美景

1. "摩天峰"——萨加玛塔国家公园

尼泊尔萨加玛塔国家公园位于喜马拉雅山区，园内耸立着包括珠穆朗玛峰在内的世界上最高最年轻的山峰。珠穆朗玛峰高达 8848 米，尼泊尔人称"萨加玛塔"，意为"摩天峰"，公园由此得名。其于 1979 年作为自然遗产列入《世界遗产名录》。

公园里的其他 6 座山峰海拔高度均在 7000 米以上，为世界之最。现在，这里的高峰还在以非常缓慢的速度"长高"。冰川世纪的显著影响还使这里遍布冰川深谷，有着独特的地质地貌，如角峰、刀脊和冰斗等冰蚀地貌。公园里呈现了海拔从 2850 米至 8848 米的完整而层次分明的生态系统。这里有各种各样的动物，珍贵的麋鹿与漂亮的雪豹经常在山间出没，天空林间飞翔着 100 多种鸟类，天地间充满生机。冰山雪峰上，在海拔 5500 米的地区有草本植物生长，喜马拉雅雪松与杜鹃花是具有代表性的植物。在这里，杜鹃花有红色、玫瑰色与罕见的白色花，花开时节，五彩缤纷，争奇斗艳，被列为尼泊尔的国花。

▲ 萨加玛塔国家公园

2. "天下第一水"——九寨沟风景名胜区

九寨沟风景名胜区位于中国四川北部阿坝藏族羌族自治州九寨沟县境内，是岷山山脉中一条山沟谷地，呈 Y 字形，海拔 2000~4500 米，总长 60 多千米，因沟内有树正、则查洼、黑角、荷叶、盘亚、亚拉、尖盘、热西、郭都九个藏族村寨而得名。其于 1992 年作为自然遗产列入《世界遗产名录》。

九寨沟

九寨沟两侧群山林立，数十座积雪终年不化的皑皑银峰高插云霄。从沟口到沟顶，阶梯般地分布着 114 个高山湖泊，当地人认为这些湖泊是大海之子，所以叫作"海子"，有的干脆就称之为"海"。114 个海子小者数平方米，最大的长达 7 千米。与普通的湖泊不同，九寨沟的湖水含有大量的碳酸钙质，湖底、湖堤均为乳白色的碳酸钙形成的结晶体，来自雪山融水、森林流泉的湖水异常洁净，再经梯湖的层层过滤，水色清澈如镜，蓝碧晶莹，湖泊能见度达一二十米。湖中水藻繁生，湖底色彩斑斓的沉积石在阳光照射下，呈现出蓝、黄、橙、绿等色彩，绚丽夺目。由于河谷地形呈台阶式，湖与湖之间又形成许多瀑布，共计有 17 个瀑布群。九寨沟的中心部位有 320 米宽的诺日朗瀑布，这是中国最宽的瀑布。在藏语中，"诺日朗"为雄伟壮观的意思。瀑顶由数个梯湖组成，湖水从 20 多米高的陡壁飞流直下，水花飞溅，水汽蒸腾，阳光下常见艳丽的彩虹。瀑布两边有茂密的树木，瀑水在树林中穿流，形成罕见的"森林瀑布"，诺日朗也因此成为九寨沟的标志。九寨沟风景自然原始，以雪山、森林、湖泊、瀑布四大景观获得了"人间仙境""童话世界"之誉，五花海、镜海、珍珠瀑布等水景最享盛名，被称为"天下第一水"。

3. "天下奇峰归武陵"——武陵源风景名胜区

武陵源风景名胜区位于中国湖南张家界市武陵源区，包括张家界国家森林公园、天子山与索溪峪三大景区，其中以张家界最为出名。天子山地势最高，索溪峪最低，水流从天子山经张家界流向索溪峪，构成了各有特色的峰林奇观。其于 1992 年作为自然遗产列入《世界遗产名录》。

"武陵源"是世外桃源的代名词，素有"峰三千，水八百"之称，山山水水相互辉映，描绘出一幅"山因水更奇，水因山更秀"的图卷。其中 3000 多座奇峰怪石，似人似物，形神兼备。这罕见的沟壑纵横、奇峰林立、山石峥嵘的地貌，集"奇、雄、幽、野、秀"于一身，不愧有"天下奇峰归武陵"之誉。

张家界位于湖南省张家界市西北部 35 公里处的山间，因汉代名臣张良隐居于此而得名。这里最有名的是黄石寨（也称黄狮寨），它海拔 1200 余米，是由无数

◀ 武陵源风景名胜区

悬崖峭壁托起的一块相对宽阔的平地,远望如雄狮蹲伏。黄石寨常年被云雾笼罩,看群峰若隐若现,偶见晴天,则可欣赏到危峰林立,如巨大的盆景。天子山有黄龙泉、茶盘塔、老屋场、凤栖山、石家檐、昆仑峰、黄河岸 7 个景区,80 多个景点散布在各处。更奇的是,如此众多的奇景趣处,全由一扇长达 25 千米、高盈千尺的巨大石壁所怀抱。石壁折成一道道皱褶,每处自生一个天然观景台,真可疑为造物有灵。索溪峪景区与张家界景区相连,在慈利县的西北部,是一片峰林的海洋。索溪峪中有十里峡谷,一溪中流,两侧可见到 200 多座奇峰诡岩,无一不神,无一不绝,人称"十里画廊"。索溪峪的地下还蕴藏着一个神话般的世界,这就是石灰岩溶洞群。现已发现的有黄龙洞、骆驼洞、观音洞、金鸡洞、岩门洞、仙侣洞、牛耳洞、宝峰洞等 30 多处,诸洞腹藏乾坤,各怀绝景。

第二节 自然美的特征

大自然中,美无处不在。自然之美,呈现在春日百花的怒放中,摇曳在翠绿的枝头和柔嫩的青草间,游荡在深海与幽谷里,闪耀在贝壳与宝石的光泽中。古往今来,多少人用真心去体会自然,用巧手去描绘自然,用声音去赞叹自然,用耳朵去倾听自然,用眼睛去欣赏自然。人们徜徉和陶醉于自然美之中,心驰神往,流连忘返。

一、自然本真的存在

"清水出芙蓉,天然去雕饰"这句诗常被用来比喻文章的清新自然之气,也被标举为艺术美的最高境界。这个艺术美中的最高境界在自然万物的美中却是随处可见，普遍存在，正是自然美的这一特质，凸显了自然美的独特魅力，使得自然成为和艺术不同的一种审美对象。

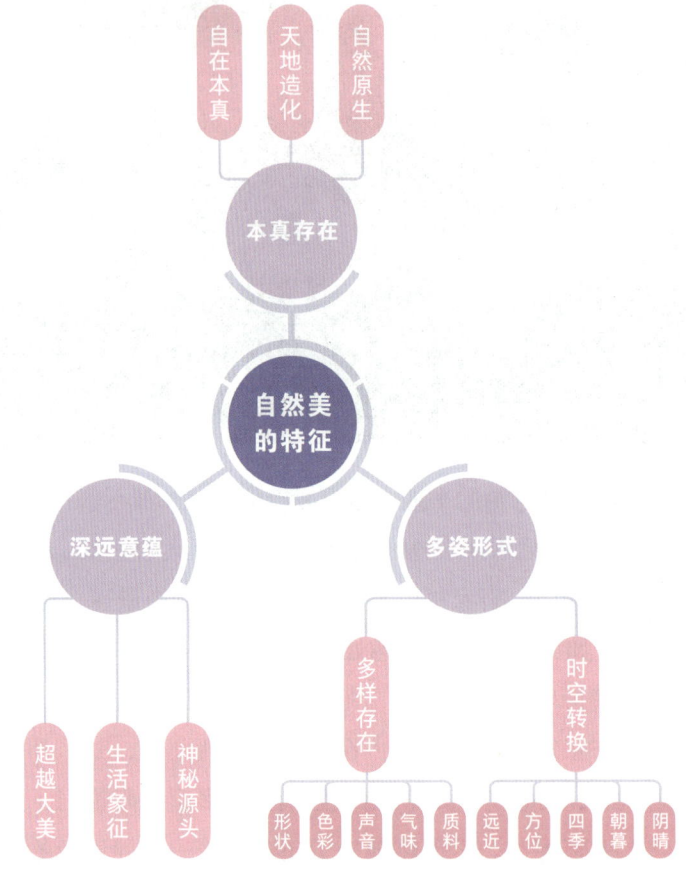

1. 自然原生

自然美是自然本真的存在，就是它的不以人的意志为转移的自然原生性，即它的色彩、线条、形状等自身属性以及它所依赖的自然条件都是自在存在的。

比如奇石的美，其质地与它原来的剥落的岩体有关，其色彩是由岩石中的矿物所含的色素离子、色元素和带色矿物质种类分离情况及含量决定的，其形态和纹理也与自然搬运的时间、距离和环境有着密切关系。黄山"四绝"之一的怪石，以奇取胜，以多著称，已被命名的怪石有 120 多处。其形态可谓千奇百怪，令人叫绝。它们似人似物，似鸟似兽，形态各异，形象逼真。其分布可谓遍及峰壑巅坡，或兀立峰顶或戏逗坡缘，或与松结伴，构成一幅幅天然山石画卷。

2. 天地造化

自然美是天然的作品，它是自然的创造，来自自然的鬼斧神工。自然美是自然本真的存在，还因为它是自然界万物相互作用变化的结果，是自然万物相映成

趣的佳作，是天地造化之功。

隆冬时节，北方大地万木萧条，走在吉林市就会发现一道神奇而美丽的风景，沿着松花江的堤岸望去，松柳凝霜挂雪，戴玉披银，如朵朵白银，排排雪浪，十分壮观。这就是被人们称为"雾凇"的奇观。吉林雾凇的形成原因是松花江水与空气之间巨大的温差，松花江源源不断释放出的水蒸气凝结在两岸的树木和草丛之间，形成厚度达到40~60毫米的树挂，远远超过通常为5~10毫米的普通树挂的厚度。吉林雾凇正是这种雾凇中厚度最厚、密度最小和结构最疏松的一种，这种雾凇组成的冰晶将光线几乎全部反射，观赏起来格外晶莹剔透，无愧于被称为中国四大自然奇观之一。

▶ 吉林雾凇

3. 自在本真

自然即自在本真，它是自由的象征。由此，自然美无不体现出事物按其本性存在的自由意味，从这点上讲，自然的审美价值是任何艺术作品所无法匹敌的。

在我国，古代美学一贯崇尚自然，以自然为美。追根溯源，这种自然审美观源于庄子，庄子美学思想的核心之一就是"自然"。庄子从尊重自然的自在之美进而引申到人的精神自由之美，他认为人类的生活也应当纯任自然，不要人为去毁灭天然，不要用有意的作为去毁灭自然的秉性，不要为获取虚名而不遗余力。谨慎地持守自然的秉性而不丧失，这就叫返归本真。人如果保持了自然本性，也就获得了个体人格的自由，获得了美。正所谓："真者，精诚之至也。不精不诚，不能动人。"正因为自然美的自在本真，才让哲人领悟到真正的自由。

二、变幻多姿的形式

自然的形式是多姿多彩、千奇百怪的。自然万物可大到一望无涯，也可以小到微乎其微。

1. 多样存在

自然以其形状、色彩、声音、气味、质料等一切形式的元素向人类展示着独特的魅力。

自然首先是以其形状呈现在人的视界之中，给人以心灵的惊异、美感的享受。"大漠孤烟直，长河落日圆"是形状上的美感；"细雨鱼儿出，微风燕子斜"是以形状的独特性迷人。

大自然的天然色彩也是无限丰富、变幻无穷的。"居庸叠翠""西山红叶""断桥残雪"等景观，都包含有自然色彩之美。大诗人杜甫著名的《绝句》："两个黄鹂鸣翠柳，一行白鹭上青天。窗含西岭千秋雪，门泊东吴万里船。"写出了大自然的丰富色调。而"接天莲叶无穷碧，映日荷花别样红"等都显现出美丽的色彩。

自然的声音被称为"天籁之音"。在诸多自然景观中，瀑落深潭、惊涛拍岸、溪流山涧、雨打芭蕉、风吹松涛、幽林鸟语、寂夜虫唱等自然音响宛如美妙的乐曲。自然以天籁之声传递着美，同样，它也以静谧的安适向人类展示它的多样魅力。"千山鸟飞绝，万径人踪灭。孤舟蓑笠翁，独钓寒江雪"是一种空旷寂静的美；"蝉噪林逾静，鸟鸣山更幽"则是动静结合，以动衬静的一种自然之声。

自然的气味也是丰富多样的。春日有山花的芬芳，鲜草的清馨；夏季有吞云吐雾的缥缈仙境，沁人心脾；秋季是成熟的季节，到处瓜果飘香；冬天有飞舞的雪花、清新的空气。

2. 时空转换

自然在空间中展开为各种各样的静态形象。而在时间中的展开，更使得自然变化无穷。四季交替，昼夜变化，风蚀浪淘，生命变换，都使自然呈现出变化无穷的美。人们观赏自然物处在不同的时空条件，有远近、方位、四季、朝暮、阴晴的变化，所以对同一个审美对象就会产生不同的审美感受。

苏轼有诗："横看成岭侧成峰，远近高低各不同。不识庐山真面目，只缘身在此山中。"不管诗人在里面倾注了多少对人事的感慨，有两点是我们可以肯定的，那就是：其一，从不同的角度看庐山，庐山就有不同的风貌；其二，身在其中，往往不能一睹庐山全貌。俗话说："马上观君子，月下看美人。"月下看美人，定会觉得月下的美人较之阳光下的美人更美。何故？因为阳光下看得真切实在乃至美人脸上的微疵都看得清清楚楚，而朦胧的月光却可以把它抹去。

三、神秘深远的意蕴

自然向我们敞开了它的各种样态，而展现得最丰富的则是它的美。而美的自然本身对于人类来说，仍然有着太多的迷雾。它的一个重要的特征就是，它用万千的形式展示着自己，但是形式背后的内在却始终悠远神秘。对于人类来说，赏心悦目只是自然美的多层面表现中的一层，自然美更深刻的意义则如同它变幻莫测的形态一样令人神往。在今天，我们重新审视人与自然关系的时候，不难发现，自然美对于人的意义不言而喻，由自然美带给人类的思考和想象乃至深远的意蕴如同自然的神奇一样无时不冲击着有些麻木的现代人心灵。

1. 神秘的源头意味

人与自然的关系似乎在经历着一场轮回，最初的自然是作为外在于人的超力量而存在的，自然威力无比，人们把自然神化而心存敬畏，巨大的自然力无法抵御，也难以解释，于是就产生神话传说，人们拜倒在妖魔鬼怪诸神脚下，为了求得神灵保佑，遂产生了自然神崇拜。

古老的自然神话从科学的意义上讲或许显现的是人类童年的幼稚，然而正是自然神话丰富了我们审美的情感，安顿了我们盲目的心灵。

神话是人类蒙昧时代的童话，是人类文明最早一缕璀璨夺目的曙光。虽然世界上文化形态各不相同，不同的地域、国家有各自不同的民族风情，但倘若我们沿着丰富多样的文化去追溯源头，我们又惊奇地发现它们的殊途同归之处，那就是它们最早都起源于神话，而所有的神话都有着十分相似的主题——自然崇拜。

人类的祖先敬畏自然的威力，感叹自然的神奇，用无数的神话来表达对自然的崇敬与热爱，自然就是万物的神和创造者。如今，人类或多或少地认识了自然，感受到了自然的美，自然虽已脱去了神的外衣，不再以神的面目呈现它的存在。但是在自然中，依然有无数我们人类喟叹的神奇与神秘，只要有人类的存在，有关自然的神话就会一直存在。

2. 生活的象征意味

自然是人类的家园，人们从自然那里得到的不仅是必需的生活用品和生活环境，自然还是人类心灵畅游的海洋。自然和人类生活的关系密不可分，人类在自然中寻找自己生活的影子，也在自然中找到了情感的寄托和对未来生活的向往。

孔子率先提出"知者乐水，仁者乐山"，实际上已从侧面表明古人开始具有以山水之美为乐的审美意识。他说"岁寒然后知松柏之后凋也"，在河川上观水时又说"逝者如斯夫，不舍昼夜"，这些都是在对自然美的欣赏中发现了自然美与人的某些品格、情操的相似相通之处，而用以寄意托情。

每一种自然现象总是以自己独特的形式，同人们的社会生活发生这样或那样的联系，于是人们就可以从自然界与人类社会生活种种类似的地方，看到人，看到自己的生活形象。比如柳树，它是春的使者，是美好明天的象征；"柳"与"留"谐音，它是情感的化身、友谊的象征；柳婀娜多姿，柔弱自然，它是美的象征；柳絮随风飘舞，则富有讽喻意味。

王维在《使至塞上》中的"大漠孤烟直，长河落日圆"，抒发了壮阔激荡的情怀，而另一首《辋川闲居赠裴秀才迪》中的"渡头余落日，墟里上孤烟"，则描绘了柔和平静的乡村晚景，带有眷恋和温暖的情调。

3. 超越的"大美"意味

自然具有超越性。如果说，给自然蒙上神秘的面纱来描述自然的超越性是其中一种方式的话，那么，从现实的功利与生活的羁绊中回归自然则是自然超越性的另一个特征。

当我们凝神于自然对象时，经常会进入忘我的境地，而触发一种难以言说的感触。我们的心灵深处产生骚动，整个意识仿佛与欣赏对象融为一体；而它们仿佛也带上了和我们一样的感情色彩，与我们的心灵产生着共鸣。在这种观照的某一时刻，我们似乎从自然中参悟了宇宙天地间深不可测的秘密，一刹那间心与世绝，进入了另一个超凡的世界。静观万物，它们好像各得其所，呈现着充实而活泼的内在生命；反躬自省，自然也被涂上了我们自身的光辉。这时，整个世界都充满了审美情趣，于是我们在欣赏这一自然对象的过程中，捕捉到一股或淡或浓的情思，获得一种或清空或充盈的感受。

人只有在自然之中，才能真正体味生命的意义和人格的魅力，才能超越现实的各种樊篱，回归自然的人性。"天地有大美而不言"，这是自然呈现的超越的"大美"意味。

第三节　自然美的类型

天地自然的造化鬼斧神工，千姿百态，展现出自然美无限的多样性，大致可概括为雄、奇、秀三种类型。

一、雄

"雄"指那些雄伟、雄浑、雄厚、雄放、雄劲、高大、气势磅礴的景观。雄是大自然最为激动人心的审美类型。

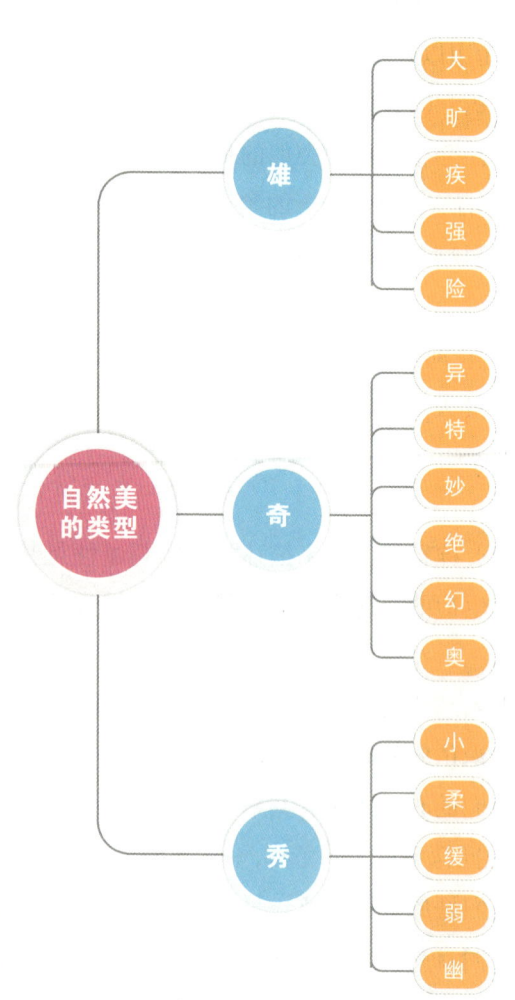

1. 雄与大

形状上的"大"，与空间上的"巨"交相辉映，垂直角度的"高"与平行角度的"远"相互重叠，就能显示出"雄"。泰山为"五岳"之尊，素以"天下雄"著称。泰山之"雄"主要依其"高大"。一是山体高大，从绝对高度上看，其主峰海拔虽然只有1545米，但是因其矗立于辽阔的平原，主峰南麓的泰安市海拔仅153米，二者相对高度差竟达1392米，对比非常强烈，故显其高，古人有"平畴突起三千米"之绘；且山势骤然突起，拔地通天，加之自然的鬼斧神工，使泰山谷幽壑深，壁立千仞，给人以高大雄浑之感。二是主峰突起，构成主从对比关系，"首出万山"而"一览众山小"。三是形体巨大，基础宽广，厚重安稳，故有"稳如泰山""重如泰山"的赞美。

2. 雄与旷

旷有阔、远、朗等含义。这类景

观的视域开阔，形态旷远，如绵延四野的平原、空旷的大漠、辽阔无际的湖海等，在长度上体现为超常，在宽度上表现为超长，外在形象的线条呈现为平直线，因而表现出雄。

旷往往与"野"相关联。野是属于原始自然或"第一自然"的况味，纯真古朴，富有野趣，一般是指未受人类干扰的景观，强调的是自然与人之间平等相待的态度以及人来源于自然的根源性亲近。藏北无人区最有旷与野的特点，那里的景观仍处于原始状态，保持着古朴淳美、洪荒自然的风貌，能给人一种远离尘嚣的野趣之美或神秘之感，更有雄浑的意味。

3. 雄与疾

闻名遐迩的壶口瀑布，素有"金瀑"之美誉，滚滚黄河从舒缓宽阔河床陡然收束，跌落至只有40余米宽的巨壶状深槽，"壶口"由此得名。瀑流排江倒海，摄人魂魄，如狮吼，如惊雷，其大音十里可闻。其声之巨，其速之快，其时之久，其力之猛，其体之大，其势之大，堪称水中之"雄"！

疾，是指时间维度上的迅猛、长久，往往与声音的响亮相连。迅疾的大瀑布几乎都伴有雷鸣般的响声，因而有"南国惊雷声震天，前川倒挂水晶帘""黄河西来决昆仑，咆哮万里触龙门"的诗句。狂风疾旋，若不呼啸则不雄，万马奔腾，若不动地则不壮。

4. 雄与强

空间上的大、时间上的疾、声音上的响亮本身就意味着力量上的强。巍巍高山，给人一种体积上的稳重感；莽莽巨岩，给人一种重量上的惊人感；浩浩江水，给人一种速度上的快捷感；滔滔瀑布，给人一种力量上的强劲感；呼呼海啸，给人一种地动山摇的震动感；渺渺大洋，给人一种色度上的统一感，如此等等的自然景观给人一种雄劲的美感。

力量上的强又表现出性质上的刚硬、刚强。大海、巨石、高山、悬崖、绝壁、狂风、暴雨、巨浪、荒漠、戈壁等无不透出性质上的强，透出雄壮与雄伟。

5. 雄与险

西岳华山以"削成而四方，其高五千仞"的险峻形象，号称"天下第一险"。自古华山一条路，单就从青柯坪通向主峰的奇险通道，中间就要经过千尺幢、百尺峡、老君犁沟、擦耳崖和苍龙岭等，令人望而生畏。

以"险"来形容的这类自然景观或形状陡峭，或气势险峻，或坡度特别大，或山脊高而窄，或谷深而难测，或流急湍旋，或浪高风急，诸如此类，不一而足。这是一种惊心动魄的美，既让人感到害怕，又因其强大的吸引力而渴望亲近它。也许是因为人天生就有探险、冒险的心理需求，孤峰绝壁、急流险滩、万丈深谷、千仞悬崖，往往对人有独特的魅力。

6. 雄与壮美

雄在整体上呈现为"壮美"，雄的特点几乎就是壮美的特点。

美的视窗
·西岳华山

中国古代美学家是在谈论文章的时候涉及壮美的，他们称壮美为阳刚之美。壮美能让人体会到自身生命之流的奔腾有力，精神上感到无比的振奋、豪迈和舒畅，对人有提升作用，能够激发人对自身更深的理解和把握，使人摆脱平庸琐细，上升到一个更高的境界。

二、奇

奇异、奇特、奇怪、奇幻，作为自然景象的一种美态，具有不可替代的独特性。它稀有，罕见，善于变幻，迥异于寻常的事物。这类景观的形象光怪陆离，奇异多变，非同寻常。

1. 奇与异

奇的含义主要是"异"，即非同一般，非同平常，迥异于寻常的事物。除了大家熟知的黄山之外，位于甘肃敦煌城南约五千米处的鸣沙山、月牙泉也给人一种"奇异"的审美感受。

鸣沙山外形和一般的沙漠、沙山没有区别，但是能够发出一般沙漠所没有的响声。当人们攀上沙丘，从山顶往下滑落时，沙砾会发出一阵阵如兽吼雷鸣，或如乐音悠扬的响声。在鸣沙山起伏的金黄沙丘外，有一翡翠般的小湖，形如月牙，静静地躺在黄沙的怀抱之中，这就是月牙泉。此泉南北长约百米，东西宽约 25 米，最深处约 5 米。泉水清澈甘美，四季不枯，泉中芦苇茂密，绿草丛生。月牙泉在蒸发量超过降雨量几十倍的沙漠地带，经历古今，本已是一个奇迹，而飞沙不临泉水，更是匪夷所思。一般的泉水大都出现在树木丰茂的山上，或者雨水丰沛的地区，但是月牙泉出现在常年不降雨，旁边也没有河流、没有树木的鸣沙山的旁边，这就是它的"异"之所在。

▶ 鸣沙山　月牙泉

2. 奇与特

奇常与"特"相连。"特"即有特点，具有典型性，区别于一般的"异"。一般的"异"，只具有偶然性、片面性，而"特"却是具有了一种全面性、必然性。还是以鸣沙山为例。鸣沙山有两个奇特之处：一是人若从山顶下滑，脚下的沙子会呜呜作响；二是白天人们爬沙山留下的脚印，第二天竟会痕迹全无。这里鸣沙山的"鸣"和"第二天痕迹全无"，不是偶然的，而是必然的，不是片面的，而是全面的。不管何年何月何日，只要不是发生大变故（如地震会使鸣沙山消失等），人们来到此处，都会得到这种审美体验，都会感受到响声，第二天都会发现前一天留下的痕迹全都消失殆尽。无论人们在鸣沙山的何处走动，也都会如期得到这种审美体验。这种"鸣"和"前一天留下的脚印痕迹全无"已经作为此处区别于其他沙漠的最本质的特征了。这种特征让人产生奇特的审美感受。

3. 奇与妙

"妙"是常与奇并用的一个词，"妙"指出人意料，具有不可臆测性。

还以鸣沙山、月牙泉为例。鸣沙山的"鸣"，出人意料，因为鸣沙山无需人为弹奏或敲击就可发出声音，而并非像普通沙山那样，仅仅因为人们踩上去就会感到柔软的特性，并不符合科学规律中的发声原理。但是人们根本就无法搞清楚鸣沙山为何"鸣叫"，更弄不明白鸣沙山发出的声音为何近如兽吼雷鸣，远如神声仙乐。因而人们传说当年文成公主进藏和亲，皇帝准备了几份嫁妆分几路进藏，有一路走的是敦煌。可官兵们走到鸣沙山下时，一群强盗抢劫了嫁妆。但当他们得手时，突然天昏地暗，一阵大风卷起黄沙，把强盗们连人带物都埋在了鸣沙山下。从此，沙山就会发出声响了，因为下藏万军。

4. 奇与绝

奇还与"绝"相关。绝，即罕见，从空间角度来说，不是随便什么地方都具有；从时间维度来讲，也不是随便什么时间能够具有。应该是"此景只应天上有，人间哪得几回闻"。以月牙泉为例，泉水随处可见，但是像沙漠之中有此一泉，泉水清清，常年不衰，且泉之外形似月牙者，只有甘肃莫高窟附近的鸣沙山旁这一特定空间才出现的月牙泉，这就是奇绝。

5. 奇与幻

有一种"奇"主要体现为"幻"，即自然景观的形象性本身变化的速度非常快，呈现的时间很短，是一种动态的景象。似乎不是真实，却又是真实，是真实却又很难把握，可遇而不可求。使人因此产生一种类似于幻象、类似于幻觉的审美愉悦。比如，黄山的"云海"：它形象万千、变幻无穷，表现于飘浮不定，随风飘展，时而上升，时而下坠，时而回旋，时而舒展；其薄如轻纱，浓若帷幕，气流如同物体穿行于山峦之间，非常活跃，转瞬即逝，在不停的运动中构成了千变万化的云海景观。这种云飞雾走的动态景观，具有令人神采飞扬、心胸浩荡的审美效应。

美的视窗

· 黄山云海

6. 奇与奥

"奥"就其本义中有内涵深、不易理解之意。就其指景观形象而言，"奥"有腹地、深处之意。

自然界中的奥景，其特征是深不可测、隐秘曲折。如四周崖壁环列、通道如隙的"一线天"，深奥如井的溶洞景观等。这些地方几乎是全封闭的，隐秘到了不可捉摸的程度。游人入其内，顿感奥秘无穷，幽深莫测，如扑朔迷宫。奥之美往往带有神秘性，而且往往愈奥愈妙，愈奥愈奇。以奥为美的典型景观有云南昆明的石林、浙江桐庐的瑶琳仙境、广东肇庆的七星岩、广西桂林的芦笛岩等。

7. 奇与新奇

有人讲，"美的意义在于常新"，这从人的求新心理上看是有道理的。求新心理不仅基于人的生理特点，更基于人的理性追求。求新心理是与人的发展需要相联系的，也是与人的最高的精神需要、审美需要相联系的。这里显示出"新"与"美"的最内在联系。

三、秀

秀是大自然最常见的一种美，即优美、恬静、柔和、秀丽，赏心悦目。这样的景观一般有良好的植被覆盖，山水交融，草木葱茏，生机盎然。此外，其形态别致丰满，轮廓线条柔和优美。凡是有山有水有林木花草的地方，往往离不了一个"秀"字。

1. 秀与小

与"雄"相对，"秀"的首要特征是形态娇小。形态娇小往往引起人的关切之情、同情之心、怜爱之意，从而产生愉悦之感。一条清澈见底的小溪，一棵苗苗壮壮的小树，一枚晶莹剔透的宝石，一只翩翩起舞的蝴蝶，一双枝头啼唱的黄鹂，都因其小巧精致、玲珑可爱而美丽。秀美更直接地体现在花的美丽上。那丰富的色彩，优美的花型，沁人的芳香，优雅的姿态，迷人的韵味，会使我们感到愉悦、兴奋，获得美的快感。

2. 秀与柔

秀的对象一般是以柔美、舒缓的曲线呈现，曲线是流动，是变化，是生动。柔美舒缓的线条，强调的虽然也是变化，却是细小的变化，变化程度轻、变化幅度小、变化的数目较少、变化的种类较少，其内在的特质往往一直延续不断。南方的丘陵山体，起伏舒缓；山上绿树成荫，葱葱郁郁；树上香花软果，交相辉映；山下小河流水，叮叮咚咚；河边芳草萋萋，茂茂密密；草中鲜花朵朵，流芳顾盼；花上蜜蜂蝴蝶，点点缀缀……柔美的线条、舒缓的式样、趋向于圆的形状都呈现为秀。

在色彩上，怡人的、柔和的色彩也有秀的感觉。当春天来临，万物复苏，树木开始抽出柔软的枝条，其色彩是嫩黄的；小草开始冒出娇嫩的细芽，"草色遥看近却无"，其色彩是嫩绿的；河边长满的青青小草，其色彩是绿的；河里流动的清清细流，其色调清新自然，水中游动的蝌蚪和小鱼，其色调清新怡人。

3. 秀与缓

"秀"的景观在运动中的速度不剧烈，比较缓慢，因为运动往往伴随着空间的变化，速度慢也意味着空间的变化相对较少，这种速度的慢、空间变化的小使得人能够预料到未来的变化节奏、步伐，这样人与景观之间的距离就大大缩小，其亲近性、可沟通性、对话性就自然生成，从而发自内心的愉悦就得以产生。轻柔滚动的海浪，冉冉升起的烟雾，缥缥缈缈的云霞，都给人以可把握、可沟通、可对话的愉悦感。诸如此类的自然景象都能生成"秀"美。

4. 秀与弱

空间的小和时间的缓内在地意味着力量上的弱。力量上的弱，常常形成秀美。潺潺的流水，顺着山势、沿着沟涧缓慢流动，阵阵轻风微微抚动河边杨柳枝条，随轻风飘荡在空中。总之，力量上本身非常的柔弱，给人一种秀美的心理感受。力量上的弱又表现为性质上的柔。梅花鹿、小牛犊、小绵羊、小松鼠等动物因其温顺、温和而柔美；小花、小草因其柔嫩而惹人喜爱。

5. 秀与幽

"幽"是大自然的一种独特的审美形象，自然美的一种境界。"幽"常和曲折、深邃、隐蔽、寂静、清静、幽暗等特征相联系，形成幽深、幽远、幽静、清幽等审美意境。比较而言，以"幽"为美的景观视域较狭窄，光量少，景深而层次多，具有迂回曲折之妙趣。从形象特征看，"幽"与"深""藏""静"关联密切。所谓"曲径通幽处，禅房花木深""深山藏古寺"以及"夜静春山空"等，均包含着"幽""深""藏"和"静"的因素。

6. 秀与优美

秀在整体上呈现为优美，秀的特点几乎就是优美的特点。中国古代美学家一般将优美称为阴柔之美。优美感既来自对对象本身具有的和谐完美的感受，也来自对对象与人之间的一种和谐亲近的关系的把握。优美的和谐、平静、松弛、舒适使人感到纯净的愉悦和美好，使人感到生活的迷人的魅力，是一种令人心醉神迷的美。

美的思考

1. 列举五个中国的世界自然遗产，说说它们美在何处。

2. 泰山素有"五岳之首"的美誉，人民英雄纪念碑就选用泰山石作为基石，想一想，为什么？

3. 浩瀚星辰、江河湖海、草原雪山、花草树木……你喜欢广袤无垠的大自然中的哪一处景色、哪一个生物，它们有什么历史文化意义，你又能从它们那里获得怎样的精神力量？

4. 去自然景区旅游，行前应该做哪些准备。

美的视窗

· 泰山
· 青城山－都江堰

第三章

人之美

人之美包括人的体貌美、人的风度美和人的内在美。人的自然体貌指人的形体、容貌，这是先天的、不由个人选择的外在形象。人的风度是人在长期的生活实践中形成的，通过人的神态表情、举止行为、语言服饰等表现出来的内在的精神状态、个性气质、品性情趣、文化修养、生活习俗的总体特征，它是使人的形象透明发亮的光芒，是只可意会，不可言传的人的风采。人的内在美是人的言谈举止行为活动中体现出的人的精神、人的价值、人的情操，是善良、正直、谦虚、诚实的品质，是智慧、灵巧、有力、才能的表现，是无私、无畏、执著、向上的精神。人的内在美是人生追求的最高境界，我们应使体貌美、风度美、内在美融为一体。

第一节　人的体貌之美

荷马史诗《伊利亚特》写的是希腊与特洛伊为争夺美女海伦而爆发的十年战争。而在我国，汉乐府《陌上桑》已经借众人见到美貌的罗敷姑娘的情景写出了人们对美女的喜爱甚至迷恋："行者见罗敷，下担捋髭须。少年见罗敷，脱帽著帩头。耕者忘其犁，锄者忘其锄。来归相怨怒，但坐观罗敷。"

人的自然体貌指人的形体、容貌，这是先天的、不由个人选择的外在形象，因此人们常常把自然体貌的美好称为"天生丽质"。如西施、王昭君、貂蝉、杨玉环被誉为有"沉鱼落雁之容，闭月羞花之貌"，是我国历史上四位著名的美女。

被认为美的自然形体是以人体各器官的全部形态和协调比例为基础的。文艺复兴时期意大利绘画大师达·芬奇认为，美感完全建立在各部分之间神圣的比例关系上，并对人体能引起美感的即他所称的"神圣的比例关系"做了一定的探索，提出各部分和身高要成简单的整数比：如人平伸两臂时的宽度等于身高，从发际到颔下为人的身高的十分之一，从下巴底到天灵盖顶部为身高的八分之一，从胸部顶端到发际为身高的七分之一，肩宽为身高的四分之一，等等。符合这种比例关系的形体是协调和谐的美的形体，这个标准至今仍有意义。全身比例协调，胖瘦适度，肌肉分布适当，富有弹性和力度的人体被认为是美的人体。所以，美的形体一般具有人们公认的协调、匀称以及各部分之间具有达·芬奇所说的"神圣的比例关系"。

宋玉的《登徒子好色赋》中描写的东家主子不仅形体高矮适度，"增之一分则太长，减之一分则太短。著粉则太白，施朱则太赤"，而且肤色也是无可挑剔的。一般说来，中国人认为男子容貌以天庭饱满、地阁方圆、浓眉大眼、隆鼻方唇为佳，有英武之气；女子以瓜子脸形、柳眉杏眼、高鼻小嘴、肤色白皙细腻、红润鲜活为美。

古希腊的人体雕塑表达了人类对理想的形体容貌的赞美与热爱。他们塑造的太阳神阿波罗是一个强健匀称、少年英俊的男性，五官俊美，略带微笑的脸庄重宁静，身体修长壮健，肌肤光滑，两臂向前方微屈，刚毅有力，体现出既优雅又有力度的男性美。而美神阿芙洛狄忒又称维纳斯，是一个丰满柔媚、圣洁高贵、纯美的"女神"。《美第奇的维纳斯》有着椭圆的脸，笔直的鼻梁，窄而平的前额，略鼓的嘴角和丰满的下巴，端庄、娴静而凝重。身体丰满，曲线起伏，外轮廓呈 S 形，婀娜妩媚，表现出秀雅、温柔的女性美。

▶ 美第奇的维纳斯

人的体貌是人不能自己选择的一个部分，但是人可以通过装扮改变自己的体貌。对容貌的改变靠化妆与美容。如今，化妆作为人美化自己的一种重要手段，日益引起人们的重视、注意和运用。通过美容化妆，人的五官更加端正，富有层次感与立体感，容貌更加艳丽，具有鲜活的生命气息。当然，化妆要恰如其分，要扬长避短，而不单单是给脸加上一层"面具"。法国人提出的化妆标准是有道理的："在皮肤之上什么都不应当看得出来。一切颜色都应当显得是从皮肤下产生出来的。"其实，就是让每个人根据自己的容貌、年龄、身份、职业等进行化妆。天真可爱的儿童娇嫩的容颜用不着化妆，少男少女的青春活力本身就是富贵的财富，如果没有明显的缺点要遮掩，也用不着过多的涂抹，而应该保持"清水出芙蓉，天然去雕饰"的自然美。成年人化妆需要强调个性和固有的美，保持青春的活力和岁月赋予的成熟及风韵。这样，化妆才能使人的容貌更加美丽。

人的容貌的美固然是人们所赞赏的，但容貌如果不能表现出人的生命、生机与活力，也不能称之为美的容貌。人的生机、生命与活力在容貌上反映出来就是表情。诗人泰戈尔在《素芭》中曾经写道："眼睛也会说话，它在表情上是丰富无尽的，像海洋一般深沉，像天空一般清澈，黎明与黄昏，光明与阴影，都在这里自由嬉戏。"人们把眼睛称为心灵的窗户，不是没有道理的。一个眼神发木发呆的人表现出来的是内心的发木发呆，而顾盼自如、灵活有神的眼睛马上会让人感到内在的灵敏与活力。人的表情主要是面部表情，最普通的一般有两种：一种是封闭式表情，一种是开放式表情。封闭式表情是人除了内心感情的真实流露外，固有的表情是脸部肌肉和器官的松弛状态，眉毛下垂，眼光无神，嘴角往下挂，这是一种封闭内心，不想关注外在世界，拒绝与人打交道的表情，实际上就是"面无表情"，因而这种表情是没有活力与生气的。开放式表情与封闭式表情正好相反，是扬起眉毛，使眼部周围的肌肉自然地伸展开，眼睛相对地睁大，亮丽有神，双颊往上动，嘴角上扬。这是一种生动活泼、愉快自信、愿意敞开心胸与人交往的表情。这种表情需要内心有真正关注外界的愿望，但有时有这种愿望时也不一定能有这种表情，因为它不是人的固有表情，需要通过有意识的训练可以使之成为自身的一种基本表情。生动的表情给人以美好的印象。

与容貌一样，人的形体的高矮胖瘦比例等也基本是先天决定的，但也是可以改变的。在现代社会中，形体的塑造有了科学的依据与手段。注意饮食营养，养成良好的生活习惯，是培养美的形体的一般条件。现代美容术甚至可以借助科技的力量完全改变人的形体，"制造"出一副全新的体貌。但对于一般人来说，体育锻炼对形体的塑造起着最重要的作用，做健美操、跑步、打球、游泳、爬山、舞剑等各种各样的活动都非常有益于达到健美的目的。如果能有意识地进行专门的形体训练，还能获得像体操运动员与舞蹈演员那样令人赏心悦目的形体。

人的形体不是固定不动的，人的生命、生机与活力在形体上反映出来就是姿态动作，姿态动作也有着美与不美的区分。我国古人讲究"站有站相，坐有坐相，吃有吃相"，就是强调要注意行为姿态。他们认为"立如松，坐如钟，卧如弓，行如风"是美的姿态。美的姿态动作不是人生来就具有的，它是通过训练习得的，是人的文化修养和审美趣味的一种体现。

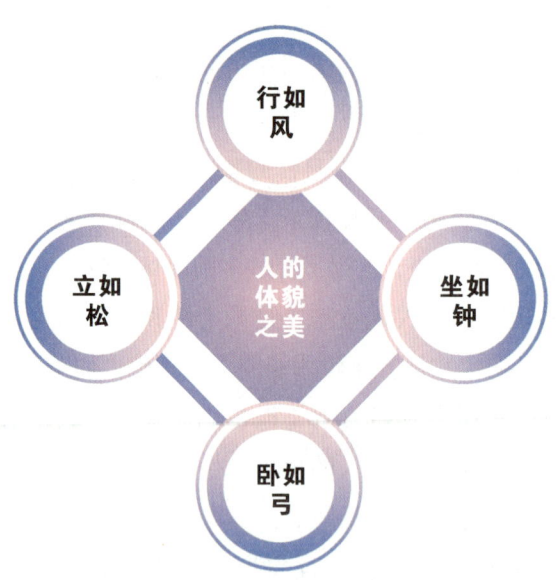

▶ 人的体貌之美

"立如松"是指站立姿态要如松树般端直挺拔，头、颈、躯干和脚的纵轴应在一条垂直线上，抬头平视收颌，立颈挺胸收腹，沉肩两臂自然下垂，臀部紧缩而双腿上拔，使男子充满力量感和"男子汉"气概，女子则亭亭玉立，富有弹性感和宁静感。这里每一条都要经过一定的训练而达到。比如为什么要立颈，是使脖子显得修长，"修长的颈部"是芭蕾舞中美人的定义。又如挺胸，挺起来必定收腹，而且这种姿态要固定，立颈挺胸会使人的气质显得高贵典雅。"坐如钟"是指坐姿要如铜铸大钟般端正稳重，挺胸收腹，不要趴桌跷腿、斜倚半卧。而女性要显得优雅，坐姿还要求柔美，比如一定要并拢膝盖。"卧如弓"是指睡姿如弓那样自然弯曲，如一泓微波起伏的月牙泉，轻松自在。"行如风"是指人的行走步态如清风徐吹般轻松快捷，不要拖沓滞重，摇摆缓慢。

美的姿态动作使人充满着朝气和活力，内含着生命活动的特点和要求。

匀称、健美而有神采的形体，端庄、明丽而有生机的容貌，能给人以极大的审美愉悦和无比的自豪。

第二节　人的风度之美

"腹有诗书气自华"，是说饱读诗书之人自然会有美的气质与风度。《红楼梦》中林黛玉聪慧清雅，才思神妙，增添了她身上典雅不俗的风度美。现实生活中的情况也是如此，漂亮的容貌、华丽的服饰、洒脱的举止，自然有一种风度美，但如果一开口言谈平庸、浅薄、粗俗、低劣，则风度之美锐减。

人的风度是人在长期的生活实践中形成的，通过人的神态表情、举止行为、语言服饰等表现出来的内在的精神状态、个性气质、品性情趣、文化修养、生活习俗的总体特征，它比人的体貌的美更含蓄、更深刻，更与人的内在的精神世界相联系。它是使人的形象透明发亮的光芒，是只可意会，不可言传的人的风采。

风度的美首先来自人的良好的精神状态。神采奕奕，精力充沛，感情丰富，会具有一种引人注意的光彩。因为这种神态表情表明一个人的自信、自尊，对世界与他人的热爱与关注。风度还来自高雅机智的谈吐。高雅的谈吐用词优美得体，内容丰富广博，具有巨大的吸引力，往往使人听得入迷。谈吐中的机智还能使谈吐者具有幽默和潇洒大度的特征。周恩来总理在外交场合机智的言谈一直为人们广泛传颂。有一次，一个美国记者同周总理交谈时，看到桌上有一支派克钢笔，就带着几分讽刺的口气问："请问总理阁下，你们堂堂的中国人，为何还要用我们美国的钢笔呢？"总理马上庄重地回答："提起这支笔话就长了，这是一位朝鲜朋友的抗美战利品，作为礼物送给我的。我无功不受禄，就拒收。朋友说：留下做个纪念吧！我觉得有道理，就收下了这支贵国的钢笔。"那个记者听后半天说不出话来。周总理的回答机智、幽默，针锋相对又豁达大度，让人看到一种从容驾驭语言的风采。

当然，风度也来自仪表、举止与礼仪，彬彬有礼的人总有一种高雅与"绅士风度"。英国男性以具有绅士风度著名，这是指他们在行为举止、文明礼仪等一系列行为中表现出来的规范性。绅士风度突出表现在仪表和讲究卫生上。平时英国男性穿休闲装，但无论穿什么，从头到脚都很注重整洁和颜色的搭配，外衣的颜色比较素暗，衬衣颜色则醒目一些，而且每天都换；上班或者约见重要朋友，都会穿上得体的西装、皮鞋。绅士风度还体现在言谈举止上。与人谈话时坐得较直，手势和谐，语调适中，就很有风度；如果动作很多、很大，高声喧哗，特别是前仰后合以及谈话中出现粗话，都是粗野的表现。尊重女性是绅士风度的集中体现，在公共场合，男性抢座位特别是与女性抢座位是非常不文明的举动。在公共场合遇到要进门的女士，男士一定要请女士先走，使用一个友好而优雅的手势示意。开门时，遇到后面有人，特别是女士即将走过来，一定要等到女士过来把门接住才能离开。开车过十字路口，可能的情况下男士一般都让女士先行，而女士会向男士招手致谢。这些行为细节的规范性集中体现出了"绅士风度"。

风度并不完全是可以靠改变外在形象而获得的，也不是能走捷径在短时间内便具有的。"学者风度"是在长期的读书学习中陶冶出来的，"领袖风度"是在长期的领导实践中锤炼出来的，"艺术家风度"是在长期的艺术创作中熏染出来的，"军人风度"是在长期的戎马生涯中培养出来的……正因如此，从事各种职业的人都可以有各种独特的风度，而具有不同个性气质、情趣品性的人也可以有自己更具个性的风度。无论是活泼纯真、淡雅婉约、清丽自然、高贵典雅，还是豪放粗犷、率直明朗、洒脱自由、威武果敢，只要是个性的自然流露，都会给人以风度翩翩的印象。

第三节　人的内在之美

人的内在美有其深刻的内涵，是人的言谈举止行为活动中体现的人的精神、人的价值、人的情操。具体地说，是善良、正直、谦虚、诚实的品质，是智慧、灵巧、力量、才能的表现，是无私、无畏、执着、向上的精神。

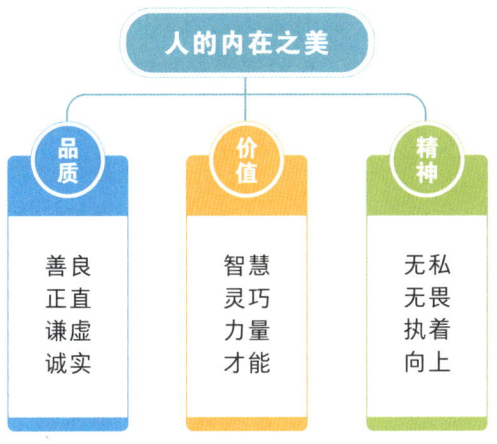

善良，是对一切有生命的和美好事物的爱心，这是人性的基础，当善良在人的行为中表现出来时，就会焕发出美的光彩。它的反面便是兽性，即对一切有生命的和美好的事物缺乏怜悯，对别人的精神世界漠不关心。人们对凶手的理解是"没有人性"，没有人性的人，怎么可能有人的美呢？所以，善良也是人的美的基础。

正直，是公正坦率，这是做人的一种风格。正直的人，总是胸怀坦荡，光明磊落，与虚伪鬼祟、两面三刀的苟且小人相对。在艺术形象中，那个盗取天上火种送给人类，因而被钉在高加索山崖上备受主神折磨而毫不屈服，仍预言宙斯的统治要被推翻的普罗米修斯；那个不顾皇权的威胁阻挠，手举乌纱帽喝令铡死驸马陈世美的黑脸包公；那个"当官不为民做主，不如回家卖红薯"的唐知县等，都因身上的一股正气透出了人的美。

谦虚，是建立在对自己和他人的正确估计的基础上的一种人生态度。谦虚的人总是婉和平静，虚怀若谷，与自高自大、心胸狭窄相对。三国时的周瑜，年轻英俊，意气风发，火烧赤壁，战功辉煌。但他少年气盛，目中无人，在与诸葛亮的合作和暗中较量中屡次感到诸葛亮胜他一筹，最后发出"既生瑜，何生亮"的感叹，郁闷而死。这样的自高自大、心胸狭窄，必然影响到周瑜的形象，人们觉得诸葛亮不仅比周瑜更有智慧，而且为人更潇洒，更美！后来，在我国的戏剧舞台上，人们甚至把本属于周瑜的"羽扇纶巾"给了诸葛亮。

在日常生活中，人们都喜欢谦虚的人。因为谦虚的人对自己有一种永不满足的要求，能够不断地完善自身；对别人又总是能看到长处，尊重别人，因此能在人与人之间建立一种亲切谦和的关系，也更容易做到互相团结友爱。谦虚的人说话总是低调的，从不言过其实，而是留有余地。自大的人说话是高调的，说满话，把自己逼到狭小的角落里，有时是会走投无路而让人看笑话的。低调说话有时可以产生幽默，因为幽默来自对生活的透彻理解。

人的内在美，不仅在于人的美好品质的表现，还在于人的智慧、灵巧、力量、才能等各个方面。这些方面是实现人的价值的最重要的因素，人的美好品质其实蕴含着这些方面的条件。古希腊学者德谟克利特说得好：身体的美，若不与聪明才智相结合，是某种动物性的东西。漂亮的傻瓜不能给社会创造任何价值，因此

也不被认为有人的美。那些以他们的智慧为人类创造了宝贵财富的人，无论是科学家还是艺术家，都能引起人们由衷的赞美。爱因斯坦、居里夫人、爱迪生、牛顿、达·芬奇、米开朗基罗、莎士比亚、托尔斯泰、贝多芬、李白、张衡、李清照、李时珍、曹雪芹等，尽管他们中有些人体貌并不出众，但一直被人们视为美的化身。如《贝多芬传》的作者罗曼·罗兰这样写他："乌黑的头发，异乎寻常的浓密，好似梳子从未在上面光临过，到处逆立，赛似美杜莎（希腊神话中三女妖之一，因得罪火神，她头上的美发变成了毒蛇，非常可怕）头上的乱蛇"，眼睛"又小又深陷"，鼻子"又短又方，竟是狮子的相貌"，嘴的"下唇常有比上唇前突的倾向"，下巴上"有一个深陷的窝，使他的脸显得古怪地不对称"。然而，当我们专心倾听那雄壮的《英雄交响曲》、凝重的《命运交响曲》、优美的《田园交响曲》、高亢的《第九交响曲》时，我们觉得贝多芬是一个非常美的人。可见，人的美更在于人能为社会做的贡献上，或是说，在于人的价值上。

自古以来，人的力量、灵巧、才能也在不断地转化为美。人类学家有许多精彩的例子说明这一点。原始狩猎民族的人用动物的牙齿、羽毛、皮、角、爪子等作为装饰品，先是因为它们象征着猎人的本领，后来慢慢有了美的意义。在现实生活中，我们喜爱艺术表演，演员高超的演技给人美的享受。例如，厨师把一整块面一拉一甩一绕、反复数次就将面变成一把柔长细软的银丝面的表演令人赞叹不绝，其技能技巧在其精绝之时，就如同艺术家的表演一样引人入胜。所以，"艺术"一词的古代词义就包含着"技艺"和"技术"。由此我们可以理解，人们为什么喜爱观看体育比赛，为什么能从体育比赛中获得美的享受，那是因为任何体育项目都是力量与技巧的结合。

共产主义战士雷锋一生实践着"把有限的生命投入到无限的为人民服务中去"的诺言，他的无私、奉献和集体主义精神，不仅为中国人民树立了学习的好榜样，

而且"出口"到了美国：著名的西点军校悬挂着雷锋画像，培养学员们的集体主义和奉献精神。由此可见，人的美不同于人的体貌的美，人的美包含着更深刻更复杂的内容，是与人的生命意义相联系的。因此，人的美在最高的层次上会得到社会和人的普遍承认，甚至可以超越国界。

人的内在美，从某种意义上说，是人生的美。一个人不一定具有体貌的美，但是都

可以创造人生的美。所谓人的"化丑为美"，只有在这个意义上才是可能的。因为无论使用多么现代化的方法和设备，都很难出现把东施变成西施的奇迹。话剧《伊索》演出时，大家非常欣赏伊索机智精彩的话语，即便他长得可怕，像怪物一样，人们却并不在乎。在现实中，伊索这样的人也会有许多人愿意与之交往的。所以，"化丑为美"是指人的内在的善与智慧等使别人不在意他们体貌的丑陋，不自觉地愿意与他们交往。对体貌美的人的追求是人的一种自动的追求，与美的人待在一起能使人感到很愉快。当体貌丑的人因其内在的善与智慧等使人们与他们的交往同样感到愉快，甚至超过了与美的人待在一起的效果时，便是真正的"化丑为美"了。因此，我国历史上不仅有对四大美女的传颂，也有对丑女的赞美。如中华民族的始祖黄帝所娶之嫫母，容貌丑陋。但她为人贤德，据说黄帝败炎帝、杀蚩尤，皆因嫫母内助有功。所以屈原在《九章·惜往日》中赞道："嫫母姣而自好。"又如战国时代齐国的丑女钟离春，据说她"四十未嫁""极丑无双""凹头深目，长肚大节，昂鼻结喉，肥顶少发"，皮肤如同烤漆。但她关心国家大事，曾谒见齐宣王，当面指责他的奢淫腐败，后来被齐宣王立为王后。类似这样的例子还有很多，都是德美才佳而被历史文人传颂赞美。她们的容貌虽丑，但内在极美，这是需要经过非常自觉的艰苦的努力而达到的人的美。

人的内在美，是人生追求的最高境界。

美的思考

1. 人的内在美主要包括哪些方面？谈谈实现优雅人生需要培养自己哪些方面的内在品质。

2. 怎样理解"生命在于运动"？给自己制订一个锻炼计划，健体塑身，增强意志。

3. 在你的生命旅程中，哪些人的美好品质感染了你，让你难以忘怀？谈谈他们对你有什么影响和启发。

4. 通过本章的学习，从美学的角度思考一下，怎样才能成为一个内外兼修的人。

- 中篇 -

职业美

在漫长而短暂的人生旅程中，职业不仅是支撑个人物质需求的基石，更是探索自我潜能、实现生命价值、赋予生活深刻意义的桥梁。

高等职业教育以匠心独运的模式，深耕于实践的沃土，孕育出了一朵朵技能之花，无论是双手创造奇迹的『劳动美』，创意与智慧的『设计美』，还是极致追求的『工匠精神』美，锐意进取的『企业文化』美与行业特色的『职业服装美』，无不散发着职业的独特魅力。让我们领悟职业精髓，提高职业素养，在职业美广阔的天空中翱翔。

第四章

劳动美

劳动不仅创造着美，而且劳动本身就是美，人们在劳动中，不但可以获得满足生活需要的物质产品，而且还可以给精神上带来美的享受，得到审美愉悦。学习劳动美就是要掌握如何利用美学规律和艺术手法来改善人的生产条件，消除生产中的不必要的紧张、疲劳和不安全的因素，协调生产工具和生产环境与劳动者之间的关系，从而使劳动者在生产中能够心情舒畅、精力充沛、情绪高昂，处于最佳的生命状态，乃至最大限度地发挥人的创造潜力，在提高劳动生产率的同时也实现了劳动者的自我完善。劳动美包括劳动过程美、劳动环境美、劳动工具美和劳动愉悦美等四个方面。

第一节 劳动过程美

劳动过程包括了生产和经营两个部分，它是商品购进、加工、运输、储存、销售等环节的有机统一。每一个环节既是经济活动领域，也是一个美学领域。用美学的观念审视生产经营过程，改善经营管理，是企业有效营销的重要策略。做到商品生产经营过程美，要注意以下几点：

1. 要强调生产经营过程各个环节之间的协调统一

商品购进是商品生产经营过程的起点，为商品生产经营提供物质基础；商品加工是商品的生产过程；商品运输是商品经营过程得以顺利进行的必要条件；商品储存是商品经营过程中必然产生的一种形态，是社会生产和企业生产经营过程连续不断地进行及保证生产和人民生活需要不可缺少的条件；商品销售即出售商品，是实现商品由实物形态到货币形态转化的经营活动的总称。商品销售是商品生产经营的中心环节，体现了商品生产经营的目的。商品生产经营过程的各个环节相互依存、相互影响，相互作用。强调生产经营过程美，就是要求各个环节的经济活动都要有利于促进其他环节顺利运营为原则，彼此之间在量上保持恰当的比例，这样才能协调。否则，任何一个环节出了问题，都有可能导致整个生产经营过程的中断。

2. 商品购进环节中要有美学意识

商品购进，对生产企业来说，是原材料的采购，对商业企业来说，是经营商品的采购。对于商业企业来说，商品购进所要注意的美学要素更为复杂。对购进商品品种的选择，既要看其性能、质量要求，又要看其美学价值要求。从审美质量来说，所购商品应在造型上形体合理，重点突出，动感与静感相兼，在总体上给人以优美、简洁、精致、明快的感觉。这样的商品造型才符合人们的审美要求。在商品色彩上，所购商品要考虑不同消费者对色彩的不同要求，考虑色彩的特殊法、色彩的物理和化学性能、色彩的时代要求、色彩的技术和生理要求、色彩的合理组合等，使商品色彩具有规律性、条理性，能够使人产生美感。对于商品装潢的选择，也同样要考虑美观。美的装潢能使所购买的商品锦上添花，给人以美的享受，提高商品的审美质量。总之，在商品购进环节上，对所购商品的选择要重视商品本身在审美价值和实用价值上的统一。这两者和谐统一了，就为其销售提供了前提条件。

3. 要用美学意识进行企业商品销售

商品销售是企业美学表现最集中的环节。企业销售行为涉及以顾客关系为主的方方面面的关系，其美的实践状况直接关系到企业形象建设和商品销售状况的好坏。销售美学主要表现在企业的营销服务和促进营销措施两个方面。在营销服务上，如果营销人员能够坚持"我为人人"的观念，处处为顾客着想，文明礼貌地欢迎顾客，把能够满足各类顾客需要的货源准备充足、齐全，主动帮助顾客包装、运送、调换、安装修理等，充分体现营销人员的内在心灵美和外在形象美，必然使人心情愉悦、乐于亲近，从而产生相应的销售效应。在对商品进行促进营销时，广告的作用至关重要。广告是美学的产物，日益丰富、各种形式的商品广告要吸引大众，都有审美的要求。一则好的广告不仅应该实事求是，诚实可信，而且应该有艺术性，有审美价值，有优美的形式，有吸引人的外观，能给人美感。凡是给人美好感觉的广告本身就是艺术品，同时也能够实现自己的艺术价值和经济价值。

第二节　劳动环境美

任何生产劳动都离不开环境，不论是工业劳动、农业劳动还是商贸流通领域的劳动都是在特定的具体环境中进行的，生产环境的美对劳动效率及人在劳动过程中对美的感受，都有着直接的影响。

一、生产企业劳动环境美

在现代工业生产中，劳动环境的好坏不仅直接关系到工人的劳动情绪乃至生产的质量，同时从更长远的角度看，也对工人的身心健康及人格发展、企业的前途及生存有着很大影响。影响劳动环境的因素很多，主要有色彩、光线照明、音响、车间厂房和设备机械的合理安排、通风条件、温湿度以及厂内外环境的美化等。研究证明：车间明净美观能提高劳动效率 5%~15%；照明合适能提高劳动效率 10%~30%；内外绿化美化能提高劳动效率 2%~4%；机器工具涂上适当色彩能提高劳动效率 2%~4%；播放优美音乐调节身心能提高劳动效率 6%~14%。为了保证生产的良好条件，就必须对上述各种因素进行认真考虑，从而利用美学中一些规律创造最合理、最舒适、最优美的生产环境，使工人在劳动时感到心情舒畅，充分发挥自己的创造力，并且获得一种劳动的喜悦。

1. 环境色彩美

色彩对于人的神经系统乃至心理、情绪的刺激和影响是最经常也是最重要的，主要表现在车间厂房的墙壁、地板、天花板以及机器设备的色彩选择上。绿色、浅绿色给人以大自然延伸的感觉，使人感到宁静和舒畅，很适合做工厂的内墙涂料色彩，但由于它过分沉静，容易催人入睡，又必须用粉红、浅橙等颜色做适当的调节。天空和大海的蓝色是典型的冷色调，有清凉爽快之感，并能安定人的情绪，因而在高温车间和一些刺激性较强的场所可以使用这一系列色彩。橙黄色有促进食欲的作用，用作食堂的主色调再合适不过了。机器设备色彩安排也很重要，大型的机器往往容易给人以压抑感，应该利用轻浅色调减少这些庞然大物给人造成的心理压力。单一的颜色容易引起眼睛疲劳，使人感到单调乏味，还不易辨明物体的大小及各种手轮、摇把、开关按钮的方向位置，因此生产环境色彩应该有所变化。

2. 光线照明美

厂房的照明条件对于创造正常合理的生产环境，提高生产率，保证产品质量、减少次品，降低事故率，保护工人的视力和健康，具有相当重要的意义。日光灯可以提供最适当的光源，因为其光谱接近太阳光谱。白炽灯没有频闪性，适用于机床照明。合理的照明应与自然光的利用、色彩的反射调节结合起来，这样既可提高劳动生产率，又可节约能源，同时给人一个良好、舒适的工作环境。

3. 环境音响美

人们不仅时时刻刻生活在一个五彩缤纷的世界之中，而且也每时每刻处在一种音响世界之中。音响对人们的情绪影响也是很明显的。众所周知，持续不断的刺耳噪声，会令人感到烦躁不安，严重的还会引起头晕耳鸣，对人的生理器官和心理健康都会造成严重的损害。而和谐悦耳的音乐、轻柔富有韵律的音响则不仅使人感到舒畅，而且还能使人的情绪得到放松，精神得到愉悦。然而，在现代化大生产的条件下，要想使许多重工业企业和纺织厂这样的企业保持绝对安静的

▶ 现代工厂车间

扫码看彩图

劳动环境是不切实际的。要尽可能地改善生产环境，从而减少噪声给工人带来的不良影响。

（1）降低噪声。可以给生产者戴上隔绝强音响的耳机，对噪声源进行屏蔽；安装各种消音设备，如用吸音材料制成墙壁等；用尼龙、塑料或人造革等噪声较小的零件代替噪声较大的金属零件，用人字形齿轮代替直齿轮；给振动的机件蒙上橡皮面并对其加固、润滑；以研磨方式代替削刮，以压制方法代替锻打，以焊接方法代替铆接等；在纺织厂用电子梭代替机械梭等。还可以在整个厂区多种树木，以吸收噪声。

（2）采用音乐。在工业生产中采用艺术方法改善听觉状况的主要方法就是音乐的配置。优美轻快的乐曲可以使人紧张的神经得到松弛，烦躁的情绪得到平静；节奏适当、韵律感强的音乐可以与人本身的运动节奏产生共鸣，从而协调眼、耳、手、脑的关系，使其配合更加合理等。根据不同的劳动环境、工种和劳动时间，选择不同节奏、旋律、响度的乐曲，对于改善工人的生理和心理状态，提高劳动生产率有相当大的帮助。运用音乐调节可以提高劳动效率 6%~14%，并能减少次品和废品。劳动音乐曲目应选择优美轻松的中外名曲，音响要控制适当，不宜用有歌词的歌曲。

4. 厂房布局美

厂房在工作日就是工人的家，因而车间内的各种机器设备、辅助配件装备、工具箱、成品堆放地乃至更衣室、厕所等都应有合理的安排，使之符合现代化的生产布局。合理而有秩序的车间安排，不仅可以保证准确地完成劳动工序，实现较大的经济效益，而且可以使工人少走冤枉路，减轻疲劳程度，消灭工伤事故和职业病，保持车间秩序，从而促进整个劳动过程的准确性和协调性。

5. 空气质量、温湿度及劳动防护

车间必须保持良好的通风条件、温湿度，保持清洁并且不受有害物质的侵袭。应通过各种有效的手段，创造出一种适合工作的微气候。应安装通风空调设备、

▶ 现代工业园区

遮阳隔热设备、湿度调节装置，对于易受辐射或工业废气污染的工种应穿上防护工作服。还要采取防滑、防震、防火、防爆、绝缘、除尘等措施。此外，工作环境要经常扫除，保持清洁。

6. 工厂环境的绿化与美化

文明的企业的整个厂容应该是一个给人提供精神享受的场所。许多工厂都在厂内植树种花，修建亭台楼阁，设置喷泉雕塑，使整座工厂园林化。绿化可以遮阳降温，降低噪声，吸收二氧化碳，释放氧气，增加负离子，散发花草香味。休息之时，工人可以在景色宜人、鸟语花香的环境中得到体力上的休息放松和精神上的审美享受。

二、商贸企业经营环境美

对商贸企业来说，经营环境美，更是企业成功的不可缺少的因素。一般来说，顾客进入商贸企业有三个方面的期望：对商品的期望（买到称心如意的商品）；对店内设施的期望（有一个较好的环境，能给人舒适感）；对服务质量的期望（有良好的服务态度和服务质量）。优雅舒适的购物环境是按照顾客和员工生理、心理状态的要求和美学规律的要求创造的，具体表现在以下几个方面：

1. 建筑设计美

商贸企业的建筑设计比一般建筑物更要注意美观。一幢好的建筑会给人以美好、协调、蓬勃的感觉，从而能在顾客中形成一种好的印象，吸引顾客前来参观、游逛、购买商品。反之，就会给人们以丑陋的、格局混乱的、萎靡不振的感觉，引起顾客对企业的反感。而美的建筑需要本身符合民众的审美要求，还要注意其特色，以能够反映企业乃至地区、国家的精神面貌。同时，与周围环境应尽量做到协调。

2. 场所设计美

美观的营业场所应该从形式到内容都是和谐的，从墙壁的色调、层次的安排，到楼梯的位置、工作现场的布局与形式等，都要彼此协调、均衡，有韵律、有比例，讲究艺术性，真正做到整洁、大方、朴素、美观。

3. 场所光线美

昏暗的灯光容易使人昏昏欲睡，使商品黯然失色；强烈的光线刺激眼睛，使人无法正视工作面和商品。过强过弱的光线都会加快人的疲劳，降低工作效率，弱化顾客的购买欲望。只有使营业场所的光线明朗、清晰，柔和适中，才有利于工作和商品销售。为此，一要根据工作岗位的性质和营销商品的要求确定采光标准；二要采用最为适宜的光源。

4. 场所色彩美

色彩在创造优美的营业环境上具有重要的作用，它影响着顾客和员工的心理和生理状态，制约着营销工作效率的高低，因此必须使营业场所的色彩合理化。

（1）营业场所的涂色要充分利用色彩的物理和美学性能，根据不同的楼层、不同的商品及经营过程的差异，采用不同的色彩。如夏天经营冷饮的营业场所宜采用冷色，如蓝、浅绿等，给人以凉爽、沉静的感觉。

（2）合乎规律地进行颜色搭配。色彩不能过于单调，不管什么色彩，单调就会乏味，产生疲劳。因此，必须合乎规律地进行颜色搭配，有意识地在色彩上造成欣赏对比，如营业场所的色彩装饰，既要与营业设施、商品、地面区别开来，又要使各种颜色搭配和谐。当然，这并不是说营业场所的颜色越多越好。颜色过杂，会分散顾客和员工的注意力，效果不佳。一般情况下，营业场所的色彩数量以不超过 3~4 种为宜。

5. 商品陈列美

在营业场所，采取不同的形式陈列商品，不仅向顾客宣传介绍商品，便利其参观选购，而且也能美化营业场所，最大限度地吸引顾客或其他公众。商品陈列的形式多种多样，有柜台陈列、橱窗陈列、样品橱陈列、陈列台陈列、悬挂陈列等。商品陈列要起到美化环境的作用，应该符合以下几点要求：

扫码看彩图

▶ 橱窗陈列

（1）陈列商品要面向顾客，正面显示商品特征和包装商标；要与连带的商品保持相互衔接，邻近摆放。

（2）陈列商品要保持整洁、丰富。每种商品都应固定摆放位置，保持固定的陈列形式。因此，在销货过程中，经营人员必须按原处原状摆设，随时整理，保持整齐。准备出售的商品要与销售需要量相适应，经常保持商品的丰满、美观。

（3）摆放商品要注意花色之间的搭配协调，互相烘托。以花色选择为主要特征的商品，在摆放时要考虑到不同花色之间的反比衬托，增强商品色彩感，保持醒目。

（4）摆放商品时，布局、色彩、照明各个方面均应应用对比原理。如商品实物之间的明暗对比，商品色彩之间、装饰色彩同商品实物之间的明暗对比等，均应做到主题内容和表现形式相统一，充分体现商品陈列的思想性、宣传性、艺术性，立意新颖，诱人观赏。

6. 功能音乐美

所谓功能音乐，就是在商品经营过程中，用以调节顾客和员工精神状态的音乐，它不仅能感染人的情绪，调节人的精神，而且能使人的整个机体发生一系列内在变化，提高听觉、视觉神经的敏感性，缩短对声、光信号的反映时间等。因此，在不同的营业时间内适时播放不同种类和风格的音乐，能振奋人的精神。如在一天营业时间开始时，播放轻松、格调优雅的乐曲，能使员工缓和早晨赶着上班的紧张情绪，有助于迅速集中精力投入工作。中途，当人们感到疲劳时，播放乐观而有朝气的轻快曲调，可以使人神经松弛，驱散疲劳，恢复精力。在下班前，播放节奏欢快、具有进行曲风格的乐曲，可以激发员工把营销工作坚持到底。

7. 工作服装美

商贸企业员工的工作服是经营环境美的一个组成部分。工作服的美不仅给员工的劳动生活增添光彩，而且还可直接作用于他们的心理。工作服首先要实用，要依企业的整体形象要求、经营商品要求和美学要求选择衣料、颜色和式样，在保证实用的前提下，做到尽可能的美观、舒适、合理、大方、悦目。

第三节　劳动工具美

生产劳动离不开工具。古人说"工欲善其事，必先利其器"。劳动工具的创造开启了人类文明，劳动工具的演化是人类历史进步的最深层的动力之源。各个社会为完善各种生产工具不断地进行革新创造。早期人类为了在自然竞争中获得优势，直接利用自然物质如石块、木棍等辅助自己进行狩猎和采摘自然果实，后来为了提高劳动效率，他们开始对这些自然物质进行简单粗糙的加工，创造了最早的劳动工具，例如，人通过"摔击法""砸击法"等形式来制作捕获食物的石刀。由于最初制作劳动工具的原材料以石块为主，石器是人类创造的最早的劳动工具，这个时期被历史学家称为石器时代。后来人们将两种或多种单体工具进行组合制成复合型工具。例如，通过绳子将石头与木头相组合，形成具备攻击性的"手持武器"。在这一时期还发明了"弓箭"，由于有了弓箭，猎物便成了通常的食物，而打猎也成了常规的劳动之一。石器时代的劳动工具逐渐实现了从自然形成的生产工具到由文明创造的生产工具的转变。大约在5000年前，人类开始掌握炼铜技术，历史进入青铜时代，人类开始制作出金属化劳动工具，青铜的劳动工具是最早的文明创造的劳动工具。大约在3000年前，人类逐渐掌握了冶铁技术，历史进入铁器时代，产生了发达的铁制工具、成为手工艺的发达的金属加工，铁制劳动工具的发明进一步推动了生产力发展。手工工具构成农业

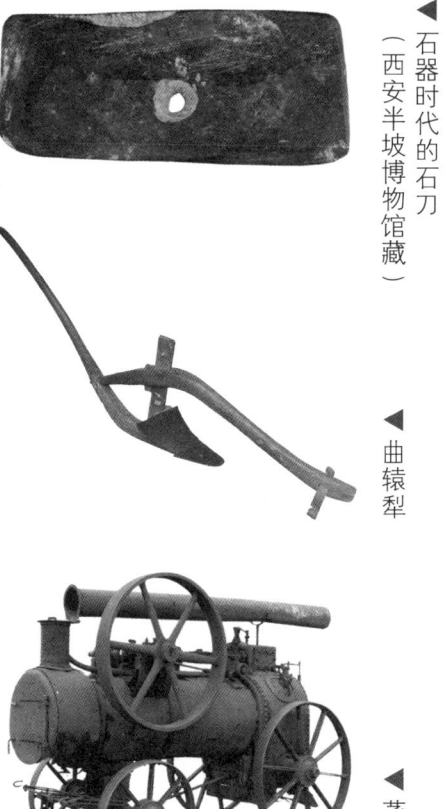

石器时代的石刀（西安半坡博物馆藏）

曲辕犁

蒸汽机

扫码看彩图

社会劳动工具的典型形态，而机器生产体系则构成工业社会劳动工具的典型形态。在科学技术的加持下，第一次工业革命后，改进的蒸汽机已经慢慢取代传统的手工工具，后来，在新的技术推动下开始了第二次工业革命，内燃机取代了蒸汽机成为社会生产的主流工具，在这一时期还诞生了无线电技术，大大缩减了人与人之间的沟通成本，通信工具获得长足发展。不同于农业社会手工业时代，在工业社会机器生产时代，以机器为标志的劳动工具与人的关系发生了颠覆性变化。机器的作用在于代替人操作并实现人对自然和劳动对象的影响，机器的诞生是劳动工具革命性的变化，极大程度地提高了生产力水平，推进了人类社会进步。在现实生产需要的推动下，20世纪40年代以后，全球掀起了以计算机技术领域发展为代表的第三次工业革命，又称"信息化革命"，这一时期以电子计算机的发明与广泛运用为标志。计算机以其强大的运算力与信息处理能力逐渐取缔人脑的机能，实现人脑能力向外在工具的转移。至此，人所有具备劳动能力的器官已经开始完全的一步步被外在工具所替代。

进入21世纪，以人工智能为牵引，以不断升级的互联网、移动通信、物联网、超级计算、地理空间信息技术、新材料、新能源、新生命科学等为主线的新一轮科技革命，使人们的劳动方式发生了深刻变化。人工智能如同数万年前的石器、数千年前的铁器和数百年前的机器一样，它们都是人类在不断演进过程中创造发明出来用于改变与自然关系的典型劳动工具，其对劳动工具产生的革命性影响是以往任何一次科技革命都无法比拟的。在人工智能广泛应用的今天和未来，人类表面上不再需要付出太多的体力和脑力劳动，这些传统性的劳动都被人类发明出来的新一代劳动工具代劳了。由于具有深度学习的特点与优势，现代化的生产环节都是人工智能自主完成的，人工智能能够实现对生产过程的自主控制、检测和调整。人类再也不需要站在机器旁边做辅助的工作，机器设备可以自行完成程序内设定的所有任务，甚至人们可以远程通过遥控智能系统来管理和控制机器设备的工作，真正实现生产过程的无人化。

人与机器（工具）之间具有不可分割的对立统一关系。劳动美学的目的就是利用相关的心理学、艺术学和人体工程学的知识，协调好二者的关系。一定类型的生产工具或技术装备必须满足相应人员的使用和操作的权益；而一定类型的人员也必须熟悉相应生产工具或技术装备的性质、性能并有效使用和操作它。只有这样，人机两者才能保持和谐相处、优化统一的关系。要使人与机器之间的关系进入一个新的阶段，即让机

▶现代工业机器人

器适应人的能力的阶段，这是机器设计中的主导思想。人们对人—机关系进行反省，从而认识到，人与机器真正应有的关系是一种相互依赖、相互作用的有机的协调关系。通过最完美的设计，最大限度地发挥人与机器各自的特长，克服其缺陷；最恰当地将二者统一起来，避免二者的冲突。机器与人之间关系的协调与否，对于生产者体力的消耗和精神的好坏有着重要的影响。一部机器，如果它设计合理，具有实用、美观、高效、省力、安全的优点，生产者在操纵时就能节省体力、减少心理压力，感到得心应手，从而就会给人一种劳动创造的审美享受。需要强调的是，进入人工智能时代，劳动者的核心竞争力既不是体力，也不是操作机器的能力，而是数字胜任力、计算思维、交互思维等人工智能能力。

第四节　劳动愉悦美

　　劳动给人们的美感不仅仅局限于对它的产品的使用和欣赏上。更重要的是，在人们进行劳动创造的过程中，伴随着每一件产品从无到有的过程，人们的情感也随之有喜怒哀乐的各种变化。劳动美学研究人在实践中，如何认识和体验自身创造的喜悦，而这种审美愉悦又是如何推动新的创造过程的。

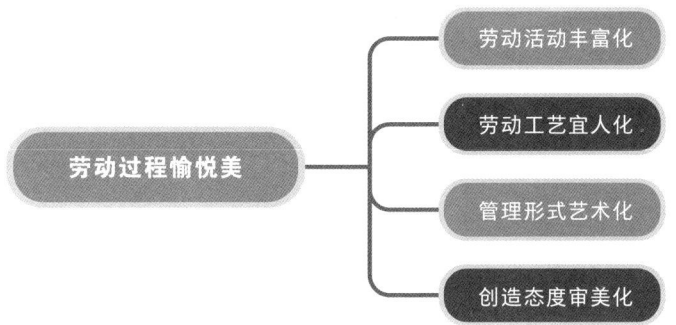

劳动过程愉悦美

1.劳动过程的愉悦审美化

　　现代化的工业生产给劳动者造成了由被动地适应机器的标准化、专业化、同步化而带来的创造性的束缚、个性化的消失和情感的泯灭，而这一切是压抑人性、妨碍人的创造和审美的根源。劳动者具有创造欲望，他要求自己调节操作，发现并解决问题，自己提出目标和把握规律，多方面实现个人能力和显示才华，使劳动成为充满情趣的自律的活动。劳动主体的意愿也强烈要求科技理性必须适应人的生命感性，使劳动成为身心和谐、有益于人的激情创造和个性发展的全面活动。劳动者不但需要自己劳动的经济价值，而且更希望他们的工作具有技术性，富有挑战性，能够表现自己的创造性。他们还期望劳动更富有生命情趣，劳动协作关系更有人情味，劳动创造活动成为个性实现和能力拓展的新天地。劳动美学的目的是将劳动者从工业化大生产永不休止的机器和川流不息的生产流水线上一个被动的零件的地位上，从日益贫乏的创造性和日益枯竭的情感的境地中解放出来，还他自由、还他情感、还他希望。因而在肯定劳动产品的审美价值的同时，更应注重研究劳动创造过程本身的审美的可能性，努力使劳动活动丰富化、劳动工艺宜人化、管理形式艺术化、创造态度审美化，让生产者在劳动过程中获得更多的创造可能性。而审美的劳动态度、超功利的审美精神，则能使劳动者焕发出对活动本身的主动热情、奋斗精神和展露才能、锐意创新的意志。

2. 劳动管理的情感审美化

劳动管理的情感审美化是劳动管理的一种高级方式，是管理者与劳动者通过情感上的真诚交流与沟通，从内心深处激发劳动者工作的积极性和主动性，进而使他们真正做到心情舒畅的高效工作，体现了劳动管理的亲和力，是一种有温度的管理。人是有着丰富感情生活的高级生命形式，情绪、情感是人精神生活的核心成分，有效的管理就是最大限度地影响追随者的思想、感情乃至行为。作为管理者，仅仅依靠一些物质手段激励员工，而不着眼于员工的感情生活，那是不够的，与下属进行思想沟通与情感交流是非常必要的。现代化工业生产的劳动管理不能单从技术和物质利益着眼，必须首先从社会心理上满足被管理者的需求，即追求人与人之间的亲情、安全感、归属感和受人尊重的社会情感。每位劳动者都有自己独特而复杂的价值观、个性特征和态度，管理者必须了解这些情况，才能有效地激励他们。通过赞赏他们所做贡献对整个团队工作的影响，在赞赏的氛围之中，劳动者总会积极寻求自我实现的机会，努力做得更好，最大限度地发挥自己的潜能。这种情感审美化的管理方式，会使劳动者空前团结，成为一个极具战斗力的团队，会使劳动者和团队在激烈的市场竞争中肝胆相照、同舟共济、共创佳绩。总之，管理的最深层的内涵就在于，实现劳动者的主体自主性，使每个劳动者的伦理意志、情感智慧、认知才能全面发挥。消除劳动者的从属感、雇佣感、疏离感、冷漠感、他律感，增强其满足感、成就感、归属感、参与感和自律感。进而使管理从外在管理转化为自我管理，为劳动者提供更广阔的天地，任他的生命本质力量和天才尽情发挥，让情感审美的愉悦洋溢在他的心头。

美的思考

1. 劳动工具的创造开启了人类文明，劳动工具的演化是人类历史进步最深层的动力之源。人工智能如同数万年前的石器、数千年前的铁器和数百年前的机器一样，其对劳动工具产生的革命性影响是以往任何一次科技革命都无法比拟的。人工智能会取代人类吗？谈谈你对这个问题的看法。

2. 通过本章学习，谈谈优化本专业实习生产过程有哪些方法。

3. 思考一下作为一个生产管理者，从哪些方面改革既能提高团队劳动效率，又能让大家在劳动过程中感到精神愉悦。

第五章

设计美

自从人类打磨石块、制造工具的那一刻起，设计就诞生了。可以说，哪里有人类的创造，哪里就有设计。随着现代技术的发展、社会生产方式的革命，随着产品的日渐丰富、生活水平的提高，人们对产品的消费由功能性走向了审美性，有的功能性需求甚至降低到次要地位，而审美的需求上升到首要地位。与这种需求相适应的产品设计应运而生，设计美学的诞生是人们的生活方式发生革命的必然结果。当今之世，设计比历史上任何时代都显得更加重要。激烈的产品竞争，归根结底是设计的竞争。

第一节　设计美的要素

设计美学是美学与设计学、艺术学的交叉学科，其研究对象集中地体现为"产品的审美价值"，即与产品使用功能相应的附加价值，可以简称为"设计美"。我们把设计美的要素分为形式美、功能美、材料美、技术美，下面逐个进行分析。

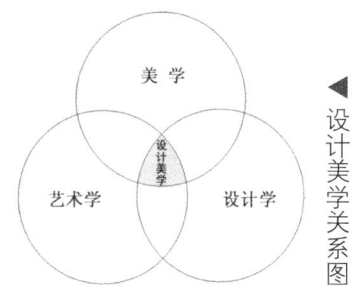

设计美学关系图

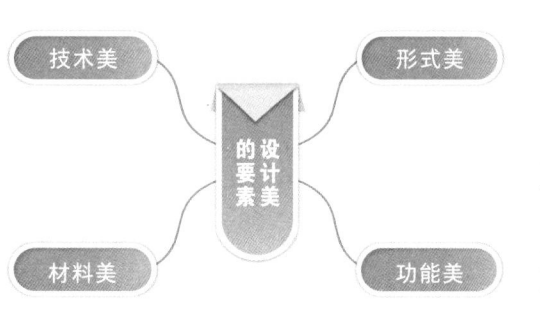

设计美的要素

扫码看彩图

一、形式美

产品的形式也是通过材料和结构来表现的，它是由一定的线条、色彩、形体等在产品的外部所构成的整体。产品设计的形式美是依存美。更确切地讲，产品设计的形式只有与效用功能、操作功能紧密地结合在一起时，才能成为设计形式美。

人们对形式的知觉和感受在人的不同行为方式中是不同的。日常生活中，人们首先是从实践态度出发，对于看到的各种形状、轮廓、色彩和运动往往不当作一种独立的映象来看待，而是作为辨认事物的一种依据或是符号。人们的眼睛学

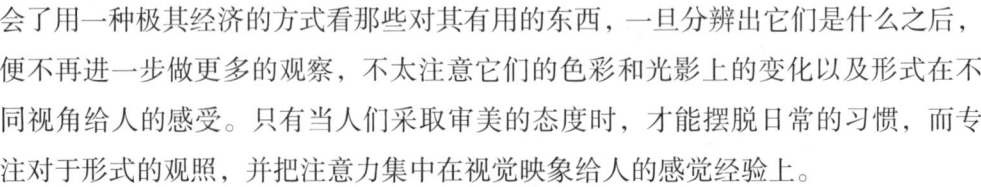

会了用一种极其经济的方式看那些对其有用的东西，一旦分辨出它们是什么之后，便不再进一步做更多的观察，不太注意它们的色彩和光影上的变化以及形式在不同视角给人的感受。只有当人们采取审美的态度时，才能摆脱日常的习惯，而专注对于形式的观照，并把注意力集中在视觉映象给人的感觉经验上。

北京香山饭店（贝聿铭作品）

从外表来看，形状是简单的一种形式，是由事物的轮廓线形成的。由于事物的运动和方向的变化，可以使同一形状产生不同的形式。如向平静的湖面掷一块石子，湖面会产生一圈圈的涟漪，由中心一个点慢慢向四周散开，形成了波纹。当湖面平静下来，我们看不到真实存在的线，但是水的这种辐射性的运动方式，给我们留下独特的形式感受。又如一个正方形，如果水平摆放，视觉上给人的感觉是静止、稳定的，但若将正方形旋转45度，就会变成一个正方菱形，它的对角线就变成了中心轴线，使左右两个直角等腰三角形沿中心轴线对称。由于它的平衡立足于一个点，各边均倾斜，因而富于动感。著名建筑家贝聿铭设计的北京香山饭店，便运用了正方菱形构成墙体上的窗形。

对形式美的知觉感受也存在个体之间的差异。无论哪两个人在观赏同一景致时，所看到的都不会完全一样。因为他们会根据自己的个性和习惯来选择和观察某些具有细微差别的方面。由于他们的动机、知识结构、文化素养和心境不同，对待事物的理解和想象也完全不同，造成知觉的不同选择、组织和侧重。

二、功能美

从设计本身的角度来讲，设计产品的功能因素分为实用功能、认知功能和审美功能三部分。

1. 实用功能

实用功能是认知功能和审美功能产生的基础。实用功能一方面体现在设计物自身的物质属性所传达的"用途"意义，物质属性是指设计物本身所具有的物理和化学性能。

做一只杯子的材料是多种多样的，相适应的工艺技术也是各有所长，构成杯子的形态更是丰富，要从这繁多的种类中选择相适宜的材料、完善的技术和可靠的结构，所遵循的首要的原则就是杯子的用途。不同的用途直接决定了杯子可能存在的物质属性，如果在杯子的底部开一个洞，则又是另一种结果，我们可能不再将它作为一个用来喝水的杯子，而是作为一个养花的花盆。同样的材料、同样的结构和工艺，却产生了两种不同的结果。由于产品的用途不同而构成自己独特的品质特征。因此，物质属性是实用功能产生的基本条件。

把适应于某种用途的材料、技术和结构等因素选择出来，只完成了实用功能创造的第一步，因为创造的真正意义在于将这些元素合理地达成一个完整的系统，并使得这一系统充分满足人的需要，这也是产品设计的目的在功能上的体现，它决定了物的实用功能成为其功能要素的最重要的条件。但物质需求的满足却不能取代人类丰富的精神需求，因为，实用功能作为功能因素的基本内容是认知功能和审美功能产生的基础。

2. 认知功能

首先，认知功能的体现在物的指示功能方面，特殊的造型、色彩和标志，显示了它的功能特性和使用方式，如书籍中文字的排列形式，从左往右的文字排列，提示着人们的阅读顺序和阅读方式；道路的标牌，指示着人们行进的方向和目标。外在形式的内容，直接影响着人们对物的认知定向，影响着人在使用过程中的行为观念和心理趋向。

其次，认知功能另一个表现为物的象征性方面，象征能传达出物"意味着什么"的信息内涵。比如人们从他人的衣着服饰或寝室陈设中判断出对方的社会地位、职业及个性特征等状况。而作为社会的"人"的存在，也需要凭借使用物的媒介来传达自己的形象和观念，加之时代、民族和历史传统所构成的社会因素，使象征功能的作用更为明确，成为沟通人与人之间思想交流的重要手段。

指示功能表达了"物是什么"，象征功能传达出"物意味着什么"。在认知功能中，还有一种功能因素是以传播展示物的实用功能为目的的，利用传播媒介和展示手段，如广告、橱窗、展览等向更广泛的范围传达信息的展示功能，它是"物"获得公认和社会价值的重要手段。

3. 审美功能

审美功能是指事物的内在和外在形式唤起的人们的审美感受，满足人们的审美需求，是设计物与人之间相互关系的高级精神功能因素。

物在使用过程中是否唤起人们的美感意识，是判断其是否具有审美功能的依据。而美感的取得，一方面来源于物自身的整体形象所显示的功能美和外在形式构成的形式美；另一方面，来自非功利性因素的人的情感体验。具备功能美和形式美的事物，没有人的情感认同，是不可能独立存在的。审美功能的建立，必须综合物的实用功能和认知功能以及人的不同社会需求和精神需求，这也是人们对设计物的综合评价的重要因素。

实用功能、认知功能和审美功能共同存在于某一产品时，它们之间的关系是互相渗透、互相联系的。由于设计物的本质差异，这三种功能的倾向和比例也有所不同。对于同一类产品来说，三种功能比例几乎均等；而对于汽车来说，轿车的认知功能和审美功能比卡车显得更为重要。但是，只具备其中一种或两种功能的设计物是不存在的，比例的大小，并不表示这种功能可有可无，而是显示了相对于其他功能的次要地位和作用。

三、材料美

色彩、形态、肌理的美，构成产品设计的自然物质材料的美。生产任何商品首先需要一定的材料，材料是构成商品设计形式美的第一要素。商品的质感与表现效果所形成的材质感与肌理美以及现代设计对材料的不同理解所形成的不同设计思想与风格，形成了复杂的审美心理。材质感和肌理美作为商品设计的可视和可感的要素，对人的视觉或触觉会产生感应和刺激。这些不同程度的感应和刺激，都会使人产生不同的生理和心理效应，因而产生不同程度的美与丑的感受。

► 茂陵石刻卧牛

► 考工记

"循石造型"是中国古代很早就有的一种设计思维观念。早期从打制石器开始，首先是对石材本身做一番审视，在有了大的把握之后，根据所需，决定采用打击或是压击的方法，完成制作加工，使之成为适用的工具，同时这也是一个设计的全过程。

中国还有一种"审曲面势"的设计思维，是根据材料本身的自然特性，观察其形状、结构，根据所需来完成制作加工。一方面可以表现物质的本质的美；另一方面，经过工艺加工之后，使其更为增色升华，这是工艺加工处理的高明之处。但如果不恰当地过分雕琢修饰，"画蛇添足"就会破坏和削弱物质的本质美。曾被后世奉为科学技术经典、成书于春秋末年的《考工记》首次提出了朴素的工艺观，即"天有时，地有气，材有美，工有巧。合此四者，然后可以为良"。其中，"材有美"指由于不同材料的自然性能、质地不同，也就决定制作品的特征，如竹木，清秀雅致；如草藤，朴素文静；如玉石，晶莹剔透；如陶土，浑然质朴。

材料是人类社会生活的物质基础，材料的使用和发展直接促进人类造物设计的发展与变迁，进而推动人类社会文明进步。今天，材料与能源、信息并列成为现代科学技术的三大支柱。材料与科学、艺术一起支撑着现代艺术设计的发展，其作用与意义是不言而喻的。假如没有半导体材料，就没有微电子工业，也就不可能有今天的各类电子产品设计；假如没有高分子复合材料，我们的日常生活用品又将是另一种景象。正因为有了新材料赋予技术新的内涵，才产生出新的设计语言、方法和审美形式，设计才能真正实现"用"与"美"的统一并不断发展。

四、技术美

设计是艺术和科学技术的结合体，科学技术给设计以坚实的结构和良好的功能，因此，以技术为前提，用艺术的手法创造和生产出具有美感且实用的产品，能更好地为人类服务，提高人们的生活水平。

技术的发展经历了曲折而艰难的道路。在工业发展的初期，不仅工业制品粗陋不堪，而且生产条件也十分恶劣。英国作家狄更斯曾就当时伯明翰的状况写道："在沉闷的地平线上，到处是拥挤的高炉，形状单调而丑陋，显示着令人窒息的噩梦般的恐怖，他们用黑烟吐出诅咒、遮蔽了太阳，凄凉的空气充满了恶臭。古怪的机器在转动，像受刑人那样扭曲着，在旋转之中不时发出尖叫，好似无法忍受这种折磨，大地在它们垂死的抽搐下颤抖……"这是一幅多么恐怖的景象啊！这段话描述了人们对机器时代到来的恐慌和反感，同时也激励了人们从实践和理论上去探求和挖掘技术的审美价值，以提高和改善人们的生活质量。

技术美的思想萌芽于19世纪中叶。1902年德国成立了工业与艺术结合的"工业联盟"，明确肯定机械化生产方式，认为工业产品的粗劣并不是机械化所不可克服的，主张技术产品应当废除与功能无关的外加装饰，使产品达到单纯、抽象的外形和标准化，强调绝不能"继续模仿古旧的那些不伦不类的形式"，而一定要根据新技术、新材料、新产品的新功能来设计产品的式样。1919年创立的德国包豪斯学派的代表人物格罗皮乌斯提出了划时代的技术美的基本命题——"艺术与技术的新统一"。他在《论现代工业建筑的发展》一文中说："新时代要求有自己的表现方式，现代建筑师一定能创造出自己的美学章法。通过精确的、不含糊的形式，清新的对比，各部件之间的秩序，形式和色彩的匀称和统一来创造自己的美学章法。"格罗皮乌斯上述的思想抓住了技术美学的真谛，为技术美学的确立做出了不朽的贡献。19世纪末，人们提出了技术与艺术相结合的新课题，并且逐步形成了一门崭新的实用美学——技术美学。技术美学的主要课题是研究技术与艺术这两种东西的和谐。技术美学的中心任务是在劳动、生活的全部空间领域，自觉地将技术与艺术结合起来，沿着技术与艺术统一的道路前进。

技术美与科学美有密切关系，但也有区别。科学美主要是认知发现过程，它是自然规律的知识形态，技术美是创造过程，是知识的物化形态；科学美是理智美，抽象性强，可感性弱，技术美是功能美，具象性强，可感性强；科学美重内容美，技术美重形式美；科学美有相对稳定性，技术美变易性大，具有日新月异、迅速发展的特点。

技术与艺术是既对立又统一的。一方面，它们之间是异质的，二者不能混淆。技术在总体上属于人类的物质文化领域，它是科学在生产中的应用，它接近科学，偏重于理性。艺术则是表达人的思想、情感的方式，在总体上属于精神文化领域，偏重于情感，允许自由想象，具有鲜明的个性。另一方面，它们之间又是统一的、相辅相成的，可以交融于一体。艺术活动有技术的因素，技术活动有艺术的因素。科学技术的发展又总是为艺术提供新的物质媒介，开拓着艺术的新品种、新部门、新形式。在技术活动与审美活动中，技术与艺术是伴生的，密不可分的。

技术美要以人为核心。工业设计是一座连接两个思想极端的桥梁：一端是技术，它所强调的是产品的结构功能，反映纯粹的物质性方面；另一端是艺术，它是人类精神的美的享受，这同技术的、物质的一端同样重要。工业设计旨在克服技术与艺术的分离，达到技术与艺术、功能与外观的统一。工业设计无论出发点，还是归宿点都是为了人。以人为核心，创造满足人的物质需要与精神需要的劳动、生活用品及条件，建造合乎人性方式的审美化的空间、环境系统。这个系统包括相互联系的三个系统，即"人—产品"系统，"人—机器"系统，"人—环境"系统。"人—产品"系统的审美化就是赋予产品以审美对象的外观；"人—机器"系统审美化是生产过程的审美化体现；"人—环境"系统的审美化是人与环境构成的和谐关系。以上三个系统的审美化都应当符合人性。所谓符合人性，从人体科学角度和技术美学角度看包括两个方面。第一，要符合人的生理结构，使人产生生理上的舒适感。要从人体工程出发使劳动工具和产品符合人体的尺寸，使人用起来方便、看上去舒服，这是审美的基础。当谁都不熟悉人在空间中生活的情况时，洛维接受了设计空间实验室的任务。洛维坚持要有一个舱窗，使宇航员们在视觉上同地球有联系。后来在返回地球时，宇航员们都感到，如果没有舱窗那是非常难受的。美国国家航空与航天局副局长乔治·米勒写信给洛维说："要是没有您根据对人类需要的深刻了解而进行创造性的设计，空间实验室的宇航员们是不可能生活舒适、精神焕发，并出色地发挥他们的效能的。"第二，要符合人的文化心理结构，使人从生理快感升华为审美的愉悦。这是因为人的美感有很大差异性，包括民族、地域历史、文化传统、心理等差异，技术美学要充分考虑到这些差异。技术美学涉及自然科学和社会科学诸学科的广阔知识领域，在设计活动中都要以人为核心，创造劳动与生活的审美世界。

第二节　设计美的个案赏析

本节选择几种中西共有的设计产品作为个案进行赏析，由此体会中西设计理念的差别。总体来说，中西方的设计都注重理性，但是由于中西方设计不同的思想理论基础，所以其内容也存在很大的差异。中国的设计理念源于古代的儒家思想和礼乐文化，强调"天人合一"，注重自然、社会和人的和谐统一，追求内在的精神境界和审美体验。西方设计更侧重于"以人为本"，强调"形式随功能"的原则，注重功能性和实用性，追求形式美和技术进步。

一、茶与咖啡器具设计赏析

中国人爱喝茶，西方人爱喝咖啡，这两种不同性质的饮料所形成的不同文化成为中西不同文化取向的体现。茶与咖啡里面都蕴藏着不同民族的情怀，从茶与咖啡的特性和冲泡器具可以看出中西设计美学观念的差异。

茶是一种饮料——这是茶的物质属性，但茶的功能体现在茶的精神属性上，可以说中国人饮茶是一种文化。饮茶思源、以茶会友是茶文化最广泛的社会功能。茶文化以德为中心，主张义重于利，注重协调人与人之间的相互关系；提倡对人尊敬，重视修身养德；参与茶文化，赏茶、品茶、体会茶艺，给人一种美的享受，有利于人的心态平衡，提高人的文化素质。这也是历代文人墨客、僧人把对茶的领悟作为一种人生境界标志的原因。

中国紫砂茶壶是一种双气孔的结构，具有双透气性，相对其他器具来说，茶叶在其中放置不易坏。好的紫砂壶不但材料及造型十分考究，而且倾倒时出水流畅，茶壶的"断水"好，出水也就顺畅。从紫砂壶的精神内涵上看，饮茶、冲茶之道蕴含了人生的哲理和修养的境界，同时茶道与人品、茶品密不可分。文人爱紫砂壶还因为它的使用符合中国人韬光养晦的精神。紫砂壶由泥壶的粗糙，经火的焙烧、水的浸泡，使用中手的把玩和抚摸，使其表面由内而外散发出玉石般的光润。紫砂壶与普通茶具最大的区别在于它既是实用性很强的艺术品，又是修身养性的器物。所以，紫砂壶的制造要高度符合物质和精神的双向和谐。

西方人喝咖啡也有专用的器具，最早的咖啡是阿拉伯人将烘焙过的咖啡树种子制成的热饮，后来欧洲人把它翻译成为 coffee。咖啡可以帮助人集中精神，早期咖啡只在特权阶层中流传。今天咖啡成为欧洲的一种文化符号。从外形上，咖啡器具与中国茶具有明显的差别。由于文化背景的差异，西方设计师们考虑更多的是产品的形式和功能性以及是否符合消费者的意愿等方面的要求。如设计师德莱赛的设计重点在于造型的合目的性和外形的简洁上而不是表面装饰上。使用金属材料适应现代化加工和制造，也因其造型上的简洁，强调一种完整的几何纯洁性的美感。在设计理念上，德莱赛关注形式与功能的关系。在《装饰设计原理》（1873 年）一书中，他分析了各种容器的把与壶口的形式与功能的法则，设计形式独特，把人机学和隐喻两个方面结合起来。

饮茶和咖啡的不同器具表现出中西方审美观念的差异。中国茶具表现内涵中的

紫砂壶

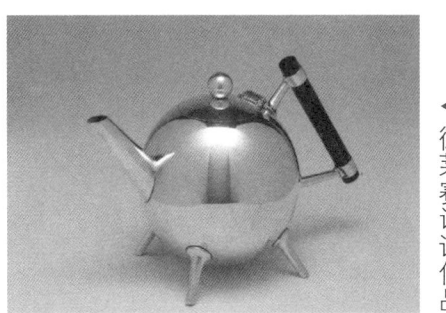

德莱赛设计作品

美的视窗

·紫砂壶

扫码看彩图

文化；西方咖啡器具则显示在形式上的创新。中国人在满足形式与功能美之外，更追求饮茶所带来的修身养性的意境。西方人仅有感于咖啡是一种饮料，对于饮咖啡时出现的香意萦绕的场景也仅是感官上的追求，这与中国人的意境是不一样的，这也能够反映出中西方不同的审美价值取向。

二、故宫和沙特尔大教堂设计赏析

皇宫是古代中国最高权力的象征，作为明清权力中心的故宫具有传统建筑的典型性，也最能够代表古代中国的建筑水平。我国自周代以来，向来有"天子择中而处"的思想，所以皇宫常常建造在城的中心位置。按照"君子将营宫室，宗庙为先，厩库为次，居室为后"的传统，采用了"左祖右社""前朝后寝"的天子营国之制，体现了重视宗族制度、血缘延续的儒家设计理念。从故宫平面图可以看出，布局以中轴对称格局体现了"中正无邪，礼之质也"的儒家古训。中轴

故宫博物院

对称、方正严整的布局告诉世人尊卑有序、上下有别的君权至上法则，符合传统的儒家人伦、礼制的精神。作为权力的象征，故宫以足够的跨度形成开张的气势，无处不在的装饰呈现出富丽堂皇的景象，也显示了国家的威严、帝王的尊贵和皇家的奢华。

在欧洲政教合一的年代，教会拥有至高无上的权力。正是由于宗教在古代西方社会的重要地位，欧洲教堂往往代表着国家建筑艺术的最高成就。沙特尔大教堂是早期哥特式建筑的代表。哥特式教堂建筑的主要特征是尖塔高耸，利用十字拱、修长的立柱等建筑手法建造。其中利用新的框架结构来增加支撑顶部的力量，使整个建筑呈现出直升线条、雄伟的外观和教堂内空阔空间，结合教堂镶嵌的彩色玻璃长窗，使教堂内产生一种浓厚的宗教气氛。沙特尔大教堂不只是塔楼具有哥特式的特征，与其他哥特式教堂一样，教堂的平面图也具有哥特式教堂独有的特点。平面布局为拉丁十字形，东西走向，祭坛在教堂的最东端，指向耶路撒冷。教堂中厅等宽，但很高、很长，因此从视觉上感觉教堂内部导向祭坛的动势很强。除此之外，教堂内部裸露着近似框架式的结构，将中厅与

沙特尔大教堂

走廊分开，加之许多布局和谐的圆柱、墙壁和柱身均饰有形象生动的浮雕和石刻，显现出十分浓厚的宗教意味。

中国传统建筑出发点以"人"为中心，体现出乐生、重生的现实理性精神和浪漫情怀；西方古代建筑的出发点则以"神"为中心，表现出对上帝、来世的向往。所以中西建筑设计表象才会有如此巨大的差异。

三、中西园林设计赏析

中国园林设计讲究因地制宜，依形就势，叠石为山，引水为池，种花植木，修桥建亭，将大自然的美景营造在自己的居住环境中。可以说，中国园林富于诗情画意，具有山水画般的风采，使居住和游览中的人深深感到与自然的亲近与融合。相比之下，西方园林重视人对自然的再造，强调人对自然的控制，讲究人工修饰，几何图式的布局，对称的轴线，整齐的树木排列。喷泉、花园、建筑等西方建筑人工景观与中国园林中的假山、树木等亲近自然的园林景观形成了鲜明的对比。

从布局上看，中国园林以自然景观为主，追求自然山水的"意境"。中国的造园充满了随机性和偶然性。布局千变万化，整体和局部之间没有严格的从属关系。西方古典园林讲究几何数学原则，以规则式为主流，其特点是中轴对称、整齐划一，其造园艺术的基本信条是"强迫自然接受匀称的法则"，以"完整、和谐、鲜明"为特征。

从造型手法上看，西方造园主要是立足于用人工方法改变其自然状态。中国园林则通过巧妙设置的山水树木、亭台楼阁，显示与自然统一的意境。

从园林的艺术元素上看，中国园林讲究"造境"，按照人的情感把自然元素重新组合。西方古典园林的建造，建立在"唯理"的基础上，强调几何美。园林设计的元素是以宗教故事的情节逻辑为主线，在个体的塑造上则遵守比例协调、造型准确等艺术规则。

从思想根源上看，中国古典园林艺术反映了中国儒家、道家、禅宗等传统思想，融合了如山水画、书法、建筑、雕塑、植物学等学科共有的艺术精神，并把美学建立在"意境"的基础上，强调胸怀的自然呈现。西方则注重科学的理性逻辑。在设计上更多地注重情节、逻辑和神话故事的完整性，以及西方艺术家赋予艺术的规范。

美的视窗
· 苏州园林
· 凡尔赛宫花园

▲ 苏州园林

▲ 凡尔赛宫花园

第三节　设计美学的发展趋势

设计发展日新月异，特别是 20 世纪 60 年代以来，设计风格层出不穷，设计趋向多元化的发展方向。通过对设计美学发展现状的分析，可以看出设计在新时期和新的历史条件下面临着的新挑战。总的来看，当今设计美学的发展面临着民族化、非物质化、人性化、生态化等趋势。

一、设计美学的民族化趋势

一个国家经济发展到一定程度，文化会作为国家发展的软实力受到重视。正所谓"越是民族的就越是世界的"，真正的设计民族化意味着一个国家设计风格的成熟和成功。发展具有民族特色的设计成为设计师们考虑的重要问题。当代民族化设计还要与现代科学技术相结合，体现现代科学技术发展的水平，才能在国际市场竞争中立于不败之地。因此，民族化与现代化并不对立，而是现代化的产物，也是现代化的标志。

中国设计讲究"制器尚象"，在中国民间艺术中，某种形象的特定组合、寓意表达、应用都是世代传承下来的，如看到松柏、仙鹤，想到幸福、长寿；看到鱼，想到年年有余；看到年糕、元宵、粽子、月饼，想到传统的节日等。在设计中采用这些传统的约定俗成的象征形象和典故，更能引起当代消费者的情感共鸣。不仅如此，我们还应该在设计历史文化积淀的基础上，融会贯通这些象征形象和历史典故精神内涵，而不是仅仅生搬硬套这些物象的图形。

扫码看彩图

▶ 香港中银大厦（贝聿铭作品）

近年来，我国设计飞速发展，设计的民族化成为一种趋势，包含"中国元素""中国特色"的成功设计案例越来越多，而且，许多设计在国际社会中取得了成功。例如，贝聿铭设计的北京香山饭店和香港中银大厦以及在网络上流行的官纯插画设计等，都很好地在设计中体现了中国的民族精神，把中国元素与中国精神融入现代设计中。我国的消费市场正呈现出多元化的局面，这就要求设计除了以创造经济价值之外，也需要重新审视和思考其在建构整个社会文化的格局中的责任与义务，从而能够全面的发展中国设计。

二、设计美学的非物质化趋势

20世纪90年代以后，计算机的出现、网络的普及推动了信息时代的到来。"基于提供服务和非物质产品"的数字化的发展，使得设计的趋势向非物质化、虚拟化的方向延伸，所以非物质化是未来设计新的发展方向。

相对于物质设计而言，非物质化设计是社会非物质化的产物。我们可以把非物质设计分为两大类型：一类是信息设计或者说是数字设计，也就是针对网络的设计；另一类是基于服务的设计。信息化设计有许多不同的层面，既有软件、程序设计的层面，又有功能、价值的层面，还有方法、服务的层面以及空间、感觉、思想和哲学等层面。非物质设计的出现，丰富了设计的存在形态，揭示了物质设计中早已存在的非物质性，个性的需求成为非物质化设计主要考虑的方面。信息社会强化了个人孤独和私人化的生存方式，所以设计承载起对人类精神和心灵慰藉的重任。德国某设计公司曾设计过一款儿童鼠标器，外表看上去就好像一只真老鼠，逗人喜爱，使小孩产生亲切感。在信息社会里，人们从事教学、科研、电子商务等活动，通过网络传播、获取和利用信息，网页成为信息和思想传播交流的主要形式。网页设计这种看似虚拟的设计活动，需要两方面的能力：一方面是网页制作技术、技巧的熟练；另一方面是审美能力要求。往往在网页设计的过程中忽视人们的审美需求，不运用设计美学法则进行的设计，一般达不到预期所需要的效果。基于服务的设计是基于传达一种生活理念、文化理念的设计。其目的在于通过产品，在潜意识当中影响人们的生活方式和消费文化。如美国的一个塑料制品品牌，其产品的最大特点在于其严谨的密封性能，在销售该产品的同时，还将现代生活方式等看不见、摸不着的理念传递给消费者。所以与其说消费的是这种产品设计，不如说消费的是这种生活方式的理念。所以，基于服务的设计销售带给人们的不仅仅是商品，还有生活理念等附加价值，这种附加价值还能够刺激消费的持续再生，促进企业品牌的成熟和传播。

随着人们对信息化要求的不断提高和自我实现意识的不断增强，非物质化设计要求融入更多的美学法则，并要符合人们的审美理念，从而产生了非物质化美学。可以看出，在当今社会中人们对产品的需求，不再是仅停留在产品的物质层面，而是越来越多地反映在产品的精神层面上。因此，非物质设计美学是设计美学发展过程中出现的新课题。

三、设计美学的人性化趋势

人性化是设计发展的重要趋势。从设计的本质上讲，任何产品设计观念的形成均以人为出发点，设计的最终目的是满足"人"的需要。这就使设计的发展越来越趋向人性化的发展方向。生活节奏的加快、产品的更新、网络的普及、科技的进步等发展因素，使人们的个性意识加强，人们越来越注重"个性"需要的满足。

设计上，人们不再盲目地崇拜国际主义风格冰冷、单调的几何形式。对产品的要求不仅表现为"安全""可靠""方便""舒适"等标准，还要符合"情感""自我价值""文化修养"等需要。这些都促进了设计人性化发展的趋势。

人性化设计在实现功能的基础上，尊重和满足心理需求和精神追求，是设计中的人文关怀，是对人性的一种尊重。总结起来，人性化设计包括以下三个方面。

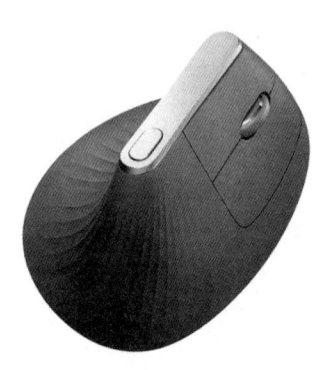

人体功能学鼠标

（1）产品功能的人性化。产品功能的人性化是指在设计过程中，充分考虑用户的需求、习惯、心理等因素，使产品功能更加符合用户的期望和使用习惯，提高产品的易用性和用户体验。例如，设计的灯具，在开启的一段时间内，灯光渐渐由暗到亮，让眼睛在短时间内不受光线的刺激；人体功能学鼠标的设计，不但使用方便，扩大了鼠标的移动范围，而且相比传统鼠标减少了长时间使用鼠标对手腕造成的压力和疼痛感；现在流行的智能健康手环，集成了心率监测、睡眠监测、运动计步等多项健康监测功能，通过智能算法分析用户健康数据，提供个性化的健康建议和指导，帮助用户更好地管理自己的健康等。

（2）产品形式的人性化。产品的功能决定了产品的形式，产品的形式要素包括造型、色彩、材料几个部分。比如椅子的设计，其造型、色彩、材料必须符合使用的场所和途径。电影院的椅子和商场的椅子在形式上差别比较大，这是由它们的使用场所和人群特点决定的。色彩和材料也受到同样的限制，色彩必须借助和依附于造型才能存在，必须通过形状的体现才具有具体的意义。林荫道上的休息椅的色彩要与周围环境统一，才会给人以自然和谐的感觉。产品的材料人性化对于当今绿色设计和环保设计具有十分重要的意义。人类的资源越来越缺乏，合理利用有限资源，采用可再生资源，也是产品形式人性化的体现。

（3）产品的情感化和个性化。情感化设计以动人的名称和无微不至的功能满足作为内容，尽量满足不同人群的生理需求和精神需求。人性化设计体现了"以人为本"的设计核心，把为人创造舒适、完美的生活、工作环境作为设计的出发点，也是设计的终极目标。运用艺术与技术实现人与物、人与自然完美结合，不仅满足人的生理需求，还要满足人的精神需求。从这一角度来讲人性化设计是人类生活最高的设计追求之一。而且，这一最高的设计追求不是静止的，而是随着科技的发展，审美水平、社会意识和人们观念的改变而不断地丰富。

设计美学中的人性化趋势是时代和社会进步的体现。充分、变通地考虑设计需求，以便使设计作品更适合消费者的心理和个性需求应是设计不懈的追求。

四、设计美学的生态化趋势

生态化设计是近年来出现的新的美学倾向，对于人们生活和设计的可持续发展有重要的意义。有句老话"人无远虑，必有近忧"，面对日益严重的环境污染和能源危机，生态化设计趋势为设计之路的可持续发展开辟了一个新的课题。

现代工业的高速发展建立在消耗地球的自然资源基础上。虽然人类使用需求得到满足，但是付出的代价却是对自然资源的损耗。如一次性卫生筷，最初是由日本人设计的。其初衷是为了节约，将不成材的原木充分地利用起来，这原本是好的出发点。但事与愿违，人们为了追求眼前的经济利益，大量耗用了可再生的森林资源，因而不仅没有起到节约的目的，反而造成更大范围的浪费。面对严重的生态危机，人类应该充分建立生态意识，以人与环境的和谐共生关系为出发点实施设计。

中国古代就有原始的生态观。老子《道德经》第二十五章讲到"道大，天大，地大，王亦大。域中有四大，而王居其一焉"，这里的"王"是人的意思，老子认为人在万物中最为贵。古人的建筑、工艺美术品的制作都非常注重对生态的保护。"负阴抱阳"的原则就是对生态的迎合。负阴抱阳、背山面水是中国人选择民居住宅的原则。因为背山可以躲避冬季的寒风，面水可以迎来南向季风，朝阳具有良好的日照，缓坡可以避免淹涝之灾，保持水土，并且能够形成良好的生态环境。"生生和谐，天人合一"也是中国特有的生态取向。从《周易》"生生之谓易"中可以看出古人对生态的理解。生生就是不息、连绵不绝的意思。《周易》运用卦象的循环说明一切自然、人生、事情都是两极对换、此消彼长的过程，两极的循环达到生态平衡的状态。可见，破坏生态环境就是人类的自我毁灭。

生态设计建立在生态学有机整体理念的基础上，是一种新的设计观，它以生态学方式思考，为未来设计，将人类的未来与设计联系在一起，从而使设计进入一个全新的时代。

美的思考

1. 举例谈谈"设计提高产品价值"的含义。

2. 港珠澳大桥是中国交通建设史上技术最复杂、施工难度最高、工程规模最庞大的跨海集群工程，大桥建设取得了外海隧－岛工程建设技术与标准体系，外海集群工程工业化建造技术与装备链、设计使用寿命保障成套技术等5大创新成果，打破国际垄断，引领世界桥岛隧跨海集群设施建设技术升级换代，填补多项国内外技术空白。设计是艺术和科学技术的结合体，谈谈技术创新的重要性。

3. 举一个生活物品设计的案例，谈谈中西方审美文化的不同之处。

美的视窗
· 港珠澳大桥

第六章

工匠精神美

工匠精神包括高超的技艺和精湛的专业技能,严谨细致、专注负责的职业态度,精雕细琢、精益求精的工作标准,以及敬业执着的职业追求,是专业精神、职业态度、人文素养三者的统一。培育和弘扬工匠精神对于促进个人能力提升和增强企业竞争力具有重要意义。

第一节　崇尚技术美

　　"工匠"一词是指有工艺专长的能工巧匠,他们潜心精进技术,追求技术的极致。这里所说的技术不但指根据生产实践经验和自然科学原理发展而成的各种操作方法与技能,而且还包括生产的工艺过程或作业程序、方法,涵盖了人们在长期实践中形成的经验和智慧,技术的进步可以带来生产力的提升,帮助解决各种社会问题。在现代社会,技术的发展扮演着至关重要的角色,它极大地推动了生产力的发展和社会生活的变革,不仅是经济发展的重要驱动力,也是提升生活质量和社会进步的关键因素,是社会进步的重要标志之一。技术的应用领域非常广泛,从基础学科到应用技术学科,如纳米技术、基因技术、信息技术等,都有大量的新技术词语和技术知识。这些技术的发展不仅改变了我们的生活方式,也

扫码看彩图

▶ 纳米技术芯片

为科学研究和产业发展提供了新的可能性。

　　"技"和"艺"原本同源，英文的art源于古希腊的拉丁文ars，原意是指区别于"自然造化"的"人工技艺"，中国自古也将"技"包含在"艺"的概念之中。但"技"必须达到相当的高度，才能升华到"艺"的境界。《说文解字》曰："'工'，巧饰也。"《汉书·食货志》曰："作巧成器曰工。"从这个层面来说，高超的技术应用于实践，获得的不仅是物质性的享受，而且也是审美、精神性的自我存在意识与满足感，高超的技艺创造打通了器质和物质层面的樊篱，提升了物质生产劳动的精神性价值，得到内心的自由感和充实感，实现了心灵解放至乐的审美体验和精神超越，技术不再是功利性的、目的性的，而具有艺术性、审美性的意味。

美的视窗
·说文解字

　　能工巧匠将技术专精视作天命和一生的追求，尊崇技术传承和创造，在长期大量技艺练习中愿意去花费额外的精力和脑力对工具、工艺、结构、熟练程度等进行提升，专注于技艺创新，追求技术上的极致，实现了从稚拙到纯熟，由个别到一般，由特殊到普遍，从而掌握事物的内在结构知识和科学规律，再经切磋琢磨，精益求精，发于天然，合于自然，从"技近乎艺"到"艺近乎道"，整个追求技术卓越的过程都彰显着技术美和创造美。传统社会中，通过工匠之手，无论何种材料均能呈现出其合目的的美，如战国曾侯乙编钟、元青花瓷器等这些从古至今被称为"工艺品"的文明成果，无不体现着工匠们以巧思和巧技创作的造物之美。在现代社会中，随着机器大量代替手工生产，产业技术人才一丝不苟的工作态度和追求精工精致的技术理性相结合，不断创造出符合现代审美趣味和消费需求的高品质产品。

▼DJI Mavic 3 Pro 航拍无人机

扫码看彩图

　　我国现如今正处于经济高速发展时期，许多高科技产品由于掌握更多的核心技术而处于全球领先水平，成为中国制造的品牌代言。比如在全球无人机领域的行业翘楚——深圳市大疆创新科技有限公司，占据了全球无人机市场份额70%，在美国市场的占有率更是接近80%。那么问题来了：为什么大疆无人机这么厉害？无人机是一个非常复杂的电子产品，包括飞行控制系统、导航系统、动力系统、测控链路系统、电气系统等，以及搭载的云台、相机、通信、测绘等各种任务载荷。

大疆无人机之所以受到市场的青睐，就是因为将上面各种不同专业的内容整合到了一起，而且还把每一项技术创新都做到了顶尖水平。其研发团队拥有 3000 多名工程师，400 多项国际专利，经过一代一代研发，形成了从核心技术到所需零部件生产再到最底层代码研发的全产业链，放眼全球市场上，没有其他公司可以与之抗衡。从 2013 年开始，美国无人机公司 3DRobotics 就与大疆展开了激烈的竞争，后者凭借着碾压级的技术以及可控的成本迅速斩杀 3DRobotics，使其退出无人机制造行业。2017 年美国以网络安全风险为理由封杀过大疆，要求在美国军方范围内禁止使用大疆无人机，并卸载大疆一切产品。戏剧化的是，2018 年美国空军发布了采购 35 架大疆无人机的公告！采购文件明确表示，除了大疆无人机，其他品牌的无人机无法满足军用需求，其中就包含了极端气候机器使用稳定性和超高分辨率及续航能力。大疆无人机之所以能在国际市场上立足发展，就是凭借产品质量高，技术水平强。在科技创新当道的今天，技术就是一切，掌握了技术就掌握了先机，正是由于大疆有了核心技术和专利，才能在国际市场上游刃有余。

崇尚技术是工匠精神的重要内涵。工匠精神代表着对技术的执着追求和对质量的不懈努力。在我国，越来越多的人开始认识到工匠精神的重要性，并致力于培养更多的大国工匠，以提升国家的技术实力和创新能力。崇尚技术不仅仅是一种态度，更是一种行动指南，是推动社会发展和个人成长的重要力量。崇尚技术是响应建设技能型社会的国家战略决策。通过提高劳动者的技能水平来缓解就业结构性矛盾，提升劳动生产率，助力产业转型升级，为经济增长注入活力。崇尚技术会让企业更加致力于技术革新，积极吸引和培养技术人才，推动新产品、新服务和新流程的开发，降低生产成本，提高生产效率，为企业带来巨大的市场竞争优势，增强企业的核心竞争力。崇尚技术可以促使个人树立创新的意识，主动学习新的技术知识，不断提升自己的技术技能，积极参与技术创新活动，从周围的技术创新中汲取灵感，持续培养和提高创新思维和创新能力。崇尚技术能在全社会营造一种积极向上的氛围，改变人们对技术工人的固有看法，促使给予技术工作者足够的尊重和认可，提高技术工人的地位，让他们在职业发展上有更多的机会和更高的收入，形成人人学习技能、人人拥有技能的局面。当今，技术工人在我国越来越受到重视，他们的工作成果得到了社会和企业的认可，这有利于激发全体劳动者的积极性和创造力，从而吸引更多的人投身于技术工作，形成崇尚技术的良好氛围，更好地推动经济和社会的发展，实现从制造到创造的全面跨越。

工匠榜样

著书立说的技术"大拿"

在高温、粉尘、噪音、辐射、气味等"五毒"包围的工作环境下，他坚持工作了 19 年。他开创了铸造分公司建厂以来工人技师著书立说的先河。他实施技术改造 40 多项，累计为工厂创造价值 500 多万元，节约资金近百万元。他就是东风汽车股份有限公司铸造分公司维修电工、中央企业劳动模范吴广碧。

▲东风汽车铸造工厂车间

扫码看彩图

1986 年，吴广碧从襄樊市第一技工学校毕业，分配到东风汽车股份有限公司铸造分公司，从事熔化设备的电气维修技术工作。自进厂那天起，他就抱着一个信念："当工人就要有技术，要干就要干得最好。"在他分管的区域里，有公司重点生产设备——20 吨工频炉，危险系数大，技术含量高，稍有闪失，就可能酿成重大设备爆炸事故和人身伤亡事故。同时，工频炉又属于直接生产设备，一旦发生故障就会影响生产。为了掌握工频炉维修技术，吴广碧把每一次设备改造和维修当作绝好的学习练兵机会，在拆拆装装的过程中，仔细查找故障产生的原因，琢磨如何排除它。日子久了，他发现在技校喝的那点墨水根本不够用。"在这个科学技术日新月异的时代，如果不学习新知识，不去超越，就不能成为一名合格工人，就会被时代淘汰。"吴广碧说。他系统学习了电器、机械、焊接、制图等方面的知识，逐步从理论方面弄懂了设备的工作原理，接着思考如何活学活用，让所学知识转化为公司的生产力。多年的学习积累和丰富的实践工作经验，使吴广碧成为公司小有名气的工频炉维修专家。他根据自己的学习心得，编写了一本《20 吨工频炉生产使用要领》的册子，对工频炉前期、中期和后期使用中容易出现的问题，逐一解剖并提出预防解决办法，把自己的知识无私地传授给同事。吴广碧对人生价值有着自己的看法："我的价值就是最大限度地挖掘自身潜能，为推动企业技术创新效力。"

第二节 执着专注美

执着是指对某种事物坚持不放，追求不舍。专注的意思是指专心注意，集中全部精力去完成一件事。执着专注在这里是指对自己所从事的专业坚持不懈，全心投入，全力以赴，几十年如一日的坚持与韧性，具体表现为内心笃定而着眼于细节的执着与坚持，以及严谨、细致专注的状态，这些都是能工巧匠所必备的精神特质。正如美国当代著名的社会学家和思想家理查德·桑内特所言："匠人代表着一种特殊的人的境况，那就是专注。"在中国早就有"艺痴者技必良"的说法，

《荀子》写道："锲而不舍，金石可镂。"描述金石匠人做工持之以恒，竟能在金属、玉石上雕出花饰。

技艺不同于其他自然知识，它来自经年累月的身体实践，具有不可言传性。所有精湛技艺的养成，都有一个专心致志、聚精会神的训练过程。在历史上，一项成熟的技艺总是要经历数代人的传承，"术业有专攻"，工匠一旦选定行业，就要一门心思扎根下去，恪守对技艺的坚持，将技艺本身视为实现个人价值的体现和理想追求，在一个个细节和技术上不断积累优势，矢志不渝，心无旁骛，心神俱到，追求完美，最终创造出了无数隽永弥新的传世佳作。《庄子》中记载的游

▶ 战国曾侯乙尊盘

刃有余的"庖丁解牛"、《核舟记》中记载的奇巧人王叔远等。他们专注于自己的技艺，没有了世俗的尊卑观念，超然于世外，在这种精神极其专注的状态中，匠人超越了现实的利害关系，已然达到了纯粹审美的境界。对这种纯粹审美境界的自觉就是审美精神。在璀璨的中国文明中，无数巧夺天工的珍品，正是工匠们数十年如一日坚持的产物。

一辈子用心做好一件事，看似简单，但真正做到、做得好却不容易。优秀的工匠总是能够克服内心浮躁，摆脱世俗干扰，潜心研究技术、技能和技艺，坚持不息，持之以恒，不断精进，将毕生精力用在一件事上，把技术做到极致，最终练就自己的绝活。现实中，有不少人在技能技艺成长过程中，仅仅入门就误认为掌握了该项技能，进而停止学习进步，导致技能技艺水平如俗语所说的"一瓶子不满，半瓶子晃荡"。云南宜良茴香村的李加云，出生在竹编世家，祖辈父辈都以竹编为生。从十二岁开始，李加云便跟父亲学习竹编，日复一日、年复一年，四十余载浸心竹编，制作出大量巧夺天工、美轮美奂的竹编器具。他说："这辈子只做一件事——竹编。"谭湘光是目前我国唯一的壮锦工艺美术大师。在他人眼中，她织锦技艺精湛，撑起广西壮锦文化的发展和传承之重任。她却说："自己只是一名埋头在织机前四十六年的手工匠人，一辈子都在和壮锦打交道而已。"从他们身上，都可以看到传统手工艺人身上具有专注与坚守、执着与耐心的品性。

在新时代工业强国战略下，我们涌现出来的大国工匠，无不都是干一行、爱一行，爱一行、精一生。如"雕刻火药、为国铸剑"的徐立平30多年来立足航天固体发动机整形岗位，火箭"心脏"焊接师高凤林35年来专注于为火箭焊接发动机喷管，"两丝"钳工顾秋亮在钳工岗位上一干就是43年，给弹药把关的张新停30多年来工位不曾变过，这些大国工匠的杰出代表，正是常年秉持一颗初心，在工作岗位上几十年如一日执着专注地磨炼技艺和本领，练就一身绝技绝招。他们孜孜以求不是技艺的简单重复，而是在长久坚持中将生活态度、艺术涵养、文化

养分融合于技艺中，最终升华成坚守之美的人生境界。

工匠榜样

执着而卓绝，成就飞天梦

背靠车床，一身工装。航空手艺人施品芳坚守梦想 30 余年，在追求效率的时代，作为大飞机最早的见证者，施品芳本着对匠心的坚守，完成了很多看似无法完成的任务。

2016 年 4 月 8 日早上 9 时，施品芳接到一份工艺指令单，上面标着一个大大的"急"字。这个"急"字意味着：在有限时间内，任务必须完成。这次的"急活儿"是制作 C919 客机上的气密试验接头。这个接头用于传送液体和气体，对密封性和表面光洁度要求极高，接口的精度要达到百分之一毫米，相当于头发丝的六分之一。由于构件较为复杂，市场上根本买不到，数控机床短时间内也很难做出来。在施品芳眼中，制作这样一个零件的难度只能算"中等"。过去 7 年中，很多任务"看上去都无法完成"，但施品芳总有办法完成。施品芳的工作台，是一个零件从设计图纸变成实物最快的地方。

同事们都喊他"老法师"，施品芳说"法宝"在他的工具箱里。打开他的工具箱，几十把大大小小的刀具密密麻麻，一字排开。刀头处都经过精细雕琢，或角度不同，或弯度有异。"识货的看刀子。我当学徒时，先磨了 3 个月刀。"在半平方米的工作台上，施品芳跟着师傅学习车、磨、铣、刨、镗等各个工序。工作台上，火花每天都要闪耀将近 8 个小时……偶尔，施品芳也会去上海飞机制造厂看看那

▲ 施品芳在加工国产大型客机 C919 的气密试验接头

美的视窗

· 施品芳的飞天梦

架老"运十"，飞机前那块写着"永不放弃"的石碑足以唤醒至今难忘的记忆：1971 年 4 月，他第一次穿上工作服，开始追逐飞机梦。"我就是喜欢这个行当，我对飞机有感情！只要身体允许，我就会站在这里。"施品芳说。

第三节　精益求精美

美的视窗
·论语集注
·制弓非遗
传人

精益求精最早出自南宋·朱熹《论语集注》，原文为"言治骨角者，既切之而复磋之；治玉石者，既琢之而复磨之，治之已精，而益求其精也"。"精"表示完美或美好，"益"表示更加，"求"表示追求，成语字面的意思是已经十分美好了，还要求更加美好，指个人在某一领域中不满足于已经达到的水平，而是持续不断地追求更高的标准和更好的成绩。我们这里所说的精益求精是从业者对每件产品、每道工序都凝神聚力进行精细、细致的雕琢和打磨，不断完善和超越，追求极致，追求完美的职业品质。它往往与高超的技艺和工艺水平相关，体现在对作品或产品的艺术性和完美性的追求上，在设计和制造上，不惜花费时间精力，反复揣摩，孜孜不倦，匠门意象，依天工而开物，观物象而抒臆，法自然以为师，毕纤毫而传神。这种追求，不仅仅是满足基本功能，而是在形式和内容上都力求达到最佳状态。不仅体现在最终的结果上，也体现在创作或制造过程中的每一个细节。自古以来，追求技艺的精湛和产品的精致细密，勤奋学习技能，以求产品在质量上达到极致，既是成就技能大师的必备条件，也是制作出精妙绝伦的商业臻品的基本要求。

精益求精也意味着对细节的极致关注，这可以提升作品的质感和深度，使得作品在视觉和感官上都给人以美的享受。老子所说，"天下大事，必作于细"。差之毫厘，谬以千里，我们常说细节决定成败，有时决定成败的也许不是细节本身，而是细节背后所蕴含的那种追求卓越的品位，那种必作于细的执着，所谓细微之处见精神。《诗经·卫风·淇奥》以"如切如磋，如琢如磨"，形象地描绘了工匠在对骨器、象牙、玉石进行切料、糙锉、细刻、磨光时所表现出来反复雕琢打磨，认真制作、一丝不苟，务求完美的精神。只有每一道工序细而专、专而精，才能没有差错，尚巧达善。注重细节，正所谓"即使做一颗螺丝钉也要做到最好"。以认真的态度做好工作岗位上的每一件小事，以责任心对待每一个细节，只有这样才有可能在平凡的岗位上创造出最大的价值，才能在工作中更上一层楼。技艺这种实践性知识不仅"得之于手"，还要"应之于心"。在日复一日、精益求精的努力中，工匠们将个人的技艺、审美理解和生活感悟融入产品或作品的制作中，臻于至善，止于至美，让每一个细节处理都呈现出独特性和艺术性，形成了独特的个人风格。从这个层面来说，理想型的工匠也是伟大的艺术家，同样具有艺术个性与独创性。

工匠榜样

百万次錾刻造就国礼《和美》

2014 年，北京 APEC 会议期间，与会的各国领导人配偶都收到了一份精美的国礼。这份国礼取名为《和美》，它是一个精致的金色果盘，里面放着一条色泽洁白的丝巾。接受礼物的人都会情不自禁伸手去拿那块丝巾，却没人能够抓得起来。原来，这块丝巾是用纯银錾刻出来的装饰物。孟剑锋就是制作这个丝巾果盘的人。

彼时的他，从事錾刻工作近 20 年，也称得上老师傅了，可是接到制作"国礼"的任务后，他还是犯起了难，因为一个很麻烦的问题：手头的錾子不行。"为了做出仿竹编果盘的粗糙感和丝巾的柔美光感，他反复琢磨、试验，制作了近 30 把錾子，最小的一把在放大镜下做了 5 天。"一把横截面 2.5 平方毫米的錾子，一共有 20 多道细纹，每道细纹大约只有 0.07 毫米，相当于头发丝粗细。"

但开好錾子仅完成了制作国礼的第一步。最难的是厚度仅 0.6 毫米的银片上，有无数条细密经纬线交错，在光的折射下才能形成图案，这需要上百万次錾刻。"上百万次錾刻，只要有一次失误就前功尽弃。"除了丝巾的巧妙，《和美》果盘背面的四个支脚——手工编织银丝中国结，也创造了奇迹。我们知道银质金属的硬度，是没办法像绳子那样进行编制的。想把它做成中国结，就必须先进行机械铸造，然后再进行焊接。"这个建议显然更快、更容易操作，但是用机器做出来的底托特别呆板，没有生命力。"孟剑锋认为，铸造的银丝会产生砂眼，尽管砂眼极其微小，但对精益求精的他来说，那就是过不去的坎儿。经过考量，孟剑锋决定用纯手工方式进行编织。想用直径约 3 毫米的银丝编织中国结，先要进行高温加热使银丝软化，并需在温度降低、银丝变硬前迅速编织。而且每弯一次需要重新再加温，要退很多遍火才能成型。滚烫的银丝将他的手磨出了一个又一个大水泡，水泡磨破了，汗水一浸疼

美的视窗

· 孟剑锋与
国礼《和美》

▲ APEC 国礼《和美》纯银丝巾果盘

▲ 孟剑锋与国礼《和美》

得钻心。水泡又变成了厚厚的茧子，那段时间，他的食指都变形了，一根手指像两根手指那么粗。怕影响工作，他就用钳子剪去手上的死皮，接着干。"零瑕疵，纯手工，这才配得上国礼。"孟剑锋说。

《和美》纯银丝巾果盘上的丝巾采用挤、压、靠、采、抬等技法錾出丝巾形状，再采用极其细致的丝錾工艺做出丝巾的经纬线，利用经纬线不同的折光方向使花纹显现，从而达到丝织品的真实质地效果，与会的各国领导人对这件艺术品给出八字评价："技艺精湛、巧夺天工"。

第四节　传承创新美

传承的意思是传递和继承，泛指学问、技艺等在师徒间的传授和继承的过程。创新是指抛开旧的，创造新的，就是在已有的基础上，不拘泥于传统，尝试新的方法和思维方式创造出新的事物或新的理念。我们这里说的传承和创新，一方面指的是对传统技艺及其文化的继承与坚守，另一方面是在保留传统工艺的基础上，引入新的元素和技术，将传统工艺与现代科技相结合，让传统工艺焕发出新的生命力。

▶ 现代技术与传统陶瓷工艺的碰撞

工匠精神的传承首先体现在对技艺的热爱。工匠们以精湛的技艺创造出无数令人惊叹的艺术品和实用工具，他们凭借对技艺的热爱，将普通材料塑造成艺术品，为后人留下宝贵文化遗产，这是工匠精神传承的根基所在。工匠精神的传承其次表现在对传统技艺的保护和遵循。匠人们坚守古老的工艺制作方法，采取师徒、家庭、作坊等形式，薪火相传，生生不息。像古典榫卯结构的工艺传承就很好地

扫码看彩图

体现了这一点，工匠们凭借精湛的榫卯技艺，不使用钉子就能让家具牢固无比，这种工艺传承至今，凝聚着历代工匠的心血和智慧。再比如陶瓷、刺绣等一些传统手工艺行业，有着复杂而严谨的工艺流程。工匠们严格按照传统的工艺流程进行操作，从原料的选取、加工到最后的成品制作，每一步都遵循传统。一代一代工匠传承，创造出众多令人惊叹的精品佳作，每一件作品都凝结精湛技艺、赤诚匠心和创新智慧。

不创前未有，焉传后无穷。工匠精神的传承创新不仅仅是对传统技艺的传承和坚守，更是对传统技艺的创新和发展，创新就是最好的传承。在技术层面上，创新体现在不断追求技术的进步和突破。也就是运用最新的科学技术来改进或创造新的产品和服务。这种创新不仅包括对现有技术的改良，也包括开发全新的技术解决方案。在标准层面上，创新涉及制定或改进产品和服务的质量标准。这种创新要求工匠们不仅要满足现有的行业标准，还要努力超越这些标准，设定新的质量标杆。通过追求卓越和完美，推动整个行业的发展，提升产品的整体质量和档次。在工艺层面上，创新则表现为对工艺流程和工艺技术的持续改进和优化，持续探索新技术以提升产品或服务的质量与性能。这不仅包括对传统工艺的传承和发扬，也包括引入新的生产工艺和技术。例如华为公司在手机制造和研发历程中，始终关注技术领域的新动态，在美学设计、硬件研制、系统开发等多个领域保持着相对领先的地位。作为折叠屏手机领域的先行者，华为率先提出水滴铰链设计并积累专利，逐步克服屏幕耐久性、折痕及铰链寿命等挑战。自 2019 年发布首款折叠屏手机 Mate X 以来，已经推出了多代折叠屏手机，每一代产品都在前代的基础上进行了改进和优化。2024 年华为率先推出全球首款商用三折叠屏手机——Mate XT 非凡大师，它的出现再次改写了行业历史，将科幻变成了现实。这款手机不仅在形态上实现了创新，还在新材料、新技术、新工艺等方面进行了大胆尝试，成就了全球最大、最薄的商用折叠屏手机。

美的视窗
· 华为的企业文化

▲华为手机 Mate XT 非凡大师

扫码看彩图

工匠榜样

守卫创新，"一把刀"的传奇

从油漆工到云南机械加工行业的"一把刀"，从学徒到拥有"全国劳模""全国技术能手"等荣誉的"名匠"……云南冶金昆明重工有限公司车工耿家盛用30多年的执着，诠释着"工匠精神"。

美的视窗
·全国劳模
耿家盛

"这两把车刀意义非凡，一把是父亲留给我的。另一把双头车刀，一头是师父磨的，另一头是我磨的。"初见耿家盛，聊起的第一个话题就是"刀"，这两把刀是他至今最宝贵的两件藏品。两把刀其貌不扬，外行人很难看出它们的精彩之处。对耿家盛而言，这两把刀，一把意味着传统技艺的传承，一把标志着认真把一件事做到极致的态度。每当困惑时他都会拿出来看看。出生于技术工人家庭的耿家盛，1982年技校毕业后，先是在昆明铣床厂当油漆工。两年后，他调入昆明重机厂改行当了车工。零基础的他，从最基本的摇手柄学起，在厂里请教老师傅，回家就问同为车工的父亲。勤学苦练的耿家盛很快成为骨干。"车工就玩'一把刀'，刀好活儿就不会差，否则就算不上合格。"工作30多年，到底磨过多少把车刀，耿家盛自己也算不清了。为此，他没少吃苦头，双手经常磨出血泡，血泡渐渐结成厚厚的老茧。

"角度清晰可辨，刀刃铮亮锋利，这是高手磨出的刀，用这种刀干活快、准、好。"钻进车刀改造的"牛角尖"，耿家盛几乎年年都有一两样"改革"。"这把刀，乍看和其他的没差异，但其实刀的角度、材质区别很大。加工轧辊时连续切削11个小时不用换，可加工洛氏硬度65~68度的材料。以耿家盛为主或独立完成的"一种深孔锥度铰刀""一种高硬度、高韧性难切削材料机加工刀片"获得国家知识产权局实用新型专利。这些年，耿家盛带领团队完成了拉丝机、橡胶绉片机等产

▶ 工作中的耿家盛

品工艺编制和图纸改进 500 余项，改进塔机起升部分、重卷机滑槽等零件生产工艺 400 余项。

"干这行，就是学习、积累、再传授。"除了车间，现在耿家盛多了一个去处——耿家盛技能大师工作室。靠着老一辈经验成长起来的他，知道"传帮带"的重要性，成立工作室以来，他带了 20 多个徒弟，昆明重工涌现出一批年轻的技术人才。耿家盛说，"中国制造 2025"、产业转型升级，要将这些宏伟蓝图变为现实，推动中国成为制造业强国，技术工人承载着不可替代的作用。当问及他心中的中国制造是什么时，耿家盛坚定地说，就是磨好手中的这把车刀。

美的视窗
·大国工匠
何小虎
·大国工匠
高凤林

1. 大国工匠何小虎被称为"液体火箭发动机心脏的精刻师"，他的工作格言是"把最普通的事情干到极致"。学习何小虎的事迹，谈谈精益求精对于培养工匠精神的重要性。

2. 在中国航天领域，高凤林是发动机焊接的第一人，他凭着专注和几十年如一日的品质坚守，成为国宝级的顶级技工，诠释了大国工匠的精神实质。几十年来，他早已把自己的命运与祖国相连，100 多发长征系列运载火箭在他焊接的发动机的助推下，成功飞向太空。高凤林说："我的理想是追求民族认可的自豪感和满足感，为祖国的繁荣昌盛贡献力量"。学习高凤林的事迹，思考执着与专注在职业生涯中的重要性。结合自己所学专业，谈谈怎样实现技能报国。

3. 结合自己专业，谈谈工作岗位需要什么职业精神？需要具备哪些职业能力、需要获得什么职业资格证书？

4. 通过本章学习，给自己制订一个工匠精神培养计划。

第七章

企业文化美

企业文化有广义和狭义两种理解。广义的企业文化是指企业所创造的具有自身特点的物质文化和精神文化；狭义的企业文化是企业所形成的具有自身个性的经营宗旨、价值观念和道德行为准则的综合。企业精神和企业形象是企业文化的核心组成部分。良好的企业精神与企业形象可以提高企业的核心竞争力，对于实现企业目标具有重要的作用。了解企业精神与企业形象的审美特征，提高企业审美意识，自觉地融入企业文化氛围之中，对于企业员工更好地创造业绩、提升职业岗位层次，具有很好的促进作用。

第一节　企业精神美

企业精神是企业在独立经营、独特经营和长期发展过程中，在继承企业优良传统的基础上，适应时代要求，由企业家积极倡导、全体员工自觉实践而形成的代表员工信念，激发企业活力，推动企业生产经营的规范化和信念化的团体精神。企业精神是企业文化的重要内容，它是企业、企业员工重要的精神支柱和活力源泉，是企业最宝贵的精神财富。优秀的企业家、高素质的企业员工毋庸置疑会珍惜、坚持、巩固、实践企业精神，并在实践中不断地完善、发展和提高。

一、企业精神的命名与传播

企业精神一般都有高度概括的精神命名，企业精神的命名一般有企业命名法、产品命名法、职工命名法、概括命名法、借物喻义命名法、提炼式命名法等。

（1）企业命名法。许多企业都采用企业名称来称谓自己的企业精神，如我国华为技术有限公司的"华为精神"，杭州民生药业股份有限公司的"民生精神"。这种命名方法简洁明确，直截了当，有利于提高企业的知名度。

（2）产品命名法。有的企业以自己生产的名优产品、拳头产品、特色产品来命名企业精神，这种命名方法使企业精神同其产品融为一体，有利于赢得公众的好感和信任，在提高产品知名度的同时提高企业知名度。

（3）职工命名法。这种命名方法有两种情况：一种是以企业全体职工的方式来命名自己的企业精神，如广州白云山制药厂的"白云山人精神"，武汉钢铁公司的"武钢人精神";另一种是以企业职工中的典型人物或英雄模范的名义来命名企业精神，如大庆石油管理局以王进喜为代表的"铁人精神"。这种以职工名义来命名企业精神的方法，有利于唤起职工当家做主的自豪感和责任心，激励他们的劳动积极性。

（4）概括命名法。这种方法是把企业精神的具体内容加以概括而命名的，如"三气精神"。即工厂有名气，队伍有士气，职工有志气，这种方法有助于职工牢记自己的企业精神，铭记企业提倡的价值观念和行为规范。

（5）借物喻义命名法。有的企业借助某一喻义深刻的事物之名来象征自己的企业精神，如"火车头精神""胡杨林精神"，这种命名方法形象生动，易学易记，有利于本企业职工理解企业精神的实质，吸引广大公众的信任和支持。

（6）提炼式命名法。有的企业把自己倡导的企业精神提炼上升为几个字、一句话，概括企业精神，有利于在职工和其他公众心目中烙上强烈的印记，如"博爱、奉献""硬骨头精神"。

企业精神一旦确立，为了达到强化宣传、广为传播的目的，各企业应当根据自己的实际情况和客观需要，采取多种灵活形式与技巧，来制造宣传氛围和舆论声势，使广大职工与社会各界公众耳濡目染，让企业精神在他们心中深深扎根。常用的企业精神传播方式有条例式、标语式、厂歌式、广告式等。

（1）条例式。即把有关企业精神确定的价值观念、行为准则，列为若干条例，作为文件、规则在企业内公布，具有某种正规的制度性的要求和效力。

（2）标语式。这种方法是把企业精神用箴言、警句在企业内宣传张贴，使广大职工随处可见，经常受到熏陶和自我教育。

（3）厂歌式。这种方法是把企业精神的有关内容，配上曲子，谱成通俗易唱的厂歌，用音乐这一艺术形式向职工进行巧妙的灌输，向社会各界广为宣传。

（4）广告式。随着商品经济的发展和市场竞争的日益加剧，一些企业利用各种传播媒介和广告工具向广大职工群众和社会各界宣传自己的企业精神，以获得人们的信任和好感。

二、企业精神的美感因素与审美特征

综观形式不同、内容各异的企业精神，一般有以下几个方面的美感因素：爱国主义精神美，包括社会责任感、民族自尊心和自豪感；集体主义精神美，包括团结、互助、友爱、同心同德等；主人翁精神美，即员工当家做主，参与决策管理；奉献精神美，包括忘我献身、大公无私、比贡献、不为名利等思想；科学精神美，包括求真务实、认真负责、严格细致、精益求精、实事求是等；创业精神美，包括艰苦奋斗、勤俭朴素、自力更生、厉行节约等；开拓创新精神美，包括求新开拓、改革进取、锐意探索、攀登向上的精神；竞争精神美，包括拼搏、夺魁、力争上游、务求取胜等；服务精神美，即认真负责、尽心尽力为用户和顾客服务。

扫码看彩图

▶企业精神美

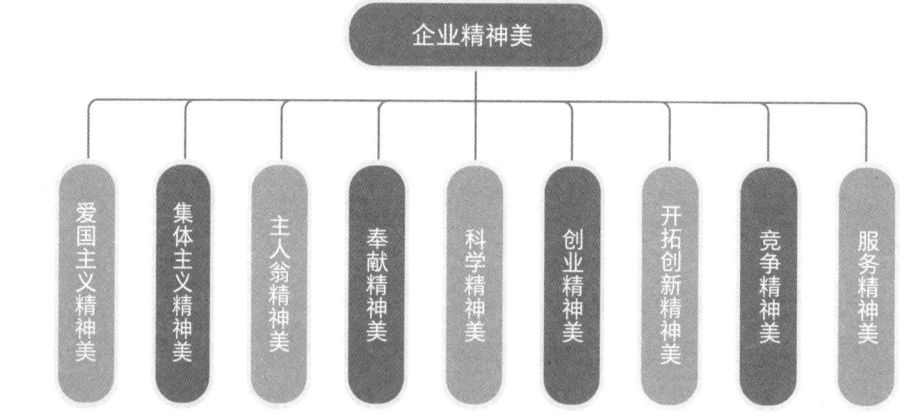

企业精神美

企业精神的审美特征主要有现实美、群体美、统一美、创新美、务实和求精精神美及时代美。

（1）客观反映企业实力状况的现实美。企业生产力状况是企业精神产生和存在的依据，企业的生产力水平及其由此带来的员工、企业家素质对企业精神的内容有着根本的影响。很难想象在生产力低下的条件下，企业会产生表现高度发达的商品经济观念的企业精神。同样，也只有正确反映现实的企业精神，才能起到指导企业实践活动的作用。企业精神是企业现实状况、现存生产经营方式、员工生活方式的反映，这是它最根本的特征，离开了这一点，企业精神就不会具有生命力，也发挥不了它应有的作用。

（2）全体员工共同拥有、普遍掌握的群体美。只有当一种精神成为企业内部的一种群体意识时，才可认作企业精神。企业的绩效不仅取决于它自身有一种独特的、具有生命力的企业精神，而且还取决于这种企业精神在企业内部的普及程度，取决于是否具有群体性。

（3）稳定性和动态性的统一美。企业精神一旦确立，就相对稳定，但这种稳定并不意味着它就一成不变了，它还是要随着企业的发展而不断发展的。企业精神对员工中存在的现代生产意识、竞争意识、文明意识、道德意识以及企业理想、目标、思想都具有稳定性。但同时，形势又不允许企业以一个固定的标准为目标，竞争的激化、时空的变迁、技术的飞跃、观念的更新、企业的重组，都要求企业做出与之相适应的反应，这就反映出企业精神的动态性。稳定性和动态性的统一，使企业精神不断趋于完善。

（4）创新美。每个企业的企业精神都应有自己的特色和创造精神，这样才能使企业的经营管理和生产活动具有针对性，让企业精神充分发挥它的统帅作用。企业财富的源泉蕴藏在企业员工的创新精神中，企业家的创新体现在它的战略决策上，中层管理人员的创新体现在他怎样调动下属的劳动热情上，工人的创新体现在他对操作的改进、自我管理的自觉性上。任何企业的成功，无不是其创新精神的结果。

（5）务实和求精精神美。企业精神的确立，旨在为企业员工指出方向和目标。

所谓务实，就是应当从实际出发，遵循客观规律，注重实际意义，切忌凭空设想和照搬照抄。求精精神就是要求企业经营上高标准、严要求，不断致力于企业产品质量、服务质量的提高。

（6）时代美。企业精神是时代精神的体现，是企业个性和时代精神相结合的具体化。优秀的企业精神应当能够让人从中把握时代的脉搏，感受到时代赋予企业的勃勃生机。在发展市场经济的今天，企业精神应当渗透着现代企业经营管理理念、确立消费者第一的观念、灵活经营的观念、市场竞争的观念、经济效益的观念等。充分体现时代精神应成为每个企业培育自身企业精神的重要内容。

三、企业精神的作用与培育途径

企业精神对企业生存和发展有非常重要的作用。企业精神有利于企业目标的实现。优秀的企业精神所创造出来的良好文化氛围，能够使企业员工精神振奋，充满生气，积极进取，立志奉献，追求较高的理想和目标，从而有利于企业目标的实现。企业精神有利于提高企业在市场上的竞争力。在良好文化氛围中工作的人们，心情舒畅，畅所欲言，有较强的满足感和归属感，他们愿意为企业献计献策，贡献他们的创造力，使企业在市场竞争中立于不败之地。企业精神有利于对企业实施有效的控制。你能命令职工按时上班，然而你却不能命令职工用出色的方式工作。通过企业精神被个人吸收、同化来引导人们的行为，比单纯对员工说教和强行管束要理想和有效得多。

企业精神具有强烈的个性特征。富有鲜明个性的企业精神并不是自发形成的，它需要有意识地树立，深入持久地强化。

（1）反复宣传、统一思想。即反复向员工宣传企业的目标、企业的优良传统与企业的历史使命等，并在此基础上统一职工的思想。宣传教育的形式对宣传教育的效果有非常重要的影响，必须选取群众喜闻乐见、寓教于乐、容易接受的宣传形式，避免种种说教式的俗套。

（2）建立完善的规章制度。即把企业精神置于相应的规章制度基础之上，运用行政手段使企业精神得以强化。

（3）树立以人为中心的管理思想。企业只有关心人、爱护人、尊重人、信任人，员工才会以百倍的干劲来报效企业，形成企业的力量源泉。

（4）发挥榜样的示范作用。即利用模范人物所特有的号召力、影响力、感染力，塑造优秀的企业精神，培养职工良好的价值观念，形成和睦、平等、互助和团结友爱的良好氛围。

四、未来市场竞争中的企业家与企业精神

未来世界的趋势及人类活动的基本导向是从战场转向市场，从战争走向竞争。未来的市场竞争是超越地理位置，超越国家和社会制度，相互渗透又相互依托，

你中有我、我中有你的全球性市场竞争；是多层次、多元化、多方面、无所不包的全方位的市场竞争；是瞬息万变、争分夺秒、高频率、快节奏、高效率、高速度的市场竞争；是以高新技术为基础，商品高精尖、服务高质量、经营高水平的高强度的市场竞争。任何企业要在"两全、两高"的市场竞争中取胜，必须树立改革、创新、拼搏、合作的企业精神。要有对凡是不适应"两全、两高"的市场竞争的旧观念、旧习惯、旧条文、旧体制毅然变革的改革精神；要有使企业技术新、设备新、材料新、产品新、包装新、广告新、服务方式新、交易方法新，以新参与竞争及以新占领市场的创新精神；要有敢于碰硬，不怕冒险，坚忍不拔，全力求胜的拼搏精神；要有在竞争中善于寻找伙伴，谋求合作，合作起来参与竞争的合作精神。要树立上述企业精神，未来企业家必须具备对人和事的凝聚力，也就是在企业中的轴心力、吸引力和黏合力；必须具备对企业以人为中心的蕴藏力量进行挖掘、引导、激励，并使之最大限度地发挥的激发力；必须具备不断追求更高级、更宏伟、更长远目标，开拓新局面、占领新阵地的开拓力；必须具备对市场变化和突发事件做出敏捷反应，快速改变决策的应变能力。

未来市场竞争

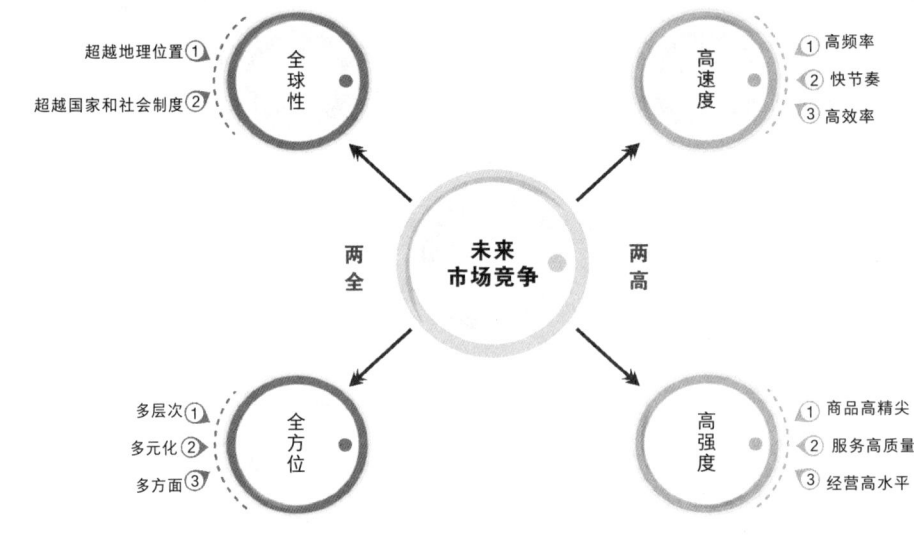

第二节　企业形象美

　　企业形象是企业通过生产经营活动，向公众展示自身本质特征和品质，并进而给公众留下的企业整体性和综合性的印象与评价。在日益激烈的市场竞争中，一个企业要想对公众产生持久、强烈的吸引力，就必须刻意塑造自己美的形象。

一、企业形象的审美因素

　　企业形象的审美因素分为企业外部形象美和企业内部形象美。企业外部形象美包括企业产品与服务形象、经营人员和职工形象、厂名和品牌形象、商标广告和公共关系形象以及市场和社会形象等。企业内部形象美包括企业的经营思想、组织结构、管理水平、办事效率、职工的精神状态等。

（1）产品形象美。产品是企业与外部公众最为直接的联系纽带，公众对企业的印象，首先是通过其产品形成的。产品形象美的决定因素包括产品的客观质量和主观质量，产品的客观质量一般指产品满足用户物质需要的属性；产品的主观质量是指产品满足用户心理需要的属性，它随着产品的客观质量与用户的需要、嗜好及价值取向的相互作用而不断变化。

（2）服务形象美。企业及其员工在产品售前、售后以及技术服务过程中所表现的服务态度、服务方式、服务质量以及由此引起的消费者和社会公众对企业的客观评价，将对企业形象和信誉产生直接影响。信誉是企业的"金字招牌"，而信誉是建立在企业的优质产品和优质服务基础上的。良好的市场形象、适宜的广告宣传和完善的消费网络，将大大增强企业的竞争能力。因此，企业应明确一切为用户着想的方针，以可靠的信誉、诚实的态度、优质的服务水平，在用户的心目中树立起美好的企业形象。

（3）员工形象美。它由员工的内在素质及其举止、谈吐、服饰等内容构成，它分为企业家形象和职工形象两部分。企业家形象在员工形象中占主导地位，企业家的一言一行、一举一动往往成为广大职工仿效的对象。同时他们经常以企业代表的身份出现在公众面前，他们的思维方式、道德修养、行为举止、服饰谈吐都成为公众评价企业的依据。职工形象表现为职工的文化素质状况、职工的主人翁精神、职工的工作热情、职工的言行举止以及职工自觉维护企业形象的行为等。

（4）环境形象美。企业的环境主要包括企业规模、生产环境、销售环境、办公环境和企业的各种附属设施。企业内外环境的绿化与布置、建筑设施的造型与布局，都能体现企业的特色，强化人们对企业的印象。环境形象反映企业的经济实力、管理水平和精神风貌，是企业向社会公众展示自己的重要窗口，对提高企业产品的营销效率有十分重要的影响。

（5）技术形象美。企业技术精良，工艺先进，研究开发能力强，不断研发新产品，这将大大强化社会对企业的认同感和信赖度，扩大企业的知名度。

二、企业形象审美特征

企业形象的审美特征主要有社会性、整体性、相对稳定性、可变性、差异性、偏差性、辐射性、创新性等。

（1）社会性。企业形象是社会公众对企业综合认识的结果，绝不是人们对企业的个别因素的认识结果，它还受到一定社会环境的影响和制约。

（2）整体性。企业形象是企业内部诸多因素构成的统一体和集中表现，是一个完整的有机整体。

（3）相对稳定性。一个企业的形象一旦在社会公众的心目中形成，便成为相对稳定的印象，一般很难改变，即使企业发生变化，也很难马上改变企业业已存在的形象模式。

（4）可变性。虽然企业形象具有相对稳定性，但企业的内部条件和外部环境是不断变化的，企业形象也必然会随之发生变化。只要变化足够大，时间足够长，公众对企业的认识和印象也会发生变化。

（5）差异性。企业形象作为人们对企业的综合认识是一种总的印象，但社会公众的思维方式、价值观、利益观、审美观等均不尽相同，使得他们对企业形象的认识途径、认识方法也就有所不同。

（6）偏差性。企业形象有时也会超前或滞后于企业现实，加之在传播中也常常会出现和客观实际不符的情况，当信息不充分时，人们若从某些方面去主观臆测，就会出现偏差。

（7）辐射性。企业形象通过各种渠道从某类公众向另一类公众传播，对其他企业和公众产生一定的作用，从而也可以扩大企业的影响。

（8）创新性。企业是发展的，企业形象也是发展的，随着消费者的价值观和消费需求的更新，对企业形象也提出了创新的要求，所以企业形象具有将继承、创新、延续有机地结合起来的特征。

三、塑造企业形象的重要意义

在市场经济条件下，塑造良好的企业形象对企业的发展是相当重要的。许多国家每年都要进行一次最佳企业形象推荐评选活动，把企业形象灌注并体现在经营思想和经营活动中，逐步成为强化经营管理、拓展国际市场的重要手段。有不少面临困境的企业，由于适时导入了以树立企业形象为目的的 CI 策划，情况大为好转。

（1）良好的企业形象可以使企业得到社会公众的信赖和支持。这是企业开展一切经营活动的基础，企业形象好首先意味着企业的信誉好，讲求信誉、商誉是企业的核心价值观，是企业理念中不可或缺的要素。唯有诚信至上，企业才能够获得公众的长久支持，企业才能百年不衰。

（2）良好的企业形象有助于企业产品占领市场。良好的企业形象可以得到公众的信赖，为企业的商品和服务创造出一种消费信心。有一篇文章写道："在一个富足的社会里，人们都已不太斤斤计较价格，产品的相似之处又多于不同之处，因此，商标和公司的形象变得比产品和价格更为重要。"形象良好的企业在市场营销中具有很强的竞争力。正如心灵美好的人永受人尊敬和信任一样，成功的经营企业形象是营销活动永不枯竭的内在动力源泉，它可以为营销创造无可比拟的优越条件。

（3）良好的企业形象有利于企业广招人才，增强企业发展的实力。人才在好的企业不仅能人尽其才，发挥最大作用，进而实现自己的人生价值，而且能够获得更多的进修和学习的机会，不断提高自己的能力，充实自己，获得个人事业的成功。特别是对大学毕业的求职者来说，企业形象对他们有着非凡的魅力。绝大多数大学生找工作是根据企业的名声去应聘的，此时企业形象的优劣就起到了决定性的作用。换句话讲，每一家企业都必须保持良好的企业形象才能获得更多毕业生的青睐。

（4）良好的企业形象有助于增强企业的凝聚力。企业形象所倡导的企业理念和企业价值观是企业的灵魂，是企业经营的最高准则和员工共同的精神信仰与行动指南，它培育着企业员工的团队精神，它在企业内部管理中的作用已广受重视。良好的企业形象能够激发员工的自豪感、荣誉感，使他们热爱企业，献身企业，自觉地把自身的言行和企业的形象联系起来，把自身的命运和企业的命运联系起来，从而产生强烈的使命感和责任感。企业形象好了，职工心情舒畅，加之配套系统（统一的工作服、办公用品等）的相辅相成，能够创造出一种朝气蓬勃的气氛，使他们的工作热情日趋高涨，工作效率不断提高。

（5）良好的企业形象为企业创造名牌产品提供了有利的条件。由于市场需求不断地向高档化、名牌化发展，消费者越来越重视名牌产品。人们追求名牌产品不仅仅是为了追求其使用价值，更主要的是着眼于其满足人们文化品位、精神上的需求。名牌是企业良好形象的缩影，是产品质优的证明、身份的标志，是企业的无形财富，它标志着企业为提高产品质量、降低成本、增加花色、开拓市场、开展宣传等所付出的一切努力，象征着消费者和社会公众对该企业的信任和厚爱。在市场竞争日益激烈的今天，我们企业面对的不仅仅是产品质量和价格的竞争，而且包括企业的科技开发能力、市场营销能力、服务顾客能力、整合传播能力和社会影响能力等在内的综合实力的竞争，这些能力上升到一定高度便成就了品牌的决胜力。企业形象是产品成为名牌产品的基础，名牌之争的背后实际上是企业整体形象之争，因此要创立名牌产品必须先树立良好的企业形象。

（6）良好的企业形象可以增强企业的核心竞争力。有关专家曾预言21世纪企业的发展将以形象力的提升为导向，国际市场将进入"商品力、销售力和企业形象力三轴指向的时代"。今天这一预测正在得到应验，以形象力的提升为导向的企业形象设计与导入目前已风靡世界，充分利用形象全面导入来促进企业无形资产的增值，已被实践证明是增强企业竞争力的有效方法。企业通过高质量的设计、塑造和展示企业形象，就可以提高企业在国内外市场上和社会公众心目中的知名度，给企业带来丰厚的经济效益与社会效益。据国际设计协会统计显示，企业在形象上投入1美元可得到227美元的回报。企业形象的增值效应远远超过企业本身有形的固定资产和流动资金的作用，成为企业效益的源泉。

四、企业形象的设计与塑造

企业形象设计又称企业识别，作为一个系统，叫作企业识别系统，其英文缩写为CIS，是1956年由美国IBM公司首创，20世纪70年代在发达国家的企业中盛行的一项系统工程，其基本内容是：将企业自我认同的经营理念与精神文化，运用一定的信息传递系统，传达给企业外界的组织或公众，使其产生与企业一致的认同感和价值观，从而在企业内外展现出本企业区别于其他企业的鲜明个性。其目的是希望建立良好的企业形象，博取消费者的好感，使企业的产品或服务更易于为消费者认同和接受。CIS由三个部分组成，即企业理念识别（Mind Identity，MI）、企业行为识别（Behavior Identity，BI）和企业视觉识别（Visual Identity，VI）。

企业识别系统CIS

企业理念识别（MI）。企业理念是塑造企业形象、构筑独特企业文化的灵魂和核心，企业理念识别包括企业的价值观念、企业文化、精神追求和经营哲学等内容的统一识别。统一就是全体员工共同信守，并以此作为规范员工行为的标准，它旗帜鲜明地突出了企业的个性。

企业行为识别（BI）。是指以特定企业理念为基础的企业独特的行为准则，是CIS的动态识别形式，包括对内和对外两个部分。对内就是建立完善的组织管理、教育培训、福利分配、行为准则、工作环境等规范，使员工对企业理念达成共识，以增强企业内部的凝聚力和创造力；对外就是通过市场调查、新产品开发、促销、广告、公共关系、公益性文化活动等，向公众传达企业理念，从而取得公众和消费者的认同，树立良好的企业形象。

企业视觉识别（VI）。是指通过组织化、系统化视觉符号来传达企业的经营特征，是企业形象的直观表现。它分为基本系统和应用系统两类，基本系统包括不可随意更改的企业名称、企业品牌标志及标准字体，企业专用印刷品形式，企业标准色，企业象征的造型、图案，企业宣传标语、口号等；应用系统包括事物用品、办公器具、标志牌、衣着制服、交通工具、产品包装、名片、票券及卫生用品等。企业经常在不同场合使用视觉识别系统，可以使顾客不断接受各种感官刺激，从而使企业形象迅速地被顾客接受。

概括地说，在 CIS 的三个组成要素中，VI 是可以直接感受到的物，BI 是可以直接感受到的人，这两者都很讲究"形"；MI 则是无法直接感受到的无形的思想观念，最讲究的是"神"。物是基础，人是本体，观念是灵魂，三者紧密联系，相互渗透，形神统一，才能构成鲜活的企业形象。

企业形象的塑造和改善，既需要企业决策人员和 CIS 专业人员的策划设计，又需要全体员工积极参与，进行群体创作。企业只有形成一种和谐的气氛环境，全体员工都心情舒畅地努力工作，共同为实现企业理想而团结奋斗，才能有效地塑造和改善自身形象。

第三节　企业审美意识的培养

美能够激起人们愉悦的情感，给人一种积极的动力。美产生于实践，又指导人们的实践。掌握企业美学的内容，加强审美意识教育，是建设优秀企业文化的重要举措。

一、企业审美意识的本质

美源于社会实践。企业员工在经营管理活动中接触到自然界及经营管理过程、商品、形态等的节奏、韵律、对称、均衡、和谐等现象，引起符合自己生理、心理愉悦，这些体验经过长期积淀逐步形成一种审美意识。

1. 企业审美意识是企业生产经营管理实践活动的产物

企业生产经营管理是一个经济领域，也是一个美学领域，其中充满着各种各样的美学问题。如商品的审美质量问题，工作环境的美化问题，经营管理中的美学规律问题以及对员工的审美教育问题，等等。可以说，美是构成现代企业生产经营管理的重要因素，是与整个企业生产经营管理活动过程联系在一起的高层次的文化活动。它充分影响和反映着企业和员工的精神面貌和素质。而且，企业审美意识的形成不是从外表注入的，而是在企业经营管理实践中产生的。

企业经营管理创造了美的需要。比如，正是要不断地改进和创造符合顾客及员工生理和心理要求的舒适的工作环境，保护他们的身心健康，激发他们的购买欲望和工作热情，提高劳动生产率和企业经济效益，促成了按照环境美学的规律和方法美化经营环境的需要。

企业经营管理创造了美的对象。美的经营环境、经营手段、经营服务等，是在劳动过程中创造的,但它们又不仅仅是劳动过程的结晶,而且还是经营管理活动的结晶。没有企业经营管理,就不会有审美属性。和谐融洽的人际关系美、融通企业精神高素质的员工队伍等,固然要在企业经营实践中形成和成长,但也要依靠科学的管理实践。没有科学的经营管理和有组织的培训,企业内部不可能形成和谐愉快的气氛,融通企业精神高素质的员工队伍也难以形成。

企业经营管理实践创造了人的审美能力。企业经营管理实践产生了美的需要,美的需要推动了人们按照美的要求经营管理企业和创造美的事物。在这个过程中,同时也创造了懂得美和创造美的经营管理者和员工。凭借这种不断增强的认识美、创造美的能力,反过来提高了管理水平和劳动技能,以创造出更好的美的事物。可见,企业生产经营管理实践的结果不一定都是美的,但企业经营管理美确实是这一实践活动创造的。

2. 企业审美意识是社会历史发展的产物

企业经营管理与美可以说是联系在一起的。当商品经济发展到以企业作为专门从事商品生产交换的经济单位的时候,美学问题已经包括在经营管理活动过程之中了,并创造了一些美的事物。

在实行社会主义市场经济体制的我国,员工既是商品生产经营活动的主体,也是企业经营管理的参与者。因而,企业生产经营管理活动过程中充满了美,是现实中美的宽广领域。所以,企业审美意识及生产经营管理美是历史发展的产物,是社会生活中现实美的一个基本内容。

3. 企业审美意识是企业文化的重要组成部分

企业文化是从文化的角度研究生产企业经营管理活动等领域内文化现象的特点、内容、形式、功能及其运行规律。企业审美则是从美学的角度研究生产企业经营管理等活动领域内审美现象的特点、内容、形式、功能及其规律。审美现象是文化现象之一。研究企业领域的审美现象的企业美学就成为企业文化的组成部分。

从表面上看,企业只是提供人们所需要的商品和服务,追求利润最大化,与文化、美学无关。但是,究其实质来看,企业起源于人类交换产品的活动,它体现了人类的特点,本身就是人类的文化现象。同时,企业在其经济活动过程中,把丰富多彩的商品在大范围内交流,毫无疑问也传播了优美的、先进的文化观念、科学技术、生活方式、消费观念和审美情趣,甚至所交流的商品本身就是科学技术、精神文化、审美观念的结晶。

二、企业审美意识教育的特点

企业审美意识教育,是指企业培养员工先进的审美观点、健康的审美情绪,提高员工感受、理解、鉴赏和创造美的能力的一种教育活动。企业审美意识教育的目的是在教育中运用美学知识,帮助企业员工提高审美和人生品位,以审美的标准工作,以审美的姿态生活,创造优美健康的企业审美文化氛围,为企业的振兴与发展服务。

企业审美教育是诱发的，而不是强制的。审美意识教育是一种情感教育。情感只能疏导、激发，不能强迫，对美的爱，要靠美自身的魅力去唤起，而美的事物自身又恰恰具有这种诱人的特性。因此，审美意识教育只能在美的感染和美的愉悦中进行，而不能在强制下进行，这是审美意识教育的一个最大特点。

企业审美意识教育要诉诸生动的形象，而不能抽象的说教。审美意识教育只能伴随着具体、生动的形象来进行，因为离开了形象也就没有美可言。抽象说教不会在人们的心目中唤起美感。企业审美意识教育，要特别注意运用企业内部员工中具体的、可以感觉的、生动鲜明的美的形象来教育员工，使其行动受到感染，心灵受到震动。

企业审美意识教育是创造性的活动，而不是被动的灌输。企业审美教育离不开灌输，但它并不是消极被动的灌输，实际上它是一种创造性活动。美是人们在社会实践中创造的产物，对美的追求，意味着对现实世界的不断认识和创造，意味着对劳动的自由创造。正是美的这种创造性，决定了美感过程的创造性。美感过程从来不是消极的接受，它总是伴随着丰富的想象活动在头脑中对审美对象进行再创造。

三、企业审美意识教育的方式

企业审美意识教育特点决定了教育形式的多样化。结合企业生产经营管理实践，进行多种形式的审美意识教育，能够起到综合效应。

1. 采用多样化的教育方式

企业员工存在着性格、气质、爱好、兴趣、经历、文化修养等个性上的差异，其审美意识、审美能力也有区别，因此需要采取不同的审美教育方式，具体有如下几种：①领略自然美。如组织企业员工游览风景秀丽的黄山，气势磅礴的长江、黄河，名扬天下的桂林山水等，领略多姿多彩的自然美，使员工在享受美的同时，激发其强烈的追求美、创造美的思想意识，表现对祖国的真挚热爱。②体察社会生活美。社会生活中的美是丰富多彩的，如助人为乐、见义勇为、忘我工作等，都是审美意识教育的好素材。因此，引导员工有意识地体察生活，能够使他们在情绪上受到感染，在思想上受到启发，养成健康的审美趣味和高尚的道德情操。③感受劳动美。在企业生产经营管理活动中，有意识地引导员工体会和追求活动中的思想美、行为美，运用各种美的环境、美的商品、美的劳动态度、美的行为对员工进行审美意识教育，使他们受到直观的美的熏陶和感染，是具有针对性和企业特点的审美具体方式。④欣赏艺术美。包括欣赏电影、戏剧，阅读文学作品等，使其在欣赏艺术的过程中开阔审美视野，树立先进的审美观念。

2. 采用形象化的教育方式

所谓形象化教育，就是以美的形象为主要教育手段。企业审美意识教育伴随着具体可感的形象来进行，效果才会好。世界上美的形象、企业内部美的思想和行为是多种多样、千姿百态的，既有自然的，也有社会的；既有思想的，也有行为的。这些美的形象给员工以直接的影响，而且形象越美，审美意识教育的效果越好。企业应选择和利用多种美的形象教育员工，以增强员工审美和创造美的能力。

3. 采用创造性的教育方式

所谓创造性审美意识教育，就是把创造美的活动作为主要教育手段。审美意识教育不是一种静观默察，而是一种积极的创造活动。因此，在对员工进行审美意识教育的过程中，有意识地引导企业员工进行创造性的活动，用自己的智慧和双手创造美，如创设工作环境美、工作形象美、工作语言美以及开展群众性的艺术创作活动等，才能使他们更深刻地理解美，更强烈地体验美，更有效地发挥对美的创造力。

美的思考

1. 企业文化的灵魂和企业的旗帜是企业精神，谈谈企业精神的审美特征以及融通企业精神对于个人职业发展的重要意义。

2. 在市场经济条件下，真正有效的高层次竞争是企业形象的竞争。谈谈企业形象有哪些审美因素，塑造企业形象有什么重要意义。

3. 大庆油田的开发建设，使我国甩掉了"贫油"的帽子，"铁人"是20世纪60年代送给大庆石油工人王进喜的雅号，铁人精神是大庆油田的传家宝，是推进大庆油田发展的不竭精神动力。学习王进喜的事迹，谈谈什么是铁人精神，当代社会为什么还需要铁人精神。

美的拓展

·铁人精神

第八章

职业服装美

随着人们生活水平的不断提高，服装作为一门独立的艺术，已受到社会的广泛认可。服装艺术既传达个人的内在美与外在美，同时也体现着地区和民族文化的社会美。因此，在社会生活中，用什么样的衣服来装饰自己才能达到理想的审美效果，这是所有人都关心的问题。人的体型、年龄、性别等属于人的自然属性。人的身份、爱好、职业、性格等因素属于人的社会属性。人的自然属性与社会属性，合称为人的本体属性。只有人的本体属性与服装的造型要素及风格相互匹配，做到"以人为本"，才能真正体现出服装的艺术美。

第一节 服装的功能与审美因素

一、服装的功能

1. 服装的实用功能

服装首先是实用功能。服装具有护体功能，它与食、住、行并列为人类生存必要的物质手段。服装具有调节人的体温、遮风挡雨、预防外界有害因素对人体侵害的最基本的作用。从社会心理角度看，服装具有遮体功能。人类从原始蒙昧走向文明，具有了道德伦理观。亚当和夏娃走出了伊甸园就必须用树叶遮盖自己的身体，服装的遮体功能是同人类的"羞耻感"和道德观念相联系的。服装是心理防护的道德帷幕。

2. 服装的认知功能

认知功能从古代开始就是服装的一个重要属性，服装就像一种符号，人们从服装的式样、质地和色彩的不同，就可以判断出一个人的社会地位、职业，甚至性格、爱好。认知包括自认知与他认知两方面。中国古代社会等级森严，服装也是区分等级之"礼"的一方面。例如，古代的头衣，贵族戴冠、弁、冕，而平民戴帻。在中世纪的欧洲，皇后裙长15.5米，公主裙长9.1米，王妃裙长6.4米，公爵夫

福建惠安女服饰

扫码看彩图

人裙长只有 3.6 米，等级区分很明显。

服装的认知功能在现代社会中仍有一定的意义。例如，在日本未婚女子穿红衬衣，宽袖服；已婚妇女穿素衬衣，窄袖服，梳圆形发，区别清楚。军人穿军装，警察穿警服，一看便知。学生装使着装者充满书生意气。学位服表示学位。我国目前统一规范的学位服是根据国务院学位委员会的决定制作的，分为博士服、硕士服两种，学士服暂不推荐实行。此外还有校长服。学位服由学位帽、流苏、学位袍、垂布等四部分组成。学位帽统一为书本式方形造型，黑色；流苏是不同学位的重要区别，博士学位帽流苏为红色，硕士学位帽流苏为深蓝色，校长帽流苏

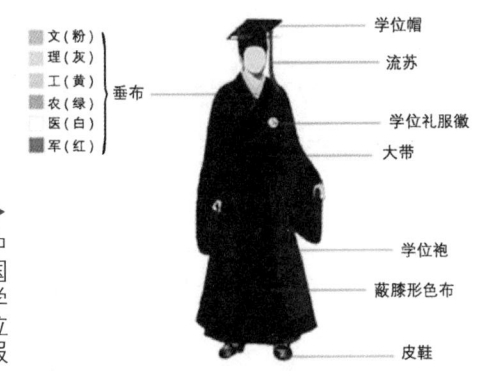

文（粉）
理（灰）
工（黄）
农（绿）
医（白）
军（红）

垂布

学位帽
流苏
学位礼服徽
大带

学位袍
蔽膝形色布
皮鞋

▶ 中国学位服

为黄色；垂布布边颜色是学科专业的重要标志物，按文、理、工、农、医和军事六大类分为粉、灰、黄、绿、白和红色。垂布图案选用中国传统的牡丹花图案；学位袍，博士学位为红、黑两色；硕士学位袍为蓝、深蓝两色，校长袍为红、黑两色，学位服的前襟纽扣，采用中国传统的"如意"扣；学位服的袖口处有中国长城图案。

3.服装的审美功能

服装审美功能是人的心理情感需要。人穿上服装后既是审美主体，又是审美对象。服装可以掩瑕彰瑜、显美遮丑，可以自我欣赏，供他人欣赏，达到自我炫耀的情感宣泄目的。在现代社会中，服装被人们看作美化自己的生活，特别是创造形象整体美的一个重要手段，所以服装的审美功能越来越为人们重视。

（1）服装的时代美感。服装的审美功能有强烈的时代性。不同的时代，对于服装的美丑衡量标准是不同的。手工业时代社会生活节奏是缓慢的，贵夫人和小姐的衣着质地华丽、色彩鲜艳，往往是长裙拖地、广袖拂风、佩戴轻飘。这种服装在当时的人看来是很美的，现代人并不喜欢。服装的款式往往物极必反。前领从高到低到无领，袖子从长到短到消失，再长起来，裤子从肥到窄几经起伏，裙子从长到短再到超短，又长起来。当今信息时代，人们对于时间和空间的感受力发生了变化，生活方式、行动节奏大大加快，以往那种以豪华、繁缛、拘束为美的审美趣味也改变了，因为这类服装不便于工作、劳动、行走。人们对服装的审美要求有了变化，式样和色彩上日益趋向于简洁、明快、大方、雅致。人们还要求服装打破千篇一律的程式，使心理情感自由宣泄，使个性自由张扬。

（2）服装的民族美感。每个民族服装的造型、

扫码看彩图

▶ 傣族服装

色彩、结构和地理环境、民族心理气质都密切相关。

（3）服装的职业美感。工作装不仅要方便工作、有实用功能，而且要显示职业的特点，有审美功能。例如，空姐的服装往往设计得简洁、轻盈，色彩明快、大方，这可以使旅客感到她们的亲切、热情、活泼，减轻旅途的疲劳和精神的紧张。电影导演的工作服布满口袋，实用而方便。教师的服装，应充分体现端庄稳重，简洁朴素，如果过分华丽、鲜艳、花哨，可能会分散学生的注意力。

（4）服装的协调美感。服装的和谐美要遵守"T.P.O"原则，即时间（Time）、地点（Place）、环境（Occasion）。这个原则包括服装的自我自然因素协调以及人类社会因素协调。人每天都要进行社会交往，所以在着装时，不能仅仅考虑自己的整体美，还要考虑与周围的环境气氛是否协调，这里有个分寸感的问题。如果为了显示自己的美，完全不顾场合，很可能适得其反。例如，当你参加朋友的婚礼时，如果装扮过于突出，甚至喧宾夺主，则有故意炫耀，哗众取宠之感。参加亲友的丧礼，如果打扮得艳丽夺目，也会被认为缺乏修养。再如，在家里休息，穿上宽松的睡衣，既舒适又与环境协调，显得优雅自如。但假如穿着睡衣接待客人或招摇过市，就极

职业男装

为不雅。所以，着装的分寸感不仅在于使服装适合自己的身材容貌，还在于使服装与环境协调一致。

（5）服装的性别美感。而所谓人体美，说到底就是性别特征的美。男性美的内涵是刚性美，男性美基于力度的认识。因此，男性人体美在服装结构上的认知，主要是通过夸张肩部、宽展胸部、收紧臀部的方式得以显现，这一表现特征如今已积淀为男装的标准化模式。女性美的内涵是柔性美，女性美基于曲线柔度的认识。女性由于年龄关系在形体上出现较大的差异，因而女性美形成了两种审美评价：青春美和成熟美。青春美是一种青春活力的美，以身形的苗条、臀部曲线的柔美和腿部轮廓的俏丽以及肤质的细腻为表现特征。成熟美则是一种曲线美，以丰满挺韧的胸部轮廓、纤细的腰部和浑圆的臀部弧线所组成的曲线为表现特征。基于这两种不同的审美认知，女装的审美也就出现了两种特征：俏丽美和曲线美。俏丽是一种青春魅力。女性服装的俏丽美特征应该是结构紧凑而简洁，也即追求短窄或贴体，摒弃烦琐的装饰，风格新颖、

职业女装

洒脱而富于前卫精神。曲线美是女装的表现主题。曲线美之所以会被恒定为女装的表现特征，是因为这种表现迎合了成熟女性追求高贵典雅、温柔恬静的服装心理。因此，女性的曲线美在服装造型上，主要强调肩部圆滑、胸部突出、腰围纤细、裙摆延展，或者直接是贴身的裁剪。总之，服装审美的底蕴在于人体自身结构上的完美。服装仅仅是一个载体，人体美才是本质。我们在追求服装穿着美的同时，不可忽视自身的形体结构以及性别、职业、年龄。只有分清主次，在此基础上扬长避短，才能充分合理地展现出自己的风采。

二、服装的审美因素

1.服装的形式美

服装的制作和选用，要符合形式美的法则，主要是材质、款式和色彩等。服装的形式美是一个综合性指标：要看是否合身，即大小、肥瘦是否得当；要看选材的质地是否符合衣服的款式，是否符合着装人的年龄、身份以及当时的季节；要看它的色彩、图案、造型配套等方面是否得当。首先要从人体工程学的角度出发，考虑到人的形体特征和人在运动时的幅度，这样才能设计出舒适附体的服装。其次要运用形式美的一般法则。

（1）统一与变化。服装的统一主要指整体与局部式样的统一，装饰工艺的统一，配饰的统一，配色的统一，色彩造型和材料的统一等。但是如果在服装设计中只强调统一，就会产生单调呆板、缺乏生气的结果，所以必须考虑适当的变化。常见的方法有，不同面料的搭配利用，部位的转化，色彩的变化，装饰手法的变化等。适当的变化可以显得生动、活泼、有动感。

（2）节奏与韵律。服装设计中节奏与韵律概念主要是指各种工艺线和色彩的有规律的变化。形状韵律如：有规律重复、无规律重复、等级性重复、直线重复、曲线重复等，采用的手法有打褶、镶边、辑明线、配纽扣、装饰图案等。色彩韵律指深浅、明暗、调子不同的色彩排列产生出的运动变化效果。

（3）比例。比例是指在一件衣服或一套衣服的结构中，面积的划分、长短的安排、零配件的数量应取得最协调的审美效果。

（4）对称。身体是左右对称的，服装也应注意这一点。我国的中山装可以说是典型代表，它以中间的扣子为中轴，两边的袖子、口袋等完全对称，给人以严肃朴实的感觉。但完全对称的服装不免显得呆板，尤其不符合青年人活泼欢快的性格特征。所以在设计服装时又可以有意打破对称，在不影响整体美的情况下，在服装的左右、上下各部分采用不同的色彩、图案及装饰手法，使服装具有不对称美。

（5）视错的应用。视错是人的一种生理现象，人们在生活和生产中广泛利用视错来增加美感。在服装设计中利用视错来避丑扬美的例子也很多。如利用横线分割，就可以使瘦人显得丰满一些，高人显得适中一些；而利用竖线分割，可以使胖人显得苗条些，矮人显得高一些。利用角度视错，可以使腰部显得细些。

（6）仿生。服装设计主要是根据人的形体来设计的。但是为了使服装新颖、别致、美观，在设计时，也可以仿照动物（如燕子、蝴蝶）、植物（如花瓣、树叶）的形状，来设计服装的某些局部，像领子、袖子等。

2. 服装的色彩美

服装色彩的选择原则主要就是协调，包括服装本身所用的色彩之间相协调，服装色彩与款式面料相协调，服装色彩与生活环境相协调，服装色彩与肤色相协调等。不论哪种协调，色彩对服饰美比服装款式更重要。色彩是服饰的"灵魂"。

服装色彩应与肤色相协调。人与服装的关系中，人居主要地位，因此人的肤色为主，服装色为辅。从肤色角度而言，白皮肤可用任何服装色。黄皮肤宜用浅、中性色，不宜用蓝、绿、紫色。红皮肤不宜用绿、紫色。黑皮肤宜用淡红、中性色，不宜用白色，但为了显示精神，也可用白色衣服形成强对比。

服装色彩应与环境协调。大自然的色彩随季节变化而呈现出多姿多彩。人们生活在色彩丰富的自然环境和社会环境中，各种自然和社会环境是服装艺术最大的背景，因此，服装的配色必须与环境相协调才是完美的。首先是与季节协调。夏季服装用浅色调，冬季用深色调。其次是与环境气氛协调。城市中生活繁忙紧张，构成了一种多彩、繁乱的色调。人们喜欢寻求视觉宁静和安稳，所以服装色彩用冷调、中灰调、低彩度暖调。在机关、学校环境中，服装色彩也是以沉稳、柔和、淡雅为佳。过于抢眼的明亮色彩及高彩度的组合装束，都是无法与这种环境及其工作性质相协调的。过于华丽的衣着会分散他人注意力，使情绪太活跃，以至于降低工作效率。

人的个性千差万别，有开朗、热情、潇洒、温和、理智等。服装配色也同样具有不同的性格，如暖色调的开朗、活泼、热情，冷色调的严肃、阴郁、文静等。所以服装配色时，应该保持人与衣两种性格协调一致。开朗、活泼的青年人，服装配色要明朗、鲜亮，可用暖色系中高明度色。理智、文静型的人，与之协调的色应是柔和的冷色、白色，不宜穿高彩度、高明度的暖色系色彩。但为了改善一下内向性格，增加些开朗与亲切感，可在用色上予以调和，采用明亮的对比色点缀以增加服装的生气与趣味。活泼、热情、好动，但缺少稳重、冷静的人在着装配色上不妨用些冷色，以增加稳重感，起到平衡性格的作用。总之，服装色彩选配可以起到正向张扬个性或负面平衡个性的双向协调作用。

3. 服装款式美

服装的面料、色彩确定后，就要裁制。俗语说：看菜吃饭，量体裁衣。服装款式应该与人的脸型、体型、年龄、身份、职业、活动方式相适应。

人的脸是服装设计中的焦点，靠近面孔的领子、帽子、头巾、项链及肩头彩饰都是非常引人注目的。在色彩方面，人的头发、脸色、眼色、唇色也是服装设计中必须注意与之巧妙配合的中心点，配合得好，就能增加人的魅力，否则适得其反。椭圆形脸形在服装选择上自由度较大。但并非人人生来就有这种脸型，那么人们一定想尽可能地通过服装造型，特别是领子、帽子等的选择扬长避短，突出自己的美，掩饰自己的缺陷。所以在服装设计中要根据脸型的不同，设计相称的领型，再加上帽子、围巾等装饰物，一般来说会收到好的效果。

脸形消瘦的人，可以采用高而紧的领形，这样可以把脖子掩盖住，或用围巾高高地把脖子围起来，突出表现面部，这样会使瘦脸形的人变得丰满一些。相反，四方脸形的人若穿用直线式高领，会使四方脸显得更为生硬，但如能把领口放低，或戴上轻盈柔软的围巾，则会有所改善。

4. 服装配套和谐美

服饰包括服装与饰物，都要以人为中心，配套协调，才能显示出人的整体美。达·芬奇说："美感完全建立在各部分之间神圣的比例上。凡是美的东西都是和谐的。"服装的配套包括上装与下装，内衣与外衣。一般来说要求上花下素、上浅下深、内浅外深、层次分明、重心稳定。西装是国际流行款式，领带和衬衣要与之协调，不可违反形式美的基本法则。穿双排扣西装一般要将全部纽扣扣好，有时可不扣下面一粒纽扣；单排扣上装可不扣下面一粒纽扣或全部不扣。西装袖和裤边都不能卷起。穿西装尽量选择有带皮鞋。平日穿西装要打领带，节日可以不打领带。系领带一定要扣全衬衣纽扣。鞋子要与服装配合，服装色浅、白，鞋子也应浅、白，不可穿黑鞋；深色服装要配深色鞋。女装应尽量做到端庄得体。面料选择不起皱、不起毛球、触感较好的；颜色应当以冷色调为主，借以体现出着装者的典雅、端庄与稳重。穿套裙时，上衣的衣扣必须全部系上。裙子要穿得端端正正，上下对齐。首饰宜少不宜多，要与性别、年龄、职业、场合相配。总之，一个人的服饰，要从头到脚、从里到外，都须达到人—服装—饰物的高度和谐，才是真正美的打扮，服饰的最终审美目的是张扬和提升人的个性。

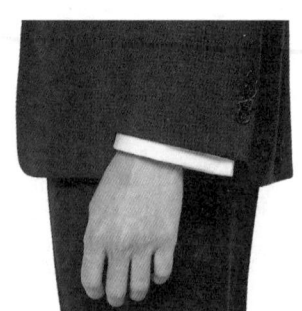

▶ 西装搭配细节

第二节　职业与穿着

一、各种职业的着装

各种职业都有自己的职业环境和心理定式，这也会反映到着装的要求上来，如有的要求文静、沉稳，有的要求高雅、大方，有的要求严肃、庄重等，它们在一定程度上表现出审美的共同性和着装的社会性。

美国科学家富兰克林曾说过："饮食也许可以随心所欲，穿衣却得考虑给他人的印象。"每个人，无论是男人还是女人，在不同的职业场合，都要扮演不同的角色，而着装正是演好这一角色的道具。每个人可以按照自己的兴趣、爱好、体形、个性去选择适合自己的服装，但必须满足各个场合对着装的基本要求。在职业场所的着装打扮，很难做到"穿衣戴帽，各有所好"，在办公室里更是要暂时忘记流行。

1. 公务人员的着装

公务员的着装代表着政府的形象，其着装审美格调需要符合社会公众的基本审美要求。公务员的着装必须符合以下要求：清洁干净，无污渍，无线头，长短合身；衣领、袖口熨烫平整，无磨损；衣纽齐全，下摆折边、线缝无破绽；男公务员不准戴戒指、项链、手链等饰物；女公务员不准穿吊带装，不准浓妆艳抹，不准穿奇装异服，不准染红、黄、绿、蓝等颜色的头发；衣着不宜过分明、透、露，不宜太紧太短、低领低背，不宜珠光宝气或孩子气；穿着西装套裙时，衬裙和文胸吊带不外露，衬裙和衬裤线条不显现；袜子无跳丝和抽丝、不松垂；鞋子洁净，鞋跟和鞋底完好；等等。

2. 新闻记者的着装

新闻记者要使被采访者精神放松、无拘无束、畅所欲言，服装是营造这种气氛的重要元素之一。西服套装可作为新闻记者采访时的首选，可选择颜色稍亮的或领口有装饰的，给人以整齐、稳重、端庄、大方的感觉。当他们和一般公众接触时，要尽量避免穿着华贵的服装，可选择自然、生活化的服装。

3. 医务人员的着装

"白衣天使"似乎是医生的固定形象，这是由其职业特点所决定的。红色的血迹和绝对的卫生要求，使白大褂成为医生的国际性制服，而胸前挂着听诊器，手里拿着病历卡，也是常见的医务人员的打扮。除了白色以外，现在各大医院的工作服还增加了淡蓝色、淡粉色、淡绿色、淡紫色、淡黄色、淡米色等，款式也在经典样式基础上不断翻新、变革。这些不同色彩和样式的工作服更能符合服务对象的心理特点，在某种情况下，还起到了色彩语言的治疗作用。

4. 律师的着装

律师的穿着大都正统严谨、老成持重，能表现出严肃、庄重的精神风貌。律师出庭服装由律师袍和领巾组成。男律师内着浅色衬衣，外着律师袍，佩戴律师徽章，下着深色西装裤、深色皮鞋。女律师可着深色西装套裙，除律师徽章外不得佩戴其他饰品。律师服必须保持洁净、平整。

5. 教师的着装

教师的工作崇高而神圣，恰当的着装可以帮助教师树立良好的形象，为教书育人提供更佳的氛围。教师着装应该力求整洁、文雅、端庄、大方。教师着装的颜色，以中性色彩、冷色为主。教师服装的面料以混纺为好，会显得挺拔、有光泽感。男教师着装要正规，尽量选择无图案的浅白色衬衣着西服。女教师服装可选择深色西装套裙或素色衬衫搭配西裤。另外，教师着装避免或减少佩戴饰物，以免分散学生的注意力。

6. 科研工作者的着装

科研工作者常是伏案工作或在实验室开展工作。根据工作环境和工作性质的需要，穿上工作外套或罩袍，内着浅色的衬衣配深色裤子是一种最佳的选择。工作在实验室里的女性也可以着套裙，可选择纯色、细条纹或螺旋纹的面料，不要选择粉红色、淡紫色或深褐色。

7. 会计人员的着装

会计人员在人们心中的印象是端庄、稳重。职业氛围给会计工作者在着装上打上了烙印。对于会计人员而言，在较正式的场合，可选择黑色、灰色、浅灰色的西装或套装、套裙，配白色衬衣、黑色皮鞋。蓝色与白色的搭配所产生的稳重、端庄的效果亦佳。海军蓝或一般的深蓝配白上衣，也是合适的选择。现在有的企业选用蓝灰色带暗条纹的面料，加上黑白规则纹样面料制作的领结，更能显示出会计人员的干练。

8. 公关人员的着装

公关人员的任务是协调好各方面的人际关系，其整体形象设计都必须围绕这一社会角色展开。除了个性、气质、资历的培养，服饰打扮尤为重要。衣着应与出入的场所相和谐。不同的场合有不同的气氛，社交场合的穿着大致可分为礼服和便服两种。礼服主要是出席正式、隆重、严肃的场合时的着装，如西装、中山装、旗袍或民族着装。便服主要是在一般场合、日常人际交往中的穿戴，相对可随意一些，各式短衣、衬衣、皮衣等都可。除此之外，还有一些特定的场合也要做到着装协调。例如，办公场所要求着装整齐、稳重、大方，忌穿运动服及短裤；会见、访问时可选色彩、图案活泼一些的服饰，以此来活跃气氛；等等。

9. 广告人员的着装

广告业务人员着装比较正规，可选择大众化款式的藏青色或灰色西装，白色衬衫配上暗色调的领带。广告文案和设计人员的着装相对可随意一些，自由搭配，彰显个性。但遇到重要场合，还须以正式装扮出席。

10.服务人员的着装

服务人员的服装均由所在单位专门请人设计，力求美观、实用和标准。一般要求整洁、大方、雅致，从色彩到款式都不必过分引人注目，应庄重、整齐，以表明员工的责任感和可信度。男士可着西装，女士可着套装、套裙等。穿工作服的同时要佩戴工号牌，正确的佩戴位置是左胸上方。

11.销售人员的着装

销售人员在工作场所的服装需要的是整洁、干练，避免过多的颜色和线条。所以，男士首选西装，或者衬衫搭配西裤；女士可选择套装、套裙。衬衫应以白色、蓝色为主，细的竖条纹衬衫也可以作为商务场合的正装衬衫。西装、套裙以正统样式为主，颜色以深色为主。男士应系领带；女士可系领结、丝巾，但要选择淡雅得体的，不可过分华丽。

二、职业女性的装扮

越来越多的女性跻身于现代企业，对她们来说，得体的穿着打扮不仅能表现出良好的个人精神面貌和工作情绪，同时也是她们赢得信任、高效率工作的象征。职业女性的上班服款式要以简洁、大方为基调，需要时仅在细部做些精妙的点缀即可。在办公室工作的女士，应大方得体、温和柔顺，西装套裙为最基本的着装，面料最好是上品，色彩淡雅常常能显示出干练的精神风貌。

职业女性着装的原则是在专业形象与魅力女性两种角色之间取得平衡。职业女性的着装是一个单独课题。以下几点着装建议，可供即将步入职场的大学生参考。

1.注意整体形象

职业女性的整体形象至关重要，以下几个方面对整体形象影响较大，值得注意。

（1）着装效果应追求简洁明快，给人以端庄大方、诚实可信的审美主题。

（2）在色彩搭配方面，上班族通常以中灰色调为主，可以利用鲜艳的饰物、衬衣、丝巾等配饰，起到画龙点睛的作用。

（3）服饰配色要有韵律感，应上下或内外呼应，以协调搭配为主，以局部对比为辅。

（4）上下装颜色搭配时，上浅下深能产生稳重感。

（5）西装外套必不可少，以备参加较为隆重的场合。与西装配套的衬衣可有些花边，也可通过丝巾搭配来柔化西装的硬挺感。

（6）职业女性穿着套装时，一般全身不超过三种颜色，最好以一种颜色为主色占绝对面积，一种颜色为辅色起辅助效果，再选一种颜色为点缀色起画龙点睛作用。

（7）选择时装及服饰要适当考虑流行，但不能过于标新立异，破坏了职业女性特有的气质。

（8）职业女性穿着裙子的长度以至膝盖附近为宜。高个子女性的裙长可以加长一些，矮个女性的裙长可以适当短一些，但上下长度偏差一般不超过 10 厘米。

2. 根据工作性质选择首饰

五彩缤纷的各种首饰，散发着诱人的光芒，只有选择适合自己年龄、性格、职业、相貌、肤色、发型、服装等特点的首饰，才能达到衬托容貌、美化仪表的作用。职业女性装饰打扮要大方得体，佩戴的首饰尽量不要妨碍工作。适于办公室佩戴的首饰应符合简洁、有美感的要求。佩戴戒指应该恰巧贴合手指，不宜过大。手表无论高档与否，其款式要精巧，质量要优良。耳环的佩戴以简单的小耳环为主，不可佩戴吊挂式的大耳环；项链的佩戴要根据自己的肤色、衣着、脸型等来选择，不可佩戴过大、过粗的项链。有一点需要特别注意的是，首饰佩戴要尽量少。

3. 清新淡雅的化妆

现在的职业女性大都化妆，一是为了美化自己，增强自信；二是为了显示对他人的尊重。

职业女性适宜淡妆，过浓的妆，会给人以不稳重的感觉。一般而言，职业女性化妆以冷色调为主，化妆时要选用淡薄透明的粉底，使皮肤有光泽。眼睛的化妆要干净利落，以灰色为主体，颜色种类不要太多，最好用液体眼线笔，按眼睛的形状描出流畅的线条。腮红用橙红或浅桃红色，淡淡地自然晕开，以增加健康感。唇膏的颜色不要太艳，以柔和为好。指甲不可太长，涂抹指甲油时要避免过分艳丽的色彩。总之，一切都以保持自然本色、青春亮丽为好。

美容化妆是生活中的一门艺术。身为职业女性，无论是洽谈商务，还是参加宴会，优雅的淡妆与得体的服装相配，更能烘托高雅的气质。

美的思考

1. 有人认同"秀才不怕衣服破，就怕肚里没有货"，有人认同"人靠衣服马靠鞍"，从职业发展的角度谈谈你的看法。

2. 按照兴趣、爱好、体型、个性等在网上选择一套适合自己的服装，运用本章学习的知识，与同学讨论一下所选服装能否彰显你的气质。

3. 挑选你喜欢的民族服饰，查阅相关文化背景和制作技艺，从服装的审美因素谈谈它美在何处。

4. 选五种职业的服装，谈谈它们各有什么特点。

下篇 艺术素养

《蒙娜丽莎》那神秘的微笑，《命运交响曲》那取之不竭的精神之源，中国古典舞那优雅灵动的隽永韵味，秦始皇陵兵马俑那旷世奇迹所引发的心灵震撼……

这些比现实美更加永恒久远的艺术美，散发着迷人的馨香。有人为之向往，有人为之痴迷，有人为之倾倒，有人为之追求终生。

让我们走进历经岁月沉淀的艺术世界，感受它的魅力，触摸它的风骨，体味它的精髓，提升艺术素养。

第九章

造型艺术

艺术源于现实生活，又高于现实生活。艺术的分类有不同的标准，通常从艺术分类的美学原则来看，可以将整个艺术体系划分为五大类型，即造型艺术（绘画、雕塑、书法、摄影）；表情艺术（音乐、舞蹈）；实用艺术（建筑、园林、工业）；综合艺术（戏剧、曲艺、影视）和文学艺术（诗歌、散文、小说）。造型艺术是指运用一定的物质材料（如颜料、纸张、泥石、木料等），通过塑造静态的视觉形象来反映社会生活与表现艺术家思想情感。造型艺术是一种空间艺术，也是一种静态的视觉艺术。造型艺术（除摄影外）是人类文化史上最古老的艺术门类之一。

◀ 野牛图（西班牙阿尔塔米拉洞窟壁画）

第一节　绘画艺术

　　绘画是一门使用一定的物质材料，运用线条、色彩和形体等艺术语言，在二维空间里通过构图、造型、设色等艺术手段塑造出静态的视觉形象或情境的艺术。它是造型艺术中最主要的一种艺术形式，在美术门类中应用最为广泛，并且居于基础的地位。

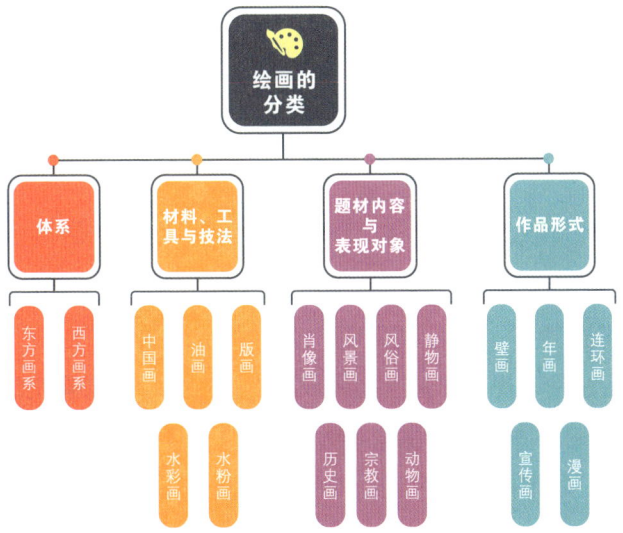

绘画的分类

体系：东方画系、西方画系

材料、工具与技法：中国画、油画、版画、水彩画、水粉画

题材内容与表现对象：肖像画、风景画、风俗画、静物画、历史画、宗教画、动物画

作品形式：壁画、年画、连环画、宣传画、漫画

◀ 绘画的分类

中国画的历史久远，从上古时代开始，至战国帛画、汉代的画像砖和画像石，都具备了较高的艺术水准。魏晋六朝出现了"六朝三杰"，即东晋的顾恺之、南朝宋的陆探微和南朝梁的张僧繇三大家。唐宋是中国绘画艺术的高峰期，绘画形式分离并趋于完善，除了原来的人物画以外，山水画、花鸟画成为独立画科。其间最为著名的有以人物画为主，被后世称为"画圣"的吴道子及擅长历史人物画的阎立本等人。这一时期山水画家更是形成了不同的风格与流派。如唐画家李思训擅长青绿山水；王维则擅长水墨山水；五代的荆浩则以中原地带实景为主要题材形成北方山水画派；董源、巨然则以描绘南方景物从而形成南方画派。元明清是中国绘画承前启后的一个时期。"元四家"是指元代山水画家黄公望、吴镇、王蒙、倪瓒四人，他们对传统水墨山水画的发展起了重要的作用。"明四家"又称"吴门四家"，是指吴门（今苏州）的沈周、文徵明、唐寅、仇英四位画家，作为明代绘画领域的代表人物，他们的画作具有南方画派温婉细致的特征。"四大名僧"是指明末清初的四位僧人画家，即石涛、八大山人、髡残、弘仁，他们擅长山水，各具特色，风格不同。到了近现代，中国画坛更是人才辈出，涌现出齐白石、黄宾虹、徐悲鸿、张大千以及傅抱石等人，他们为继承和发扬中国画艺做出了卓越的贡献。

美的视窗

·中国画分类举例

中国画分类

中国画的审美特征主要有这几点：第一，意境与传神。中国艺术理论中，通常把作者思想情感的表现叫作意，把画成形象叫作境，二者有机结合便形成意境。中国画以写意为最高境界，不主张拘泥于客观对象的形，而主张以形写神，以神达意，得意忘形。所谓神是指客观物象的精神实质，如泰山之雄壮、漓江之秀丽、梅花之傲雪、牡丹之富贵、竹子高风亮节、松树苍劲挺拔，这就是神。现代画家李可染把意境看成是山水画的灵魂，认为"没有意境或意境不鲜明，绝对画不出引人入胜的山水画。"他画过许多山水画，有《漓江胜景图》等，都有深厚的意境功夫。欣赏中国画的意境，就必须善于联想。如一幅郑板桥的墨竹画，假如我们只看到枝叶，看不到郑板桥"衙斋卧听萧萧竹，疑是民间疾苦声""一枝一叶总关情"的思想情感，同样也谈不上欣赏。第二，笔墨情趣。用笔是中国画最基本、最重要的技法，造型、构图、用墨、设色等都需用笔去执行。中国画植根于诗词和书法，追求的是意境和用笔；西洋画植根于建筑和雕塑，追求的是空间感和立体感。中国画用笔有粗、细、转、折、顿、挫、提、按、轻、重、疾、徐等技法，这一切，不仅可以表现物象的坚硬、柔软、轻盈、重浊、挺拔、平缓、曲直、方圆之形质，而且可以表现人的喜、怒、哀、乐各种情趣。中国画的"墨分五色，犹兼五彩"一说，就是指墨分焦、浓、重、淡、清，由浓到淡的各种层次，由此构成无彩色系。第三，随类赋彩。中国画的色彩观念与西洋画不同。西洋画重理性，强调固有色、环境色、光源色三者之间的关系，要求逼真。中国画重情感，主张随类赋彩，即大致类似即可，目的不在于追求色彩的逼真，而是取意、取气。第四，置阵布势。置阵布势即经营位置，又称章法或构图，为画之总要。它关系到一幅画的整体布局，往往是一幅画成败的关键。中国画构图主要有三远构图法、以大观小法、散点透视法等。中国书画的构图又称"布白"，最重要的规律是虚与实的对立统一规律。例如画虾，空白处就是水；画山，空白处就是云、天、白雪、大地……任你去联想。无处不是真正的无，而是无限，可以发挥人无限的审美想象力去加以补充，这正是中国画的独到和绝妙之处。第五，诗、书、画、印的综合美和独特的装裱工艺美。中国画与诗、书、印有机结合，也是独树一帜的。好的画，不题诗也有诗意，但题上诗画跋，更是画龙点睛、意味深远。再钤上姓名章、引首章、压角章等，增加了综合审美价值，大大丰富了中国画的美学内涵。此外，中国画的装裱也很讲究。高明的裱画师在裱画方面力求高雅精美，既与画面协调和谐，又使画面增添光彩。

西方绘画从古希腊、罗马，历经中世纪基督教艺术时期，在15至16世纪的文艺复兴时期达到高峰，形成了成熟的西方古典绘画。意大利文艺复兴初期著名画家、雕塑家乔托，以富有生活气息的宗教画作为主要题材，被誉为欧洲绘画之父和现实主义画派的鼻祖。文艺复兴时期的"画坛三杰"（米开朗基罗、达·芬奇和拉斐尔）创作出了《创世纪》《蒙娜丽莎》《西斯廷圣母》等举世闻名的不朽杰作。到了17至18世纪，欧洲美术有了长足进步，肖像画、风景画、静物画、动物画都有了极大的发展。如荷兰的伦勃朗（代表作品《夜巡》）、佛兰德斯的鲁本斯（代表作品《阿玛戎之战》）、法国夏尔丹（代表作品《饭前祈祷》）以及英国透纳（代表作品《被拖去解体的战舰无畏号》）。18至19世纪，欧洲进入近代史阶段，尤其是启蒙运动和资产阶级大革命，法国成为欧洲政治与文化中心。

人性的张扬使绘画的表现力得以提升，题材更为丰富，绘画的视野更加广阔。这个时期，法国画坛涌现出许多艺术流派和著名画家。其中有法国新古典主义画派画家雅克·路易·大卫（代表作有《马拉之死》等），有法国浪漫主义美术的代表人物籍里柯（作品有《梅杜萨之筏》等）和德拉克洛瓦（作品有《自由引导人民》等），有批判现实主义画派代表人物米勒（代表作有《拾穗者》等），有印象主义画派大师莫奈（代表作有《日出·印象》等），有后印象主义代表人物塞尚和高更。20世纪以来，西方画坛更是思潮涌现，流派繁杂，他们在形式上不断创新，手法更是标新立异，使得绘画艺术更趋复杂。

西方绘画艺术品类繁杂，尤其是油画更可说是世界画苑中最具影响力的画种，具有极高的艺术表现力，创造了丰盈的成就，也影响着西方绘画思想的变化和发展。油画用油质颜料在布、木板或厚纸板上画成，其特点是油画颜料色彩丰富鲜艳，能够充分表现物体的质感、层次、光线和空间效果，能够真实地再现客观世界中的物象。除油画外，版画在西方也是一个重要的画种。版画主要是采用笔画和刀刻的方法，在不同质料的版面上进行刻画，然后可复制多份原作。由于版面材料与性质、形式不同，版画可分为三大类，即木刻和麻胶版画的"凸版"类，铜版画的"凹版"类以及石版画的"平版"类。版画一般线条清晰，色彩明快，形式感极强，但不同类型的版画又各具特色。此外，西方绘画还有具有透明效果的水彩画，兼有油画厚重感与水彩透明感的水粉画以及素描等不同的绘画类型。

西方绘画的审美趣味，在于真和美，他们追求对象与环境的真实。为达到这一审美理想，他们十分讲究比例、明暗、透视、解剖、色度等科学法则，运用光学、几何学、解剖学、色彩学作为科学依据。总的来说，中国绘画以线条为主要物化手段，重表现，重情感；西方绘画则以光和色来表现物象，重再现，重理性。这使得审美情趣和艺术凭借迥然相异的两种绘画成为世界美术领域的两大体系。

作品鉴赏

《韩熙载夜宴图》［五代］ 顾闳中

在这幅巨作中，神态各异的人物蒙太奇一样地重复出现，性格突出，神情描绘自然。图分五段：宴饮宾客，弹奏琵琶；舞蹈，韩熙载亲为击鼓；宾客散去，熙载与诸女伎休憩；熙载更衣后听女伎奏管乐；与宾客、女伎调笑。全图男女造型细致生动，各段之间，或用屏风隔开，或自成段落。画家用惊人的观察力，和对主人公命运与思想的深刻理解，从一个生活的侧面，生动地反映了当时统治阶级的生活场面。

《韩熙载夜宴图》——顾闳中

《反弹琵琶》［唐］ 敦煌莫高窟壁画

　　莫高窟，位于中国甘肃省酒泉市敦煌市鸣沙山东麓断崖上，是世界上保存最为完好、规模最大的佛教艺术地之一。莫高窟现有735个洞窟，开凿始于东晋十六国时期（约公元366年），历经北魏、西魏、北周、隋、唐、五代、宋、西夏、元等朝代，前后延续约1000年，最终于元朝时期结束。这一漫长的历史过程，使得莫高窟成为中国古代文明与丝绸之路文化交流的重要见证。莫高窟目前保存了4.5万多平方米的壁画和2400余尊彩塑，这些壁画和彩塑内容丰富，艺术风格各异，每个时期的作品都有其独特的艺术魅力。《反弹琵琶》是敦煌壁画《无量寿经变》

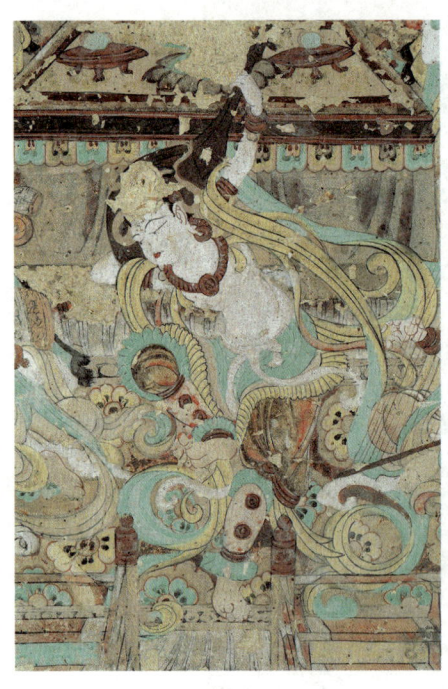

▶《反弹琵琶》［唐］

的局部，系中唐作品，代表了敦煌艺术的最高绘画水准。其绘画色彩和舞蹈动作明显带有西域少数民族的特点，是盛唐时期对外交往的友好见证。反弹琵琶是一种舞姿造型，表现伎乐天（天宫奏乐的乐伎）神态悠闲雍容、落落大方，手持琵琶、半裸着上身翩翩翻飞，天衣裙裾如游龙惊凤，摇曳生姿，项饰臂钏则在飞动中叮当作响，别有清韵。突然，她一举足一顿地，一个出胯旋身使出了"反弹琵琶"的绝技，于是，整个天国为之惊羡不已，时间也不再流逝。人物造型丰腴饱满，线描写实明快、流畅飞动，一气呵成，天衣飘飘，体现了唐代佛教绘画民族化的特色。

《奔马图》 徐悲鸿

▶《奔马图》——徐悲鸿

　　此画作于1941年秋季第二次长沙会战期间。此时，抗日战争正处于敌我力量相持阶段，日军计划在发动太平洋战争之前彻底打败中国，故而他们倾尽全力屡次发动长沙会战。二次会战中我方一度失利，正在马来西亚办艺展募捐的徐悲鸿听闻国难当头，心急如焚，他连夜画出《奔马图》以抒发自己的忧急之情。在此幅画中，徐悲鸿运用饱酣奔放的墨色勾勒骏马的头、颈、胸、腿等大转折部位，并以干笔扫出鬃尾，使浓淡干湿的变化浑然天成。马腿的直线细劲有力，犹如钢刀，力透纸背，而腹部、臀部及鬃尾的弧线很有弹性，富于动感。整体上看，画面前大后小，透视感较强，前伸的双腿和马头有很强的冲击力，似乎要冲破画面。

《父亲》 罗中立

《父亲》以超级写实主义的表现手法和纪念碑式的构图，饱满而深情地刻画出中国农民的典型形象：一位饱经沧桑的老农民佝偻着背，手捧一只粗瓷大碗，仿佛在动情地诉说着什么。老人面容枯黑，干瘦的脸上布满了像沟壑，又如车辙的皱纹，深陷的眼睛里流露出凄楚、迷茫又带着恳切的目光，干裂的嘴唇似乎已被风干许久……《父亲》的形象是中国千千万万勤劳、朴实、善良的农民父亲的传神写照。这幅油画被称为"中国社会和历史文化的一面镜子"。

◀《父亲》——罗中立

《伏尔加河上的纤夫》［俄国］ 列宾

《伏尔加河上的纤夫》是列宾的代表作，也是他的成名作。在这幅画的构图上，列宾利用了沙滩的地形和河湾的转折，使十一个纤夫犹如一组雕像，被塑造在一座黄色的、高起的底座上，使这幅画具有宏伟深远的张力。画中背景的颜色昏暗迷蒙，空间空旷奇特，给人以惆怅、孤独、无助之感，切实深入纤夫的心灵深处，亦是画家心境的真实写照，这对画旨的体现、情感的烘托起了极大的作用。在画面上画家又对伏尔加河的景色进行了巧妙的布局，以狭长的横幅展现这群纤夫的行列。伏尔加河畔阳光酷烈，沙滩荒芜，近景只有埋在沙里的几只破筐作点缀，景色十分凄寂。一队穿着破烂的纤夫在拉着货船，步履是那样的沉重，似乎可以听到压抑低沉的"伏尔加船夫曲"的回声。

◀《伏尔加河上的纤夫》——列宾

美的拓展
· 绘画作品

第二节　雕塑艺术

　　雕塑艺术伴随着人类的成长而成熟，是最具有实体感的造型艺术。雕塑是立体（三维空间）的空间艺术，它是用一定的物质材料（包括金、石、铁、木等）制作出具有实体形象的艺术品，艺术家直接或间接地临摹现实，寄托情愫。由于主要是通过雕刻和塑造的技术手段，故被称为雕塑。雕塑不仅可以诉诸视觉，而且还可以触摸，其立体的形式提升了形象的真实感和艺术魅力。

　　雕塑的种类、体裁和样式繁多。从制作工艺来看，可以分为雕和塑两大类。"雕"是指在硬质材料上进行加工创造，主要有石雕、木雕、铜雕、玉雕等；"塑"是指用软性材料按照艺术构思的形象或观念堆积捏塑，主要有泥塑、陶塑、蜡塑等。铸铜像时是先塑后铸，这些都属于制作方式和材料不同。从表现手法和形式来区分，雕塑一般又可分为圆雕、浮雕和透雕三类。圆雕又称立体雕，不附在任何背景上，是艺术在雕件上的整体表现，具有完全的立体效果，观赏者可以从不同角度看到物体的各个侧面，是真正的三维艺术，也是雕塑的主要形式。浮雕又称"凸雕"，是在平面上雕出凸起的艺术形象，观赏者仅限于正面。根据表面凸起程度的不同，浮雕又分为高浮雕(高低起伏大,凸起程度深)和浅浮雕(高低起伏小,凸起程度浅)。透雕则界乎圆雕和浮雕之间，它是在浮雕的基础上，将其背景上部分镂空制作而成，但又不脱离平面，犹如一件附着在平面背景上的圆雕。

　　早在旧石器时代，我国就已经有了石制的雕刻器皿。在6000多年前的浙江河姆渡遗址中，出土了大量骨、象牙雕刻的装饰品。在5000多年前的辽宁红山文化晚期遗址中，就发现了陶塑孕妇像，塑造得逼真生动，达到了相当高的艺术水平。商周时期，古代青铜器铸造工艺达到鼎盛，雕塑也随之发展，形成我国雕塑的发展期。从秦汉时期开始，我国古代雕塑艺术达到高峰时代，开始了它的成熟期。被誉为"世界第八大奇迹"的秦始皇陵兵马俑，规模空前，气势磅礴。陕西兴平西汉名将霍去病墓前的大型石刻组雕包括《马踏匈奴》《跃马》《卧马》《卧虎》

龙门石窟

等十余件作品，以高度概括和典型的艺术形象，反映了西汉时期威武雄浑的气度，成为中国古代雕塑艺术的传世佳作。尤其是《马踏匈奴》采用象征的手法，以威武雄壮、昂首挺立的战马象征胜利者，与被马踏在脚下的匈奴首领形成强烈对比，集中体现出这组纪念性组雕的主题。汉、魏晋南北朝和唐宋时期，作为我国古代雕塑艺术另一大宝库的宗教雕塑发展迅速。从魏晋开始，莫高窟、麦积山石窟、云冈石窟、龙门石窟等相继繁荣起来，石窟造像艺术规模庞大、数量众多。元明清时代，大规模的石窟艺术走向衰落，我国古代雕塑艺术的又一大类型的小型玩赏性雕塑却日趋繁荣。这个时期各种案头陈列雕塑、工艺装饰雕刻和民间雕刻工艺迅速发展。从20世纪初开始，我国雕塑艺术有了长足的发展，雕塑艺术在西方文化的浸染下，具有了现代意识和现代观念，完成了古典雕塑向现代雕塑的转化。

西方雕塑源远流长，古希腊罗马时期的雕塑艺术是西方雕塑史上的第一座高峰。公元前5世纪至公元前4世纪是古希腊雕刻艺术的繁荣时期，出现了米隆、菲狄亚斯等一批杰出的雕塑家。米隆的代表作《掷铁饼者》和菲狄亚斯的名作《命运三女神》，都是雕塑中的珍品。约作于公元前150年的古希腊雕刻著名作品《米洛斯的维纳斯》以优美的身姿，典雅的脸庞，丰腴的肌肤，恬静的神态，使这件端庄优美的女性雕像闻名于世，被法国雕塑大师罗丹称为"古代的神品"。欧洲文艺复兴时期，可称为西方雕塑艺术的第二个高峰。意大利文艺复兴"三杰"之一的米开朗基罗，是成就斐然的雕塑家、画家和建筑师，他为故乡佛罗伦萨创作的大理石雕像，成为文艺复兴时代英雄的象征，他为美第奇教堂设计的大理石雕刻《晨》《暮》《昼》《夜》是一组寓意深刻的作品，都是世界雕刻史上的不巧作品。意大利雕塑大师贝尼尼，被誉为17世纪最伟大的艺术大师，他的作品《阿波罗与达芙妮》给人一种充满美妙想象的立体感。19世纪法国雕塑成为西方雕塑艺术的又一个高峰。当时法国浪漫主义流派的代表人物吕德，为巴黎凯旋门创作了巨型浮雕《马赛曲》，作为这组雕像核心的自由女神，身披铜甲，张开双翼，右手挥剑，左臂高举召唤着为自由而战的法国人民，具有强烈的浪漫主义色彩。20世纪以来，西方雕塑艺术向多元化发展，多种流派同时并存，名目繁多，处于不断的演变发展之中。

欣赏雕塑作品不仅需要依靠视觉感官去感受，而且还可用触觉去感知，使雕塑作品更富有生动、逼真的艺术魅力，使观赏者唤起更多的艺术想象，产生独特的审美效果。雕塑艺术具有如下的特征：第一，物质与技艺的同一。雕塑艺术是一种三维效果的实体艺术，具有真实可感的物化形态，有别于其他的造型艺术而具有自己的艺术个性。它必须通过技艺手段在物质材料上完成艺术创造。第二，造型与观念的融合。雕塑真正表现着物质世界，但在来自物质世界的影像作用于艺术家的思维时，美的创造者必须在审

▲阿波罗与达芙妮（贝尼尼雕塑作品）

美创造时赋予艺术品以深厚的情感。只有这样物化的形态才可能有着自己的艺术品质。第三，雕塑艺术必须具备时代的特征和美的个性，这一直观的实体才可能具有艺术品的价值，它的典型性和代表的深远意义方可在审美再创造时直达审美主体。

作品鉴赏

秦始皇陵兵马俑

秦始皇陵兵马俑的艺术特点首先是它的高度写实性。秦始皇陵兵马俑坑所展现的军队阵容是完全按照当时秦军的实况设计的，所以其中的秦俑、陶车马也是按实物大小制成。陶俑一般身高 1.8 米左右，最高者可达 2 米，均为彪形大汉。陶马一般身长 2 米，通高 1.7 米，与真马大小相等，形体比例准确，形象栩栩如生，如此大规模的陶马群在中国雕塑史上也是一个突破。其次是它的传神。秦兵马俑的写实并不只是简单地按照现实摹刻下来，而是经过了艺术的处理。不同的人物外形，不同的官阶，不同的性格特征，不同的精神面貌，如此这些都体现在了秦

▶ 秦始皇陵兵马俑

俑的身上，可见它的造型刻画不仅实现"形似"而且还达到"神似"。秦俑以头部的刻画最为精致，有的眉宇凝聚，端庄肃穆；有的面庞清秀，微微含笑；有的带有皱纹，一脸老成……通过对面部的精心刻画将秦军的各种人物表现得惟妙惟肖。

马踏匈奴

雕刻于汉武帝时期，作者运用了寓意的手法，用一匹气宇轩昂、傲然屹立的战马来象征这位年轻的将军。它高大、雄健，以胜利者的姿态伫立着，有一种神圣不可侵犯的气势；而另一个象征匈奴的手持弓箭的武士则仰面朝天，被无情地踏在脚下，显得那样渺小、丑陋，蜷缩着身体进行垂死挣扎。整个作品风格庄重雄劲，深沉浑厚，寓意深刻，耐人寻味，既是古代战场的缩影，也是霍去病赫赫战功的象征。雕塑的外轮廓准确有力，形象生动传神，刀法朴实明快，具有丰富的表现力和高度的艺术概括力，是我国陵墓雕刻作品的典范之作。

▶ 马踏匈奴

铜奔马

铜奔马，又名马踏飞燕，为东汉青铜器，1969
年出土于甘肃省武威雷台汉墓，现藏甘肃省博物馆，
是中国古代雕塑艺术的稀世之宝，在中国雕塑史上
代表了东汉时期的最高艺术成就。铜奔马描绘了一
四千里马正在疾驰飞奔，右后蹄下踏着一只飞鸟，
飞鸟展翅欲飞，惊愕回首。铜奔马造型矫健精美，
三足腾空，作昂首嘶鸣、疾足奔驰状，显示了一种勇往直前的豪情壮志。1983 年

铜奔马

10 月，铜奔马被国家旅游局确定为中国旅游标志，并一直被沿用至今。这一标志
不仅展示了中国古代文化的博大精深，也促进了中国旅游业的发展。

思想者

原为《地狱之门》（取材于但丁的《神曲》）
组塑的一部分，后翻铸成铜像。雕像塑造了一个强
有力的劳动男子。这个巨人弯着腰，屈着膝，右手
托着下颌，默视下面发生的悲剧。他那深沉的目光
以及拳头触及嘴唇的姿态，表现出一种极度痛苦的
心情。他渴望沉入"绝对"的冥想，努力把那强壮
的身体抽缩、弯压成一团。他的肌肉非常紧张，不
但在全神贯注地思考，而且沉浸在苦恼之中。他注
视着下面所演的悲剧，他同情、爱惜人类，因而不

思想者

能对那些犯罪的人下最后的判决，所以他怀着极其矛盾的心情，在那深刻的沉思中，
体现了伟大诗人但丁内心的苦闷。这种苦闷的内心情感，通过对面部表情和四肢
肌肉起伏的艺术处理，生动地表现出来，例如那突出的前额和眉弓，使双目凹陷，
隐没在暗影之中，增强了苦闷沉思的表情，又如那紧紧收屈的小腿肌腱和痉挛般
弯曲的脚趾，有力地传达了这种痛苦的情感。这种表面沉静而隐藏于内的力量更
加令人深思。

破碎的地球和打结的手枪

联合国总部设在纽约，四周用两米多高的黑色铁栅围起来。从北门进去，首
先见到的是两座雕塑：一座是巨大的金黄色的铜质地球，但是地球已经开裂，名
叫"破碎的地球"。这是意大利赠送给联合国的。这座雕塑警示人们：如果不及
时控制环境污染和人口增长，地球就会千疮百孔。另一座雕塑是近乎黑色的青铜
雕塑，是一把手枪，但是枪管被卷成 8 字形，打上一个结，名叫"打结的手枪"。
这是卢森堡赠给联合国的。这一雕塑的含义很明确，那就是制止战争，禁止杀戮。

这两座雕塑表达了联合国保护环境、维护和平的宗旨。

▶ 破碎的地球

▶ 打结的手枪

第三节 摄影艺术

摄影艺术是一门现代的造型艺术。它是摄影师运用照相机作为基本工具，根据创作主体的艺术化构思创造性地构图和运用光线将人物或景物拍摄下来，再经过暗房工艺处理，塑造出可视的艺术形象，用来反映社会生活与自然现象，并表达作者理念的一种艺术样式，被誉为光与影的艺术。

1837年法国一家著名的歌剧院首席布景画家路易·达盖尔（Louts Jocques Mandé Daguerre）发明了银版摄影术。他在工作室中布置了一组静物，用30分钟拍摄成题为《静物》的黑白照片。后来摄影在技术与艺术两方面都有了迅速的发展，不但逐渐成为一门独立的艺术门类，而且在世界各国出现了各种不同的风格和流派，其中最主要的有绘画主义摄影、纪实主义摄影、自然主义摄影、纯粹主义摄影、抽象派摄影、主观主义摄影和前卫派摄影等。摄影艺术的样式和体裁繁多：按感光材料和画面颜色，可以分为黑白摄影和彩色摄影；按器材和技术，又可以分为航空摄影、水下摄影、全息摄影、红外线摄影等；按题材来分，还可以分为肖像摄影、风光摄影、舞台摄影、体育摄影、建筑摄影等。肖像摄影，又称人物摄影，是以表现人物形象为主的摄影，包括特写镜头、头像、半身像、全身像和群像等。

摄影艺术的审美特征主要集中在以下几个方面：第一，摄影艺术必须拥有纪实性与艺术性的统一。摄影艺术依托于现代科学技术手段，它首先是一种技术方式，所以能够逼真精确再现客观物像，给人以逼真感。这使得摄影作品具有客观性、真实性。它的纪实性就是奠定在这个技术层面上的。其次，这种纪实性还表现在它必须直接面对被摄对象进行现场拍摄，如反映现实生活中实际存在的人物、事件和环境，许多优秀的摄影作品常常通过抓拍或抢拍，自然地记录生活，不造作、不伪饰，这种纪实拍摄方式艺术化展示真实。摄影艺术又必须在纪实性的基础上具有艺术性，杰出的摄影作品必须是纪实性与艺术性的完美统一。第二，摄影艺术形象的创造，首先需要摄影师熟练掌握摄影的艺术技巧和艺术语言，熟练运用画面构图、光线、影调（或色调）三种主要造型手段。画面构图即取景，主要是指摄影作品中画面的主体、陪体和背景等部分的和谐搭配，并将其有机地组织在一起，使之形成一个艺术整体。这是摄影艺术最基本的因素，体现着艺术家自身的审美理想和观察现实世界的敏锐程度。摄影用光简称用光或布光，是对光线的有效控制，主要指拍摄时运用各种光源对被摄对象进行照明，以达到理想的造型效果。在具体拍摄时灵活运用，可以加强画面的空间感和立体感，创造氛围，烘托主题，使作品具有感人魅力。影调是指照片上所表现的明暗层次，色调是指彩色照片上色彩的对比与和谐。通过艺术处理影调层次、影调对比、影调变化和色彩变化、色彩反差等，使摄影作品具有浓厚的情感色彩和丰富的表现力。第三，摄影的艺术性更表现在摄影师主观情感的熔铸。摄影作品应当通过光、色、影来体现艺术家的思想情感的艺术创造力，因此，摄影师对拍摄的人物和景物必须满含深情，充满创作的激情，只有这样拍摄出来的作品，才能具有感人的艺术魅力。

我们在拍摄照片时，往往需要考虑拍摄的主体是什么，在什么场景中拍摄，如何处理场景中各个元素的位置和比例关系，采用什么样的拍摄角度和机位等，这种构思的过程就是摄影构图的过程。摄影构图就是拍摄者根据特定的主题和美学原理，安排和处理好画面上人、景、物之间的内在关系和位置，用于突出主体、表现主题、传达情绪。构图是摄影作品的骨架，直接影响画面的美感，完美的构图应该是通过画面中的线条、形状、光影、色调、远近、虚实等视觉艺术形式，在画面中形成完美、和谐的统一。构图的方法有很多，我们常用的摄影构图方法有三分法、中央法、对角线法、对称法、框架法等。

三分构图法，也称为九宫格构图或井字法构图，是将画面的横向和纵向分别用两条线平均分成三份，从而形成了一个汉字的"井"，横竖线相交的四个点被称为趣味点。这种构图格式较为符合人们的视觉习惯，使主体自然成为视觉中心，具有突出主体，并使画面趋向均衡的特点。

◀ 三分构图法

中央构图法，是将主体放置在画面中心，用于突出主体，取得左右平衡的效果，适用于静态或稳定的场景，干净简单的背景也可以选择使用中心构图法。

◀ 中央构图法

▶ 对角线构图法

▶ 对称构图法

▶ 框架构图法

对角线构图法，是把主体呈线形安置在对角线上或者对角线附近，产生线条的汇聚趋势，吸引人的视线，达到突出主体的效果，同时也使得画面动感十足，活泼生动。

对称构图法，是指将摄影主题分成两个（或多个）部分，并将它们放在镜像对称的位置上，使画面产生一种左右或上下对称的感觉。这种构图方式适用于建筑、自然景观、人像等拍摄场景，给人一种平衡感和严肃感。

框架构图法，指利用门、窗等具有明显结构的景物作为前景构成"框架"，将主体影像包围起来。它可以很好地将观众的目光引导到你想要表达的摄影主体上，增加画面纵深感、生动感或神秘感，赋予照片更大的视觉冲击效果。

摄影本身就是光影艺术，光是摄像最重要的构成要件，由于光源与被摄物体的位置关系不同，会在被摄物体表面形成不同的明暗反差和光影效果，产生不同的造型作用。摄影师运用光来绘画，塑造人物性格、神态、情绪，或是渲染环境氛围，创作的美学意境，表达思想感情。摄影创作中运用的光线种类很多，按照光源性质可以划分为自然光、人造光和环境光。自然光和环境光都是不能人为控制的。

▶ 人造光

▶ 环境光

▶ 自然光

按照光质可以将光线划分为硬光和软光。硬光一般指直射光，如闪光灯、晴朗天气的阳光直射等都属于硬光。直射光让主体亮暗分明，反差过大，立体感强，层次较少。软光也叫柔光，是一种散射光线，光线相对柔和，明暗层次过渡柔和反差小，适合拍摄人像摄影。

光位就是指光的位置。常见光位有顺光、侧光、逆光、顶光、底光。顺光就是顺着光源照射方向拍摄，可以很好记录主体的姿态和色彩，但阴影不明显导致层次感缺失，画面较平淡乏味。侧光可以表现主体的轮廓形状，有丰富的光影效果，有强烈的立体感。逆光就是从主体后方照射过来的光线，可以在主体外形成光影轮廓，用于拍摄一些透光主体时，逆光可以表现主体纹理、质感，需要注意的是逆光拍摄要注意做好主体的补光。顶光就是从主体顶部上方照射下来的光线，拍摄人物时用顶光会在面部形成大片阴影，产生阴郁、病态的效果。底光是光线自主体下方照射上来，拍摄人物用底光的话会略显阴森恐怖，这两种光在人像摄影中较少用到。

◀ 软光与硬光

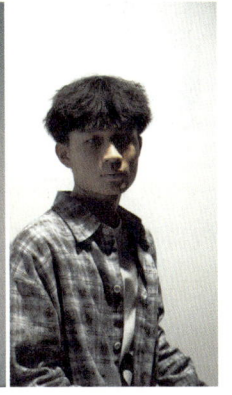

◀ 底光与顶光

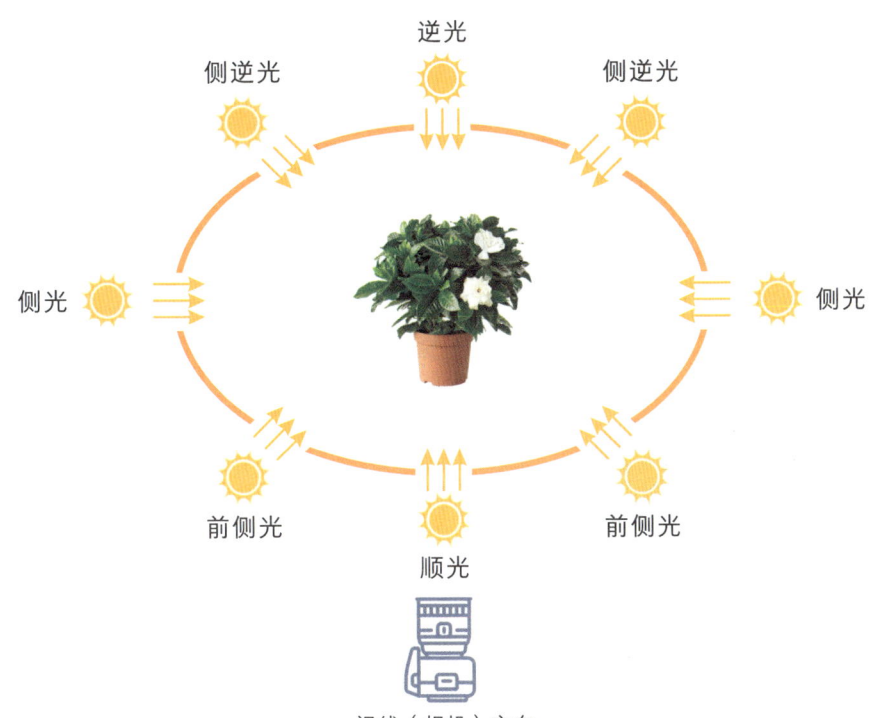

◀ 光位图

在人像摄影中，光线不同的入射角度对于人像光影的塑造非常重要，不同的布光方法，能够形成不同的人像造型特点，常用的人像布光方法主要有蝴蝶布光法、伦勃朗布光法。蝴蝶布光法也称"派拉蒙照明"，是指光线从人物正前、正上方向下45度角的方向投射到人物的面部，人物脸颊区城高光处呈现酷似蝴蝶的形状，又因为拍人脸特别显瘦，又名"美人光"。

伦勃朗布光法因荷兰画家伦勃朗得名，即光源在人物右前上方以 45 度角照亮面部 3/4 区域，人物脸部背光侧的眼角处会形成一个明亮的倒三角形。这种布光方法可以很好地塑造人物面部立体感，又不失层次。

▶ 蝴蝶布光法摄影作品

▶ 伦勃朗布光法摄影作品

以上介绍的构图和用光技巧均为专业摄影中常用的造型手法，对我们日常手机摄影也同样适用。我们可以利用手机摄影的便捷性，通过机位变化、位置变化来进行构图，也可以利用生活中各类光源来塑造不同的光影效果，除此之外，利用手机摄影还要注意镜头的清洁、焦点的变换、手机的稳定和后期处理的各种方法，更多的技巧等着我们慢慢发掘。

作品鉴赏

风光摄影作品

《晨曲》这幅作品以其前景中的三角构图，来加强作品的画面稳定性；以山峰、云雾、山峰、云雾的跳跃式的构图，增加了画面层次感；以左上角浓重色彩的山峰，使整个画面的影调平衡协调，加上浓淡相宜的云雾点缀，使作品具有中国画一样的情调。光线作笔，山峰为墨，云雾为白，欣赏这样的作品，不仅使眼睛陶醉，身心也会浸润于这仙境般的景色之中；欣赏这样的作品，犹如在舒缓乐曲中聆听大自然的声音，让人如痴如醉，久久回味。这幅作品也是作者对自然深刻的理解和诠释。

▶ 《晨曲》——王利

动物摄影作品

《我心飞翔》这幅表现野生动物——野鸭的作品中，作者在瞬间抓拍时能选择采用对角线的构图，使画面影调平衡，使用动静结合的艺术技法来展示动物之美，

▶ 《我心飞翔》——张志学

而且画面干净简洁，表现主体突出，足见作者的抓拍技术娴熟精湛。作品明确地体现人与自然、人与动物和谐相处的意境。

舞台摄影作品

《热土》这幅作品拍摄内容是舞蹈《绿地》。作品中运用了多重曝光、慢门、变焦等摄影技法，对舞台上的对象重新构建，完成视觉形象的再创造，使原来简单、清晰的舞台形象变得复杂、模糊。利用物像之间虚实结合的关系，引发人们具象与抽象之间的联想。作品主要想表现出具有悠久历史的中华民族在自己的这片"热土"上世代相传、生生不息的拼搏精神。

◀《热土》——侯钦孟

新闻纪实摄影作品

《饥饿的苏丹》是一幅获得1994年普利策新闻特写摄影奖的作品，描述的是苏丹大饥荒。照片中一只兀鹰盯着一个皮包骨头的小女孩，她正努力向救济中心方向爬去。照片中高傲、从容直立着的鹰和卑微、伏地绝望的人的两种姿态形成鲜明的对比，平静的画面中没

◀《饥饿的苏丹》——凯文·卡特

有紧张，没有恐惧，没有大声的呼号，但那平静里似乎蕴含着无与伦比的震撼力，一下就击中了观看者的心。这张照片，它以最显著的方式表明了人性的倾覆。一张照片就已经能够向我们展示整个非洲大陆的绝望。

美的拓展
·摄影作品

第四节　书法艺术

书法艺术是中华民族特有的一种传统艺术形式，它主要通过线条的组合、变化，以汉字的用墨用笔、点画结构、行次章法等造型美，来展现创作主体的审美情操，从而达到美学的境界。

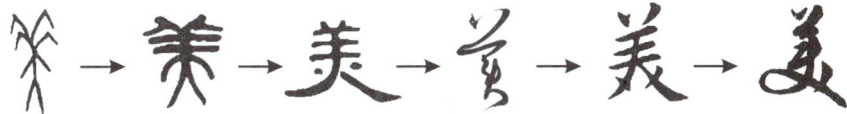

◀"美"字演变

书法是建立在写字基础上的艺术。书法艺术同汉字的发展密不可分。据考证，早在三千多年前的殷代，刻在龟背、兽骨上的甲骨文就是以象形为基础的汉字，奠定了书法艺术的一些基本要素。商周至战国时代的金文脱胎于甲骨文，并且渐趋齐整雄伟。秦代统一了文字，汉字由大篆变为小篆，风格端庄，形体更加匀润流畅。汉代出现了雄浑豪放的隶书与自由飞动的草书。魏晋时期是书法艺术繁荣发展的时期，楷书、行书、草书等各种书体更加齐备和完善。由于这一时期思想开放，追求玄远淡薄的人生境界，形成历史上独具一格的美学追求和文学风气，被称为"魏晋风度"，它影响着书法的发展，形成了一个时代的总体倾向，书法史学界称之为"尚韵书法"，并且涌现出王羲之、钟繇等成就卓著的书法大家，对后世书风产生了深远影响。唐代是书法艺术的鼎盛时期，严谨的社会观念渗透到士人书法中，楷书的成就达到高峰，被称为书艺的"尚法"时代。但在主流文化之外，还有一些张扬个性风采的书家，他们藐视法度，书法狂放，自由开张，如张旭、怀素等。宋代书法注重书家感情个性的发挥，追求自由的个性表现，故有"宋人尚意"之说，出现了苏（轼）、黄（庭坚）、米（芾）、蔡（襄）四大家，具有各自独特的风貌。元明清书法上承古意，个人风格更加鲜明多样，是书法艺术发展史上具有新的起色与繁荣的时代。近年来，除了传统书法所指的毛笔书写艺术外，硬笔（包括钢笔、铅笔、圆珠笔、粉笔等）书法也越来越引起人们的兴趣，逐渐发展成为书法艺术的组成部分。总之，中华民族的书法艺术，从远古的殷商算起，经历了秦汉的辉煌，魏晋的风韵，隋唐的鼎盛，宋元的尚意，明清的延续，直到现代的普及和发展，源远流长，历史悠久，影响深远。

书法艺术的基本技法和表现形式主要是用墨、用笔、结构、章法、韵律、风格等几个方面。总体上讲，汉字书法可以分为五种书体，即篆书、隶书、楷书、行书和草书。篆书，又有大篆、小篆的区分；广义的大篆指甲骨文、金文、籀文，小篆又叫"秦篆"，秦统一天下后在全国推行，其字形规整。隶书由篆书简化演变而成，隶书横笔首尾方中带圆，转角处多呈方折。楷书也叫正楷、正书或真书，特点是字形方正，笔画平直，风格古雅，整齐端庄。行书字形流畅飞动，刚柔相济，富有很强的表现力；其中，侧重于楷法的行书叫"行楷"，侧重于草法的行书叫"行草"。草书始于汉代，最早是由隶书演变而成的"章草"，后来又发展成为一般所指的草书即"今草"，唐代张旭、怀素更创造了独具风格的"狂草"。

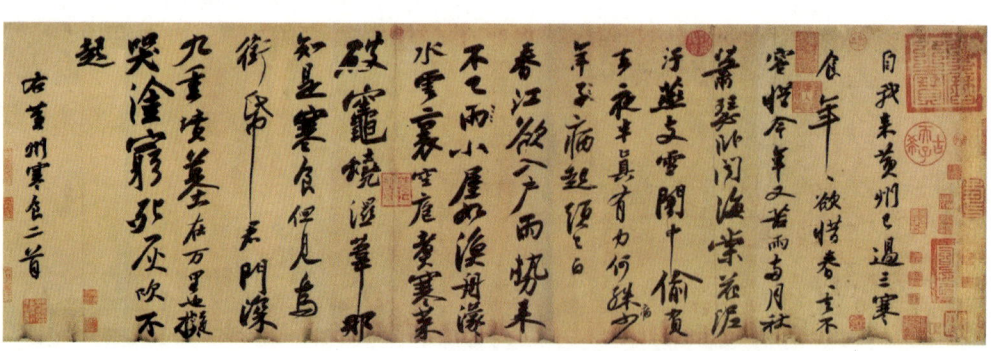

《黄州寒食帖》——苏轼

书法艺术在形式美中蕴藏着意蕴美，体现出博大精深的民族传统美学思想，体现出书法家的精神气质和美学追求，从而使一个个汉字仿佛具有了生命，使这些抽象的点、线、笔画仿佛也成了一个有机生命体的筋、骨、血、肉，从而使实用的活动升华到艺术境界，传达出我们民族的情感思想。总的来说，书法艺术具有如下的基本特征。第一，书法是线条和空间的组合。书法通过线条分割空间，达到和谐悦目的艺术效果。第二，书法中具象和抽象相互交织。宗白华先生认为，中国的书法，是节奏化了的自然，表达着深一层的对生命形象的构思，成为反映生命的艺术。线条语言完成的艺术形象既有现实具象的反映，同时又蕴含着大量的抽象意义。第三，书法中蕴藏着浓郁的情感，并具有深厚的象征意义。书法创作是书法家运用特定的表现形式，将自己的思想情感、精神气质融会到作品上的实践过程。王羲之的《兰亭集序》，被称为"天下第一行书"，体现出鲜明的自然天性和人格风采，具有浓郁的魏晋风度，笔势流畅，神态飞扬，淋漓畅快，含蓄有味，给人以变化莫测而有法度，清俊典雅而又活泼的美感，将艺术家们兰亭集会的欢娱之情、洒脱气度与书法的风韵融为一体。

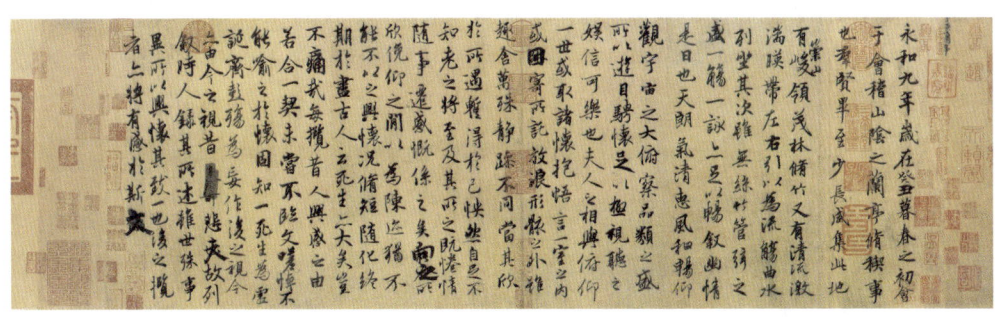

◄《兰亭集序》——王羲之

作品鉴赏

《曹全碑》［东汉］

　　《曹全碑》全称为《汉郃阳令曹全碑》，刻于东汉中平二年（185）。碑文记载了东汉末年曹全镇压黄巾起义的事件，也记载了张角领导农民起义波及陕西的情况，反映了当时农民军的声势等情况。此碑石黑明如涂油脂，光可鉴人，书体是用隶书写成，文字清晰，结构舒展，字体秀美飞动，书法工整精细，秀丽而有骨力，风格秀逸多姿，充分展现了汉隶的成熟与风格。

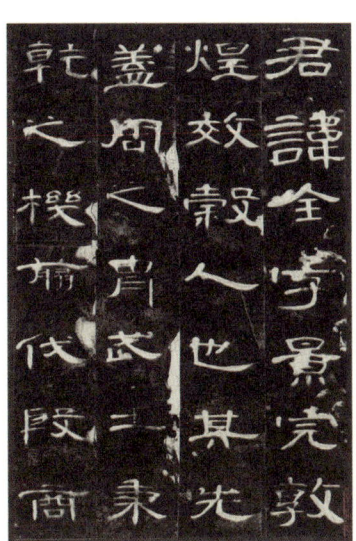

◄曹全碑（拓本　局部）

《祭侄文稿》［唐］ 颜真卿

颜真卿是中国书法史上继王羲之之后，唯一能与王羲之并驾齐驱的伟大的书法革新家，他创造了"颜体"，堪称"楷体书圣"。颜真卿缅怀堂兄一门忠烈，"父陷子死，巢倾卵覆"，怀着"抚念摧切，震悼心颜"的悲愤心情，和着血泪写下了这篇祭文。可以想见，临文之时，国难家仇，一齐涌上他的心头，感情悲愤激越，不计字的工拙，纵笔豪放，一泻千里，墨色时枯时浓，笔法圆转遒劲，笔锋内含，力透纸背，充分表露了作者激越悲愤的心情。

► 《祭侄文稿》——颜真卿

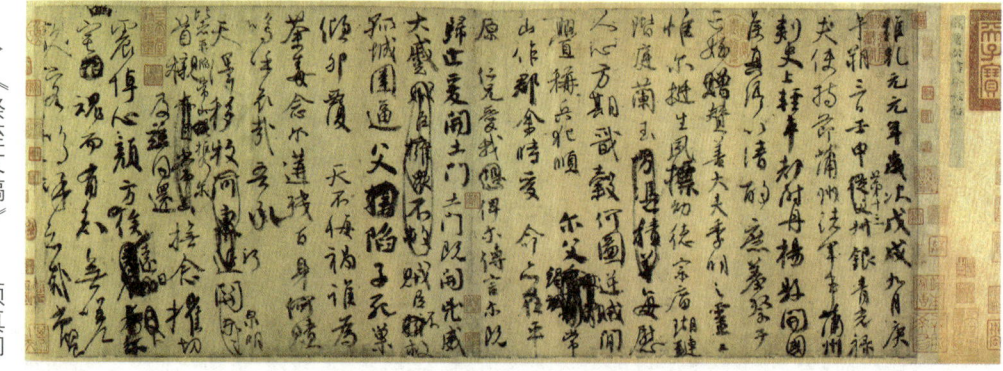

《珊瑚帖》【北宋】米芾

► 《珊瑚帖》——米芾

《珊瑚帖》又名《珊瑚笔架图》，是米芾晚年时向他人展示和夸耀自己的新藏品而创作的纸本行书作品。此帖充满着收得名画宝物的狂喜之情，用笔丰肥豪健，线条流走跌宕，字形参差，神采飞扬，却丝毫不失传统法度，真正达到了"无意于佳乃佳""从心所欲而不逾矩"的神品境界。

艺术实践

1. 梵高一生共创作了多幅以鞋为主题的静物画，画中鞋子种类不同，形态各异，赏析其中 2~3 幅画，谈谈你的所想所悟。

2. 举例谈谈从雕塑艺术看"技术与艺术完美结合"的重要性。

3. 赏析草圣张芝《冠军帖》，谈谈张芝"临池学书，水为之黑"对我们提高专业技能的启示。

4. 举办班级"手框景·机传情"手机摄影比赛，用手机拍摄你喜欢的人、景、物……，在班级展示并说明拍摄意图和技法。

第十章

表情艺术

　　所谓表情艺术，主要指音乐、舞蹈这两门表现性和表演性艺术。表情艺术来源于生活，是人类历史上最古老的艺术门类。在远古时代，原始人的狩猎活动和巫术活动就已经有了舞蹈与音乐。表情艺术最基本的美学特征就是抒情性和表现性，音乐与舞蹈能够最直接和最强烈地抒发人的情感情绪，无须通过任何中间环节，直接感动听众或观众的心。与此同时，音乐与舞蹈这两门表情艺术又总是需要通过表演这一个二度创作的过程，才能创造出可供人们欣赏的音乐形象或艺术形象。因此，表演性构成了表情艺术另一个重要的美学特征，这就是它们都具有强烈的节奏性和韵律美。

第一节　音乐艺术

　　音乐是与社会和人生关系最密切的艺术，它深入社会与个人生活的诸多领域，对于促进社会与人生的和谐发展起着巨大的作用。我国古代大教育家孔子是礼仪专家，又是音乐家，他的六艺就是以礼乐为先，他说："移风易俗，莫善于乐。"音乐具有特殊而强烈的情感震荡激发作用，这一特点被用于战争，如击鼓冲锋、鸣金收兵是最早的战争模式。汉王刘邦和谋士张良的一场"四面楚歌"攻势，迫使霸王项羽兵败垓下、虞姬自刎。诸葛亮用空城计，一张七弦古琴声吓退了数万敌军，引为千古佳话。1942 年 7 月，苏联卫国战争正值白热化阶段，列宁格勒处于德军的重重包围之中。这座承载着"十月革命"光辉业绩的历史名城，已被德军的炸弹摧残得千疮百孔。枪声、炮声、饥饿和死亡笼罩着这座几乎与外界完全隔绝的城市。列宁格勒前线总指挥是戈尔诺夫，他看到不仅越来越多的战士倒下了，而且一些人脸上也露出了绝望的神色。此时这位总指挥比谁都清楚，现在他的部队需要的是士气，是战胜敌人的力量。一天，这位总指挥、业余音乐爱好者突然萌生奇念：何不公开演奏那部以歌颂壮

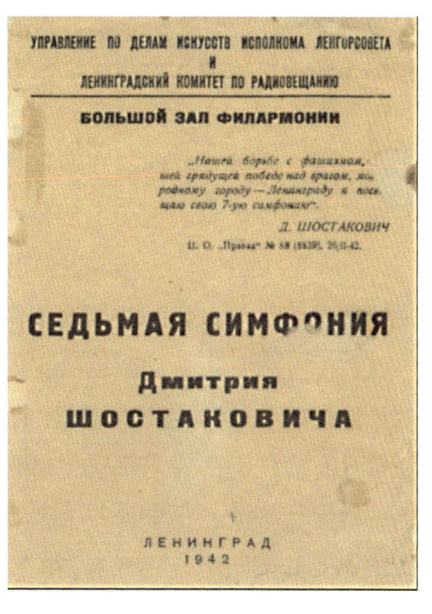

▲ 1942 年爱乐乐团演出肖斯塔科维奇《第七交响曲》的宣传海报

烈的卫国战争为主题的肖斯塔科维奇《第七交响曲》来激励斗志、鼓舞士气、安定军心？于是，一个"军令"悄悄地开始执行了。1942 年 8 月 9 日，在列宁格勒的一家音乐厅里突然响起了雄壮的《第七交响曲》，这声音随着电波飞进了列宁格勒的千家万户。演奏 5 分钟后，守城炮兵将 3000 发大口径炮弹倾泻到敌人的阵地上，一阵阵炮声和交响乐声融为一体，组成了一曲激奋、高亢的战斗进行曲。千千万万的城市男女公民肩挎冲锋枪，眼含热泪地倾听着这庄严的乐曲，心中升起了一阵阵狂热的爱国激情。在几乎死亡和绝望的时刻，列宁格勒愤怒了，总指挥戈尔诺夫利用音乐激发了人们的斗志，使得雄壮的音符唤起了神奇的力量，创造了战争史上的奇迹！抗日战争时期，我军创作了大量的战斗歌曲，如《游击队歌》《黄河大合唱》《八路军进行曲》《黄桥烧饼歌》等，在抗日军民中广为传唱，鼓起了军威，振奋了士气，激发了人们保家卫国、抗日奋战的斗志。

音乐（Music）一词，在英语中最早有女神之意。这位妙不可言、变幻莫测的艺术神女，看不见、摸不到、来无影、去无踪，她将人们带进绚丽多彩的声音王国，神奇美妙的梦幻情感境界。有人说，语言的尽头就是音乐的开始，音乐被称为天界的语言。贝多芬说："音乐应当使人类的精神爆发出火花。"托尔斯泰说："我爱音乐胜过其他一切艺术。"歌德说："不爱音乐，不配做人；虽爱音乐，也只配称半个人；只有对音乐倾倒的人，才可完全称作人。"孔子认为音乐是对人的良好道德修养具有重要影响的手段，主张音乐要体现"仁"，提出："兴于诗，立于礼，成于乐。"冼星海说："音乐是人生最大的欢乐，音乐是生活中的一股清泉，音乐是陶冶性情的熔炉。"

一、音乐的基本要素和分类

音乐是以声音为物质媒介，以时间为存在方式的听觉艺术，它通过声音表达思想感情，反映社会生活。音高、音强、音色和音值是构成音乐的基本要素，也是一切音乐形式的基础。

音高是由振动频率决定的声音听觉属性，声音可以分为乐音——声波振动呈周期性变化而产生的声音，噪音——声波振动呈不规则状态而产生的声音。乐音之所以是音乐最重要的表现要素之一，不仅是因为不同音高与音长的组合构成了在音乐艺术中最具表现力的旋律，还因为音高本身就具有一定的表现力，低音深厚、沉重，中音宽广、温和，高音明亮、轻快……在节奏、音色、力度等因素不变的情况下，仅仅音高的改变就会使音乐的表现性发生巨大变化，这样的例子数不胜数。音强是由振动幅度决定的声音听觉属性，旋律完全相同的音乐，以不同的音强进行演奏就会获得表现性的变化。音强变化是音乐表现丰富性的重要因素。任何具有表现力的音乐都包含着丰富而细腻的音强变化，没有强弱变化的音乐听上去枯燥、平淡，很难谈得上艺术表现力。音色即声音的色彩，是不同人声、不同乐器及其不同组合在音响上的特色，它是由构成发声体的材料决定的。通过音色的对比和变化，可以丰富和加强音乐的表现力。音值也叫音长，即声音的长短，是由发声体的振动时间决定的。乐音长短的不同，决定了音乐辽阔、舒缓、抒情以及急促、昂扬等动力性情绪对比。

一种以上的基本要素按照一定的审美需要和审美规律结合在一起，就构成了音乐的基本形式（即音乐语言），如节奏、节拍、旋律、和声、复调、调式、调性等。

音乐作品按其演唱、演奏形式分为声乐、器乐两大类；从中外音乐上分为中国民族音乐和西方音乐；西方音乐从年代、风格上主要分为巴洛克风格、古典乐派、浪漫乐派、民族乐派、印象乐派、现代乐派等。

二、音乐美的特征

音乐的美既相通于其他艺术的美，有共性，又由于音乐的感性材料——声音的特殊性，而有自己的个性。音乐美具有含蓄美、流动美和情感美等主要美学特征。

音乐的非空间造型性和非语义符号性决定了其感性材料不具可视性，音乐中所代表的含义是含蓄的、不确定的，其审美经验只可意会，不可言传。构成音乐的物质材料是声音，而其他艺术如绘画、雕塑、文学等构成的物质材料是线条和符号，其色彩或文字是可见的。乐音不能直接描摹表现对象具体的准确形体，因此不能传递给人们以空间造型的感觉。音乐的声音与我们的语言也不同。语言的每一个词都对应着一个概念或实物，都具有约定的语义。而音乐的声音则基本上不具有这种语义功能和对应性质，我们不能说这个音符就是这种意思。因此，在听觉过程中不能直接向人们提供具体可感的形象。由于音乐中声音是非语义性、非对应性的，又不具备空间造型的性质，所以使人们无法从直观形态的分析中，也无法从语义符号化的对应关系中，找出音乐的声音与其表现对象之间的对应关系。正是由于音乐的不确定性，才使同样的作品不同的人听来往往会有不同的内心感受，形成一种含蓄的美感。

音乐是时间艺术，它稍纵即逝，具有流动性。音乐的美在于听觉，在欣赏音乐中听觉占据绝对主导的地位。音乐艺术通过它的时间特征，通过感性材料——声音的观念性而渗入我们的精神意识中。由于时间本身的观念性和声音的承续性的特点，音乐也就完全渗入人的内在自我之中，在人的内在世界里伸展，这时音乐流、意识流、时间流，成为一个统一的、同一的东西，正是在这一层意义上，我们说，音乐具有流动的美感。

所谓情感性特征，是指音乐美比起其他艺术美更接近情感本身，音乐来自情感、表达情感、激起情感，是所谓"激情的语言"。这里有两个相区别的反应层次需要辨别。首先，音乐的材料——声音，有时候并不需要特别的内容因素就能引起人的情绪反应：如音色，可以引起轻盈、飞翔、幸福的情绪联想，也可以造成迟钝、沉重、恐怖的印象；某些和弦，仿佛具有明朗或暗淡的色调意义；某些节奏，可造成动荡或安静的效果。这种偏向于生理性的情绪反应，常常是不稳定的、短暂的，较少带社会性的，不同文化背景和思想立场的人可以对同一部音乐作品产生相近的反应，因此人们才常常将音乐看作"超国界""超时代"的艺术，其实这主要是在生理情绪反应的层面认识音乐，这种反应因为缺少社会性而不可能是深刻的。其次，音乐的文化属性更加引起人们的情感反应，它不仅是人际交流的手段，还饱含供人欣赏的社会性内涵，期待着引起他人的共鸣，这一层面的反应往往是稳定的，具有后续性、选择性的，正是在这里，音乐艺术的浓厚的文化属性、民族属性、时代属性表现得非常充分，也正是在这一层面，音乐的社会历史价值得到鲜明体现。所以，当我们说一部作品美，不仅是在体验其带来的情绪反应，而且在这里获得充足的美感；不仅是在说"我能理解它"，而且是在说"我认同作品的内涵"，即情感上发生共鸣。可见，音乐美较之其他艺术美更具有情感特征，甚至这种美就是情绪——情感本身，人们之所以常常说音乐是情感的艺术，其道理也正在此。

三、音乐美的构成要素

一切艺术都要求文与质的统一，内容与形式的统一，但音乐美更关注其形式方面的表现，音乐美的狭义的内涵就是指它的形式美，构成形式的要素也因而成为作品整体美的重要层次。这些音乐的美，可以表现出不同的文化特色，正如音乐学家们认识到的，亚洲音乐以旋律的线性思维见长，欧洲音乐以和声的多声部思维为主，而非洲音乐则以异常丰富的节奏为人们称道。

首先，旋律美是最重要的音乐美的要素，各民族音乐最重要的文化性质常常表现在其富有特色的旋律中。如蒙古族的"长调"旋律韵味悠长，节奏自由，意境开阔，表现出草原文化的特点；藏族的"果卓"旋律规整、节奏整齐、回环往复、富于舞蹈性，表现出高原文化的特点；维吾尔族的许多音乐旋律，既有特殊的音律、独特的节奏，也有非常热烈的、舞蹈性的、极富动感的旋律，表现出绿洲文化的鲜明特征。旋律即相继发声的一条音高线，也叫作曲调，它由乐音和节奏以及抑扬顿挫的韵律构成。旋律线条的起伏有着重要的表情意义，一般可分为水平式、上升式、下降式、波浪式等。水平式旋律线情绪平稳、舒缓；上升式旋律线有紧张度增长、情绪高涨的意味；而下降式旋律线则与松弛、缓和、低落、悲伤的情绪有关，所以对许多人而言，欣赏音乐几乎就是欣赏美的旋律。

其次，节奏涉及与时间有关的所有因素，是指音在强弱和长短两方面千变万化的组织形态，也与音乐美有千丝万缕的联系。谈节奏离不开节拍，节拍指时值均等的若干单位在强弱方面有规律地反复交替。在音乐美学中，把规律交替的节拍称为"韵文式节奏"，把自由散板称为"散文式节奏"，它们表现出不同的审美趣味；在音乐文化研究中一般认为二拍子系节拍与农耕文化关系密切，它常常带有规则的、往复的、平稳的特点，而三拍子系节拍多与游牧文化关系密切，往往带有舞蹈性的、摇荡的、回环的特点。音乐中，节奏是"骨架"，有着重要的表现功能，节奏还是可以从音乐中独立出来的要素，对人的生理反应有极大的激发力。而节拍本身就具有表现力，如二拍子强弱对比分明，常用于表达刚劲有力或欢乐活泼的情绪；三拍子有动荡摇曳的特点，常用于舞曲和表达不平静的心情。节奏也是一种组织性力量，它的反复有整齐的美感，它的变化又呈现出多样统一的风格，节奏的夸张可以有喜剧美的意味。所以，节奏是音乐美的重要组成要素，也是可以造成特别的美感的动力之一。

再次，和声是多声部音乐的音高纵向组织形态，也是音乐美的重要部分。和声具有表情功能，有的和声明亮，有的暗淡，有的尖锐，有的柔和。甚至有音乐理论家企图建立和声语言的"词典"，认为可以用于音乐创作和音乐分析。和声还有组织功能，在古典的调性音乐中，它的连接、进行、解决，常常暗示着音乐的发展逻辑、段落划分等。可以说，和声是音乐结构的"黏合剂"。所以，和声的美，不仅来自它饱满丰富的音响，还来自它特有的性能，即表情功能和结构功能。

最后，我们要谈谈音色美的问题。音色是声波的音调所产生的听觉品质，与泛音有关，对人的心理影响显著。音色是音乐的重要表现手段，在我们欣赏世界各民族音乐时，会有强烈的感受。这里不仅有迥异的旋律、独特的节奏，而且有音响的百花齐放。音色感是造成民族音乐文化最重要的特质之一。人的音色感一方面受先天生理因素的影响，另一方面受后天文化心理的无形制约，尤其是民族文化背景的差异可以使人们对音色形成千差万别的"主观评价"。音乐心理学认为，音色之所以有表情的功能，在于它能激发听众的联想，如号角音色令人联想到战争和狩猎，弦乐音色有柔美温馨的意味，童声音色如天使般纯洁，大管低音似老人般的沧桑动人……作曲家常常把乐队当作"调色板"，对乐曲进行"着色"，同一段旋律用不同音色的乐器来演奏，可以产生不同的音乐表现；音乐家又有意识地把人声按音色分组，组成表现力丰富的合唱，如男女混声合唱有丰满的效果，同声合唱则显得整齐浑厚等。由于各民族文化心理不同，人们会追求独特的音色，把对音色的审美看作民族音乐文化最重要的内涵，如中国戏曲中不同角色的唱法，就有强烈的音色追求，音色成为最重要的表现手段，苍劲的老生、华美的旦角，其声音要求是不一样的；而古琴的音乐虽然主要是单声部的，但是因为有着极其丰富微妙的音色变化而呈现出异常的表现力，琴家往往是在每一个音上把音色做足了功夫才放手；中国民族打击乐更以其丰富的音色组织获得表现功能，可以非常生动地表现音乐形象，例如现代民族音乐家创作了完全用打击乐器演奏的作品《鸭子拌嘴》和《老虎磨牙》，其艺术形象令人忍俊不禁，所以我们说，音色审美是音乐鉴赏活动的不可分割的有机部分。

旋律、节奏、和声、音色等形成的总体的不同结构，称为曲式。曲式是音乐审美逻辑的集中体现，其结构受到人的审美心理活动规律的制约。对曲式的审美鉴赏，主要是对整个音乐的和谐、协调、规整、平衡、变化等形式美的体验和评价，是音乐鉴赏的总体感受，它与我们的鉴赏力当中的音乐认知力、音乐记忆力、音乐想象力、音乐判断力，甚至精神的强度和跨度等都有密切的关系，因为音乐在世界中流逝着，没有这些能力，与审美有关的对曲式的把握和判断就无法完成。

四、音乐美的范畴与音乐审美

最值得注意的音乐美范畴是：崇高、悲剧美、喜剧美、优美、典雅等。这些范畴既与一般美学范畴的内涵相通，又有自己的特点，例如，音乐中的"崇高"并不一定与康德等美学家所强调的"量的巨大"有关。一般说来，音乐的崇高至少应具备下列要素：题材的严肃、思想的伟大、内涵的丰富、感情的强烈以及结构的富于理性等。贝多芬的许多交响乐正是因为具有这些特点而被认为是崇高风格的典范。又比如"悲剧"也是音乐美的重要范畴，但它不能告诉我们"为什么悲""谁在悲"。音乐的非概念性和抽象性限制了人们的确定性判断。不过，音乐却是最擅长表现悲情的艺术，古人说"平和之音淡薄，而愁思之音要妙"，就是这个意思，柴可夫斯基的一些交响乐作品也正是因为带有这样一些悲剧美的特质而具有很强的动情力。音乐还能够表现喜剧性内容，喜的种类如丑、滑稽、怪诞、幽默、诙谐、机智、讽刺等也在音乐史上有过绝佳表现，喜歌剧、讽刺歌曲、幽默的器乐曲等源远流长。

从音乐审美来说，掌握作品的风格和内涵常常与美的范畴有关。美的范畴不仅是音乐美、音乐风格的描述工具，也是创作音乐和欣赏音乐时需要明了的概念性内容。

那么，音乐审美鉴赏有几种可能的态度？音乐审美的心理机制怎样？简单地说，音乐审美鉴赏有三种类型：①偏重感性的态度；②偏重理性的态度；③感性与理性相结合的态度。第一类易于倾向声色感官愉悦，作为教育、美育，显然不够合适，第二类太过理性，易于倾向批评而不是审美。我们认为，理想的音乐鉴赏须结合感性和理性进行，既有作品带来的极大的感官愉悦，又有艺术赠予丰富的精神收获，这是一种兼含美育和认识、情智统一的审美态度。在具体欣赏过程中，则要强调心理活动，如记忆、注意、通感、联想、暗示、想象等。培养这些能力应注意听觉经验的积累、文化艺术修养的提高以及音乐实践活动的参与，并且注意提高掌握音乐形象的能力。

第二节　舞蹈艺术

舞蹈是以人体一系列有节奏韵律、有组织的动作和表情为艺术语言，创造艺术形象，从而反映社会生活，表达思想感情的综合表演艺术。它是人类历史上最古老的艺术之一，当人类尚未发明语言，或语言还不够完善的时候，远古时代的先民们，就以简单的动作、手势和面部表情为媒介来传情达意，以手舞足蹈来交流思想感情了。从某种角度而言，这可以算作舞蹈的雏形。《吕氏春秋·古乐》

中记载的古代传说《葛天氏之乐》："三人操牛尾，投足以歌八阕"，给我们描绘了原始人群的舞蹈活动。我国商代的巫舞，周代的文舞与武舞，春秋战国的优舞以及汉代百戏中的舞蹈，均曾盛行一时。唐代时舞蹈更加兴盛，除了豪华壮观的大型宫廷乐舞"立部伎"和精致典雅的小型宫廷宴乐"坐部伎"外，还有著名的"健舞"（胡腾舞、剑器舞等）以及歌舞大曲如著名的《霓裳羽衣舞》等。明清时代戏曲中的

▲ 舞蹈《千手观音》剧照

扫码看彩图

舞蹈表演等，都具有十分浓郁的民族特色。在欧洲，不少国家将舞蹈作为普遍的风尚，尤其是1581年意大利籍艺术家们在法国宫廷排演了第一部真正的芭蕾《皇后喜剧芭蕾》后，芭蕾迅速在欧洲各国传播开来，从17世纪开设了第一批芭蕾舞学校后，出现了许多职业性的芭蕾舞艺术家。19世纪更堪称芭蕾艺术的黄金时代，出现了《睡美人》《吉赛尔》《天鹅湖》等一批闻名于世的优秀芭蕾作品。20世纪初以美国著名舞蹈家邓肯为先驱的现代舞，以自然的舞蹈动作打破了古典芭蕾传统的程式束缚，更加自由地表现内心情感。

舞蹈艺术从性质上可分为情节舞和情绪舞；从风格上可分为古典舞、民族民间舞、芭蕾舞、现代舞、当代舞等；从作品结构上可分为小品舞、组舞和舞剧；从表演人数上可分为独舞、双人舞和群体舞。

在中国舞蹈中，古典舞的三大典范是敦煌舞、盛唐舞和楚舞。民族民间舞则体现了舞蹈最纯真、最本源的面貌，它和人民群众的生活联系紧密，它的深层意蕴是民族的精神，是人民群众之间相互依存的一种向心力、凝聚力，也是他们在各个特定历史时期的精神状态和历史追求的集中表现。我国的民族民间舞源远流长，十分丰富，一般可以分为汉族民间舞和少数民族民间舞两类。汉族民间舞常常采用载歌载舞的形式，如秧歌、花灯、二人转等均是如此。我国的少数民族以能歌善舞著称，各民族几乎都有自己的传统舞蹈形式，使少数民族民间舞品种繁多，色彩斑斓。如蒙古族的安代舞、筷子舞，维吾尔族的赛乃姆，朝鲜族的扇子舞、长鼓舞，藏族的弦子舞、锅庄舞，傣族的孔雀舞，苗族的芦笙舞等，均有各自的特点和鲜明的风格。此外，世界各地也有许多各具特色、充分表达人们内心世界和思想情感的舞蹈，例如印度的古典舞、日本的盆舞、斯里兰卡的象舞、波兰的玛祖卡舞以及非洲大量力度很强的民间舞蹈等。

芭蕾，是法文 Ballet 的音译，起源于意大利，形成于法国。古典芭蕾舞有一整套严格的程式和规范，尤其是脚尖鞋的运用和脚尖舞的技巧，更是将芭蕾舞与其

他舞蹈品种明显地区分开来。芭蕾舞动作要求规范化，尤其注意稳定性和外开性。稳定性就是芭蕾演员在舞蹈中要注意保持重心，着地的支撑脚要稳定地承受住全身的重量，在急速旋转和托举人物时都要保持稳定；外开性就是芭蕾演员必须通过长年的艰苦训练，使自己的双腿从胯部到脚尖往外打开，与双肩成平行线。正是由于芭蕾舞独特的脚尖舞技巧以及稳定性与外开性的程式化动作，使芭蕾具有了鲜明的艺术表现形式和美学特征。芭蕾舞剧则是以舞蹈作为主要表现手段，将舞蹈、音乐、戏剧、美术等融合在一起，来刻画人物性格，表现故事情节和传达情感氛围。一部大型的芭蕾舞剧常常是由表现人物性格和情绪的独舞，传达剧情的发展变化和表现任务的情绪交流的双人舞以及反映时代背景和烘托情绪氛围的群舞等共同构成。我国芭蕾舞者在1958年第一次排演了世界芭蕾名剧《天鹅湖》，从那时以来芭蕾艺术在我国有了迅速的发展，涌现出《红色娘子军》等一批大型现代题材芭蕾舞剧。

舞蹈艺术的审美特点主要有以下几点：①人体及动作美。舞蹈用人体的有规律的动作创造艺术形象，这是舞蹈艺术区别于其他姊妹艺术而独具其貌的基本特征。男舞蹈演员及其动作具有粗犷阳刚之美，女舞蹈演员及其动作具有细腻阴柔之美。②舞蹈的造型美。舞蹈被称为活的雕塑、动的画卷，舞蹈、绘画、雕塑的相似之点，是它们都用线条、色彩和材料来描写社会生活。他们的差异之处在于舞蹈是人体运动着的表演艺术，绘画、雕塑是属于物体静止的造型艺术。③舞蹈动作的力度美。力的样式，是舞之魂，是舞蹈最内在最本质的叙述者，如"冲击""砍击""点打""轻敲""扭动""滑翔"等，都以生命情调的律动直接去叩响观众生命情调的鼓面。④舞蹈的节奏与律动美。节奏律动，赋予生命的原始躁动以节奏秩序，使之化为一种情调，可洞若观火地呈现。律动力的样式变化万端，最能直接而显著地表现出舞者的气质、情愫、千种韵致。⑤舞蹈的抒情意境美。舞蹈不同于杂技和体操，他创造的艺术形象有两重性，即物质实在性和表现虚幻性，除了显示人体的力、健和智以外，主要在于动作的诗意性、抒情性和意境性。⑥形体动作与音乐的融合美。舞蹈是在形体动作与音乐的节奏、旋律、速度的有机结合中塑造艺术形象的。她们如同一对亲姊妹，从立意到风格，从情调到节奏，从气氛到意境，都应是水乳交融，浑然一体，达到高度的和谐统一，从而使人们的"听"与"看"互相充实，取得双倍的艺术享受。⑦舞蹈的舞台综合美。作为舞台表演艺术，舞蹈的演出背景即服装、布景、道具、灯光、音响的综合美具有极重要的意义。

作品鉴赏

芭蕾舞剧《红色娘子军》

这部舞剧以震撼人心的悲壮情节、恢宏绚丽的场面、鲜明的人物形象以及海南岛的地域风情，在芭蕾舞台上破天荒地塑造了英姿飒爽的"穿足尖鞋"的中国娘子军形象，将西方芭蕾技巧与中国民族舞蹈的表现手法相结合，创造出了民族芭蕾的世纪精品，被称为"中国第一部表现革命题材的芭蕾舞剧"，为世界芭蕾舞坛增添了一朵奇葩。

◀ 芭蕾舞剧《红色娘子军》剧照

芭蕾舞剧《天鹅湖》

芭蕾舞剧《天鹅湖》一直以其诗情画意的舞蹈段落，单纯凝练的童话故事，圣洁之至的天鹅短裙，对比鲜明的仙凡场面，感人肺腑的音乐形象，超越了种族、肤色、语言、性别、年龄、阶级、宗教、信仰、意识形态等各种障碍，用"真善美"的舞蹈意象，征服了全球各个角落的男女老少，净化了所有观众的心灵。自首演以来，已有 100 多年历史，至今在世界各国仍受到广大观众喜爱，成为芭蕾舞的代名词。

◀ 芭蕾舞剧《天鹅湖》剧照

傣族舞《雀之灵》

孔雀舞展示了傣族人对自然、对生命、对精神的表达和认知。孔雀是云南傣族人的信仰，他们觉得孔雀是最美的，它象征着自然美好。《雀之灵》这个题目体现了创作者对作品内涵的高度要求。举手投足之间，看似孔雀"迎风挺立""跳跃旋转""展翅飞翔"，但它远远超过了形态模拟，而是舞者——"孔雀"的灵与肉的交融与呈现。舞蹈寄寓了傣族人民对美好生活的向往和追求，表达了吉祥、和平、幸福、欢乐的心声。

◀ 傣族舞《雀之灵》剧照

男子群舞《奔腾》

男子群舞《奔腾》，以其气韵生动、气势磅礴、民族风格浓郁的人体动态形象，塑造了蒙古族青年牧民们策马奔腾的英俊形象，表现出了鼓荡在华夏大地的时代精神。该舞在开掘蒙古族人民内心世界和发展、编创蒙古族舞蹈方面均有许多创新，演出后受到观众的热烈欢

◀ 男子群舞《奔腾》剧照

数字剧院
· 芭蕾舞剧《红色娘子军》片段
· 芭蕾舞剧《天鹅湖》片段
· 雀之灵
· 奔腾

迎，获得舞蹈界的一致好评。

舞蹈诗剧《只此青绿》

▶ 舞蹈诗剧《只此青绿》剧照

全剧分为《展卷》《问篆》《唱丝》《寻石》《习笔》《淬墨》《入画》七个章节，以收藏于故宫博物院的北宋青绿山水画代表作《千里江山图》为主题，将舞蹈、音乐、诗歌和戏剧等多种艺术元素融合在一起，通过芭蕾、现代舞、民族舞等舞蹈表演讲述了一位故宫研究员穿越时空，进入画卷作者王希孟的生活世界，见证其创作过程的故事；运用音乐与舞蹈的视听语言绘制画卷，使静态的绘画艺术以具象的形式跃然于舞台之上，生动呈现了繁荣的宋代文化与素雅的宋韵美学，使观众徜徉在中国传统美学意趣之中，全身心地感受千里江山、天人合一的意境，引发对中国优秀传统文化的思考与感悟。

国标舞《燃烧的地板》

▶ 国标舞《燃烧的地板》剧照

《燃烧的地板》中我们能够看到国外各类风格的舞蹈：优雅的华尔兹，激情的恰恰、桑巴，充满异国情调的伦巴、爵士、摇摆，热情的弗拉门戈，动感的踢踏舞等。演员们粗犷奔放的表演，配以绚丽、大胆的服饰造型、令人意想不到的创意风格和激情洋溢的音乐，营造出令人如痴如醉的视觉和音响效果。现场演出的火辣和轰动令观众情不自禁在座位上乃至走廊中翩翩起舞，与舞台融为一体。

艺术实践

1. 给同学们分享一首你喜欢的器乐曲，运用所学知识，说说它美在何处。
2. 欣赏踢踏舞剧《大河之舞》，从舞蹈艺术谈团队协作精神的重要性。
3. 欣赏我国傣族舞蹈《雨林》和蒙古族舞蹈《礼赞苍穹》，感受它们的不同美感。

数字剧院

· 舞蹈诗剧《只此青绿》片段
· 国标舞《燃烧的地板》片段
· 踢踏舞剧《大河之舞》片段
· 傣族舞蹈《雨林》片段
· 蒙古族舞蹈《礼赞苍穹》片段

美的拓展

· 舞蹈作品

第十一章

实用艺术

实用艺术与人类的生活环境密切相关，是指实用功能与审美意识相结合的表现性空间艺术。它主要包括建筑艺术、园林艺术等。

早在人类历史的初蒙时期，实用艺术就随之诞生。原始人群在制作生产与生活的物品时，受客观世界中蕴含的美的启迪，不仅赋予其直接的实际用途，而且也将人类的创造性才能对象化，使这些物品具有了审美的意义。古希腊和古罗马遗留下的巨大建筑，如雅典卫城和罗马斗兽场，以及中国古代的大量青铜器皿，都是实用艺术的杰出代表。它与其他的艺术类型的重要区别，在于它不仅能够满足人们精神上的审美需要，同时还在一定程度上满足人们物质上的实用需要。因此，实用艺术最基本的特征就是实用原则与美观原则的完美结合。

第一节　建筑艺术

法国作家雨果说：人类没有任何一种重要的思想不被建筑艺术写在石头上。他称建筑是石头的史书。人类创造的世界奇迹全是建筑物，如中国的万里长城和天坛、埃及金字塔、意大利的米兰大教堂和罗马斗兽场等，至今大都还保存遗迹。建筑是时空造型艺术，它既是实用功能和美感作用的统一，又是技术、技巧和艺术的统一。

建筑形象的表现手段主要包括空间、形体、比例、均衡、节奏、色彩、装饰等，正是它们共同构成了建筑艺术的造型美。空间，是建筑的基本的外在形式要素，主要通过创造各种和谐的内外空间来实现其实用性，同时，巧妙地处理空间，以增强建筑艺术的表现力，从而产生和创造特定的心理效果的艺术境界。如北京的天坛，就是用有形的建筑实体来表现无形的文字，以具象的造型来体现象征的意蕴。

天坛

罗马斗兽场外景

美的巡览

· 天坛

扫码看彩图

天坛的整体平面是正方形，天坛中央的圆丘是白石砌成的三层圆台，附会了古代"天圆地方"之说，耸立在地面上的圆丘坛同周围的低矮的围墙形成鲜明的对比，不但扩展了祭祀空间，而且增添了崇高感和神秘感。形体，主要是指建筑物的总体轮廓，通过线条和形体、空间和实体的不同组合方式以及建筑与环境的和谐统一，突出建筑物独特的个性色彩和特有的艺术感染力。例如古埃及的金字塔，以独特的形体巍峨耸立于广袤的荒漠的边缘，庞大的塔身与天地相映衬，显示出一种独一无二的峻伟，让人感觉到它的神秘与高不可攀。可以说形体给了建筑深沉的艺术魅力。比例，主要是指建筑物各组成部分的对比，建筑中长与高的比例、凹与凸的比例、实与虚的比例等，都直接影响到建筑美。如北京人民大会堂除了整个建筑的巨大形体外，外观给人的突出印象就是那些巨大的圆柱了，当年在设计和施工时，这些圆柱的尺寸和比例经过反复研究，使其既与整体建筑相协调，又显示出擎天柱一般的雄伟。均衡，主要是指建筑在构图上的形式和谐，包括建筑物前后、左右、上下各部分之间的关系，均衡对称常常给人一种严肃庄重的感觉，增加崇高的美感。如北京的故宫，作为一个完整的建筑群非常对称，其中以太和殿为轴心，整个建筑群完成了中轴对称。中国的北方建筑，尤其是古代建筑大多秉承着这种对称理念。节奏，是指通过有规律的变化和排列，利用建筑物的墙、柱、门、窗等有秩序的重复出现，产生一种节奏美或韵律美，在这一点上，建筑物和音乐具有内在的共同之处，因而人们分别把它们说成是"凝固的音乐"和"流动的建筑"。色彩，常常构成建筑特有的艺术形象，给人带来独特的审美感受和难忘的印象。装饰，作为建筑物的有机组成部分，对创造建筑美也有着不容忽视的作用，它可以起到为建筑物增色添彩的作用。建筑艺术作为民族文化的体现和时代精神的镜子，总是以直观形象的方式反映出一定的社会意识形态和深刻的历史文化内涵。古今中外的建筑，由于历史悠久、数量众多、风格迥异以及鲜明的民族和时代特色，使得这些建筑具有很高的审美认识价值和文化价值。

中西建筑艺术的审美特点有明显的差别。中国建筑以木为主，以靠群体序列来形成建筑气氛，匍匐亲近大地，刻意追求人与环境的和谐，开敞，天人合一；西方建筑以石为主，突出单体体量，直插向天空，靠高大造型显示性格，封闭，人天相胜。中国建筑多曲线美，屋顶为飞檐反宇；西方建筑以直线为主，屋顶平直。中国建筑群体曲折委婉，步移景异，具有音乐时空运动感；西方建筑平直刚健，具有物理时空的隐秘肃静感。中国建筑综合性强，有大量附属品；西方建筑综合性较弱，附属物较少。

▶ 米兰大教堂——哥特式建筑

扫码看彩图

中西建筑艺术有着共性的审美特征。①群众性。每个人都需要建筑，但不一定需要其他艺术，建筑艺术具有全人类群体。②纪念性。建筑尤其是石头建筑是传递历史文化的最牢固可靠的载体，无论是古埃及的金字塔还是中国的万里长城，都以永恒的纪念性而誉满全球并流传千古。③正面性。建筑无所谓进步、落后、革命、反动，任何宫殿庙宇教堂城楼，都可以给人正面教育，成为人民的审美对象。④象征性。建筑具有鲜明的象征意义，天坛象征着天圆地方，它的柱梁结构都符合四象、十二月、二十四节气中的数字。⑤环境性。建筑是固定在地球上的艺术，不能移动，具有特定的环境性。金字塔只能建在沙漠，哥特式教堂旁边绝不能再造摩天大楼。离开了环境协调性，建筑将失去审美意义。⑥审美抽象性。建筑无所谓再现生活，而只能是表现人们的思想感情。建筑艺术的审美比较抽象、朦胧。不同的古今中外建筑使人感到惊叹、神秘、肃穆、亲切、新奇等美感。建筑艺术审美侧重于欣赏形式美。⑦审美强迫性。建筑一旦完成，迫使人们必须欣赏它。

作品鉴赏

长城

万里长城在建筑艺术上雄伟壮观，气势磅礴，布局巧妙，结构合理。各段长城连缀起来，绵延不绝地横贯于中国的北方大地，形成一种朴实浑厚、粗犷奔放、雄伟壮观、气势磅礴的独特风格，具有强大的美学魅力。世界古代虽也曾出现过古罗马等多处类似长城防御功能的军事设施，但就历史悠久、分布范围广阔、形制规模宏伟、位置险要、气势雄伟而言，中国的万里长城在世界建城史上则是无与伦比的，堪称世界建筑工程史上的奇迹。

▲ 长城

美的巡览
·长城
·故宫

故宫

北京故宫，又名紫禁城，位于北京市中心，今天人们称它为故宫，意为过去的皇宫。它以世界现存最大、最完整的古建筑群，列世界五大宫之首（北京故宫、法国凡尔赛宫、英国白金汉宫、美国白宫、俄罗斯克里姆林宫）。故宫的建筑依据其布局与功用分为"外朝"与"内廷"两大

▲ 故宫

扫码看彩图

部分。"外朝"与"内廷"以乾清门为界，乾清门以南为外朝，以北为内廷。故宫外朝、内廷的建筑气氛迥然不同。

金字塔

埃及吉萨的10座金字塔是古代奇迹之一，它们耸立在尼罗河两岸的沙漠之上，是古埃及时期最高的建筑成就。金字塔中最大的是胡夫金字塔，这座大金字塔原高146.59米，底面呈正方形，底边长230米，绕金字塔一周，差不多要走一公里的路程。胡夫金字塔，除了以其规模的巨大而令人惊叹以外，还以其高度的建筑

技巧而著名。塔身的石块之间，没有任何水泥之类的黏着物，而是一块石头叠在另一块石头上面的。每块石头都磨得很平，至今虽历时数千年，人们却很难把锋利的刀刃插入石块之间的缝隙，而且能历数千年而不倒，这不能不说是建筑史上的奇迹。

金字塔

第二节　园林艺术

所谓"园林"是指在一定的地域运用工程技术和艺术手段，通过改造地形（筑山、叠石、理水）、种植花草、营造建筑和布置园路等途径创作而成的美的自然环境和游憩境域。从广义来讲，园林艺术也是建筑艺术中的一种类型。但由于园林艺术更注重观赏性，并且通过撷取自然美的精华，将自然美与建筑美融合在一起，成为富有情趣的园林美，使园林艺术具有许多自身的特点，因而人们往往又将它和建筑并列为实用艺术中不同的类型。如果说在建筑艺术中是实用性大于自身的审美性的话，体现在园林艺术中，这种比重恰恰相反。园林的实用性是和审美性完全成正比的。世界三大园林体系，包括中国园林体系、西亚园林体系、欧洲园林体系，都具有极高的艺术性和观赏性。尤其是中国古典园林由于独特的风格和造型，在世界园林史上占有重要的地位。

我国园林起源于殷商时代，那时叫囿。《孟子》记载"文王有囿方七十里""楚庄王筑层台延石千重，延壤百里"。到秦代，帝囿的规模更加宏大，秦始皇营建的帝囿"上林苑"尤其是阿房宫，极其精美豪华。从汉代起，囿改称苑或苑囿。造园艺术家已开始注意到把自然景色引进苑囿，要求苑囿模仿自然，反映自然。汉代最著名的苑囿是未央宫。魏晋南北朝时期，我国的山水画发展起来，山水画的构图理论丰富了造园艺术。造园的理论与山水画的理论是紧密联系的，不少古

扫码看彩图

美的拓展
· 建筑作品

代造园艺术家同时也是画家。士大夫阶层在佛教影响下追求精神的解脱，陶醉于山林田园之中，以山居岩栖为高雅，于是造园叠石之风大兴。唐代是造园艺术的成熟时期，唐朝经济发达国力雄厚，所以建筑追求气势宏伟、装饰华丽的风格。例如，骊山华清宫是唐明皇和杨贵妃游乐之地，陈设布局极其富贵豪华。明代是造园艺术的高峰，明末吴江人计成是我国杰出的造园艺术家，他著的《园冶》一书是我国最杰出的一部造园艺术专著，书中评述了造园艺术手法和经验，有重要的美学价值。明清两代江南园林蔚然兴起，苏州园林为最多，苏州的拙政园、狮子林、留园、环秀山庄、艺圃、网师园、西园、怡园、可园等，大都是明清时代建造和重建的。北京的颐和园、圆明园也是明清建造或重建的。

中国园林

世界三大园林

欧洲园林　　西亚园林

扫码看彩图

世界三大园林

我国园林一般分为皇家园林、私家园林和寺庙园林三大类。皇家园林以北京西郊的"三山五园"（即万寿山、玉泉山、香山，颐和园、静宜园、静明园、畅春园、圆明园）及河北省承德的避暑山庄为代表，规模宏大，豪华富贵。私家园林追求一种精巧素雅、玲珑多姿的风格，讲求山林野趣、朴实的自然美，善于把有限的空间，巧妙地组合成千变万化的园林景色，再现大自然的美景，以少胜多，以精取胜。寺庙园林往往选择山明水秀之地建造，地点与自然环境有机融合，幽深、曲折、清静，具有含蓄、神秘、庄严、崇高的美感。晨钟暮鼓、香烟缥缈，别具宗教文化艺术的审美魅力。

皇家园林——北京颐和园

私家园林——上海豫园　　寺庙园林——西安大慈恩寺

中国园林

扫码看彩图

中国园林

▶承德避暑山庄

▶苏州留园

中国园林建筑的艺术手法，分以下几点：①小中见大，咫尺山林。在园林中，常把全园分隔成若干个小园，形成园中有园，使景色重重叠叠，面积小而层次多，空间小而深度大，物少而景多，费工少而意境多，可谓一勺江湖，咫尺山林，立观千山，坐视万壑。②忌直求曲，奇趣多变。廊要随形而弯，依势而曲，使廊中之人视线左右多变，廊外之人也能感受到园林空间的曲折变幻。路要曲径绕篱，夹径环山，蹊径盘长，步移景异，达到"山重水复疑无路，柳暗花明又一村"的境界。③虚实相生，疏密相间。虚即无、假、空、隐、疏，实即有、真、现、显、密。在园林中，山为实，水为虚；墙为实，门窗为虚；房屋为实，庭院为虚；峰峦突出为实，洞壑凹入为虚；近景为实，远景为虚；明朗为实，昏暗为虚；物为实，影为虚；聚为实，散为虚。虚实对比的手法造成园林景色互相交织、穿插，达到忽虚忽实、意境幽深的审美效果。④欲扬先抑，藏而不露。东方文化讲究含蓄，西方文化追求直露。反映在园林上，西方直线几何形跑马式园林一目了然，中国曲线园林则忌一览无余。中国园林在峰回路转之后的豁然开朗，能给人以强烈的审美感受。⑤堆山治水，建筑点缀。中国园林把建筑、山石、水、花木并列为造园的四大要素。园林的叠山理水，既师法自然，又高于自然。⑥花木寓意，蜂蝶传情。园林离不开花木，园林中常借花木抒情。松竹梅三者比为岁寒三友，梅兰竹菊为花中四君，莺燕蜂蝶为花间四友，园林中有了它们，才显出一派生机。⑦景文相彰，书画结合。我国园林中使用匾额、楹联、碑碣、石刻者很多，词句也典雅优美，富于情趣。

我国园林的审美特点主要有以下几点：①景情融合的意境美。中国古代园林都是文人造园，所以园林和山水画、田园诗一样，重视神思和韵味，追求"宛若画意"的意境，用意境来评价作品格调的高低。例如，苏州拙政园有一扇亭名"与谁同坐轩"，取苏轼"与谁同坐，明月清风我"的词意；园中植梅，抒发"正怜香雪披千片，忽讶残霞覆一丛"；池里植荷，表示出污泥而不染的香远益清的品格；屋旁栽芭蕉，就咏诗"蕉叶半黄荷叶碧，两家秋雨一家声"处处显示出诗情画意的意境美。②以小胜大的精巧美。私家园林多在城市，既要求方便的城市物质享受，又要能得到自然山林的野趣。要解决居住、宴客、读书、游憩的多种功能，但面积又有一定限制，所以就逐渐形成了精巧的城市园林风格和典型、集中、精致、丰富的特征，实现了虽是咫尺山林，却有多方胜境的目的。③曲折含蓄的典雅美。中国园林多数讲究曲折含蓄、内向隐晦、婉约朦胧。景是"藏而不露，引而不泄"，路是"曲而不尽，峰回路转"。这种"无意胜有意""无声胜有声""无色胜有色"的效果，正是造园者苦心经营，而不露痕迹的高明之处。

作品鉴赏

颐和园

颐和园原是清朝的皇家花园和行宫，是我国现存最宏丽、完好的大型皇家宫苑。颐和园占地 3.009 平方千米，其中水面约占 3/4。整个园林以万寿山上高达 41 米的佛香阁为中心，根据不同地点和地形，配置了殿、堂、楼、阁、廊、亭等精致的

◀颐和园

建筑。其园林布局集我国造园艺术之大成，园内山清水秀，廊回阁耸，金碧辉煌，在中外园林艺术史上有极高的地位。颐和园已被联合国教科文组织列入《世界遗产名录》。

苏州拙政园

拙政园是苏州园林中最大，也是最著名的一座，始建于明代正德年间（1509年）。拙政园造景山水并重，水面占全园的 3/5，总体布局也以水池为中心，各类建筑皆临水而立，亭树楼阁倒映水中，相互映衬。全园分东、中、西、住宅四部分；中部山明水秀，厅榭典雅，花木繁茂，是

◀拙政园

全园的精华所在；西部水廊逶迤，楼台倒影，清幽恬静；东部平岗草地，竹坞曲水，空间开阔。

艺术实践

1.线上欣赏我国著名古建筑悬空寺、布达拉宫和福建土楼，从建筑美的角度，谈谈它们各有什么特点。

2.利用节假日参观家乡附近的一座古院落、古民居或古建筑，推荐给同学们。

3.线上欣赏我国著名园林个园、欧洲著名园林意大利埃斯特庄园，感受中西方园林在审美上的异趣。

美的巡览
· 颐和园
· 拙政园
· 悬空寺
· 布达拉宫

美的拓展
· 园林作品

第十二章
综合艺术

综合艺术是戏曲、戏剧、电影、电视等艺术的总称。它吸纳了文学、绘画、音乐、舞蹈等艺术种类的优势，将它们融合于自身的表现形式，获得了复杂的艺术手段和表现方式，从而具有独特的审美特征，生成了更加强烈的艺术感染力。其中最为基本的美学特征是它的综合性，这种综合性体现在各种艺术元素一旦进入综合艺术之后，就具有自己崭新的意义，产生出一种新的特质。例如，电影中的音乐，已经不同于一般意义上的音乐，而是电影艺术的有机组成部分，具有自身的艺术规律和美学价值。

第一节　戏剧艺术

戏剧是以剧本为基础、以导演为主导、以演员为中心创造舞台艺术形象、反映社会生活、表达思想感情的四维时空表演艺术。从广义上讲，戏剧包括话剧、中国戏曲、歌剧、舞剧等。从狭义上讲，戏剧主要是指话剧。

人类社会戏剧艺术的起源很早，古希腊是西方戏剧的故乡，出现了莎士比亚这样举世闻名的戏剧家。中国的戏剧起源于远古社会的歌舞和宗教仪式，后来发展为傩戏，中国古代出现了关汉卿、王实甫、汤显祖等伟大戏剧家，明代的汤显祖与莎士比亚是同时代的人，其艺术成就可与莎翁媲美。

▶ 斯坦尼斯拉夫斯基——现实主义戏剧家

戏剧体系主要分为两大类。西方以斯坦尼斯拉夫斯基为代表的写实体系，主张以真为美，再现社会生活，有自然主义的倾向。东方以梅兰芳为代表的写意体系，以意境为美，讲求程式性和虚拟性。还有以布莱希特为代表的间离体系，介乎前二者之间。戏剧按照内容结构分为独幕剧、多幕剧等。按题材分为历史剧、传统剧、神话剧、儿童剧、现代剧等。按表现手段分为话剧、歌剧、歌舞剧、哑剧等。按矛盾的冲突性质分为悲剧、喜剧、正剧等。

作为戏剧的一种类型，悲剧常常通过正义的毁灭、道德的扭曲、英雄的牺牲或主人公的苦难命运，显示出人的巨大精神力量和伟大人格,悲剧就是通过"真"的消解、"善"的沦丧、"美"的被亵渎等毁灭的形式来造成观众心灵的巨大震撼,使人们从悲痛中得到美的熏陶、启迪和净化。埃斯库罗斯代表着古希腊悲剧艺术最高成就,他被后世称为"悲剧之父"。在奴隶社会,悲剧的主题主要存留在"命运悲剧"阶段,如古希腊著名的悲剧家索福克勒斯的《俄狄浦斯王》,通过俄狄浦斯"杀父娶母"的命运悲剧,揭示了生存中不可改变的命运悲剧。到了中世纪后,这一时期的主要悲剧被称为"性格悲剧",如莎士比亚的名剧《哈姆雷特》,闪耀着个性求索的光芒。在文艺复兴时期,性格悲剧对于人文理想的推广起了很重要的作用。到了资本主义社会,"社会悲剧"应运而生,主要以批判社会为目的。喜剧,也是戏剧的一个重要的种类,它以含泪的笑嘲讽世俗,在诙谐中蕴含着对于社会与人生的批判。喜剧也诞生在古希腊,代表人物主要有阿里斯托芬。莎士比亚的代表性喜剧有《威尼斯商人》《第十二夜》等。法国著名的剧作家莫里哀以喜剧闻名于世,代表作有《唐璜》等。正剧比悲剧和喜剧出现较晚,直到19世纪才初具规模。

戏曲是我国传统的戏剧形式的总称,据不完全统计,我国共有300多个剧种,其中包括全国性的剧种(京剧),也包括地方戏剧(川剧、秦腔、河北梆子、昆剧、豫剧、越剧、评剧等)。在世界上,古希腊戏剧、印度梵剧和中国戏曲,被称为三种古老的戏剧艺术。中国戏曲艺术,作为戏剧艺术的一个组成部分,既具有戏剧的共同特征,又因其独特的表现手段和独有的审美特征,而有别于其他戏剧形式。它与中国文化的审美特质具有很大的共融性,从而将意境美的表述作为其艺术追求的主要目的之一,具有一种"似与不似"的写意性,在世界戏剧艺术中独树一帜。我国近代著名学者王国维下了这样一个定义:戏曲者,谓以歌舞演故事也。戏曲中的"歌舞",包括唱、念、做、打四种类型,而这些都有特定的规范,是高度程式化了的。除了演员的表演之外,角色行当的划分(生、旦、净、末、丑)、化妆(脸谱、翎子等)、服装和道具(刀枪、马鞭等)、音乐唱腔(西皮、二黄等),也都具有一定的程式规范。这种程式化,也是戏曲的一个鲜明特征。再进一步看,由于歌舞化和程式化,舞台形态与生活形态产生了较大的距离,注重形式美和抒情性,因而也较多地表现出虚拟性和象征性的特点。例如骑马、划船、开门等,都不能追求逼真;一般的细节、过程、场景,例如饮酒、行军、布阵等,也只是"点到为止";剧中的环境一般也没有实景,只是通过演员的表演,在想象中呈现出来。

戏剧作为综合艺术,主要具有以下审美特征:①社会美。戏剧的本质在于反映社会中人与人的矛盾冲突,有深刻的社会性、哲理性。例如《雷雨》最后一场,在电闪雷鸣大雨倾注的环境中,人物角色的所有尖锐矛盾集中爆发,剧情的发展紧紧地抓住了观众的心,艺术效果

◀《哈姆雷特》剧照

非常强烈，观众得到了戏剧美的享受。人们常说的有没有"戏"，就是指戏剧的矛盾冲突情节。②综合多样美。综合性是戏剧最为基本的特征，它的艺术魅力来自多种艺术形式的综合运用，其中，剧本需要文学的支撑，舞美需要绘画等造型艺术的渗入，音乐的植入，诸如此类艺术的运用，将时间艺术与空间艺术、视觉艺术与听觉艺术、造型艺术与表演艺术高度融合，从而具有了巨大综合表现力，极大地扩展和丰富了观众的审美感受。多样性主要表现在艺术样式的多样和表现手法的多样。③典型美。戏剧在有限的时间和空间内展现艺术形象和情节，要求人物、事件、时间、环境高度集中和典型，把现实生活中的美精练浓缩化。

作品鉴赏

话剧《雷雨》

曹禺的处女作《雷雨》标志着中国现代话剧的成熟。其中，两个家庭八个人物在短短一天之内发生的故事，却牵扯了过去的恩恩怨怨，"剪不断，理还乱"。狭小的舞台上不仅突现了伦理矛盾、阶级矛盾，还有个体对于环境、时代强烈不协调的矛盾，在种种剧烈的冲突中完成了人物的塑造，其实悲剧早已潜伏在每一句台词、每一个伏笔中，只是到最后时分才终于爆发出来，化作一场倾盆雷雨，无比强烈地震撼了每个人的灵魂。

话剧《雷雨》剧照

话剧《茶馆》

话剧《茶馆》是老舍在 1956 年完成的作品，1958 年由北京人民艺术剧院首排。全剧以老北京一家大茶馆的兴衰变迁为背景，向人们展示了从清末到抗战胜利后的 50 年间，北京的社会风貌及各阶层人物的不同命运。

话剧《茶馆》剧照

话剧《蒋公的面子》

话剧《蒋公的面子》于 2012 年 5 月南京大学 110 周年校庆期间在南京大学大礼堂首演，由吕效平执导，该剧荣获第一届"紫金·人民文学之星"文学奖特殊文体奖、第一届鲁迅文化奖年度戏剧奖等。该剧巧妙地以一个看似轻松的"蒋公请吃饭"的事件，

话剧《蒋公的面子》剧照

数字剧院
·话剧《雷雨》片段
·话剧《茶馆》片段
·话剧《蒋公的面子》片段

深入探讨了知识分子在特殊历史时期的内心挣扎、价值选择与人性弱点。在那个动荡的年代，三位教授对于是否赴蒋公的饭局各有考量，这背后反映出他们在政治压力、学术尊严与个人欲望之间的纠结。

该剧简洁而富有韵味的舞台布景，营造出了特定的历史氛围。演员们精湛的表演，将人物的情感和内心世界完美地呈现出来。台词更是该剧的一大特色，既富有文学性，又充满了生活气息。话剧《蒋公的面子》是一部思想深刻、艺术精湛的佳作。它以小见大，通过一个看似微不足道的事件，展现了人性的复杂微妙。

话剧《等待戈多》

《等待戈多》是贝克特的代表作，也是荒诞派戏剧的一部经典作品。全剧共两幕，只有一个场景和六个人物。戈多是"焦点人物"。人们望眼欲穿地盼着他到来，但他始终未露面。他是什么人，要来干吗，人们为什么等他，都是谜。这样的人物，这样的剧情，似乎荒诞不经，却含有很大的隐喻，象征西方当代人的某种精神状态，西方社会的某些特征。

◀ 话剧《等待戈多》剧照

数字剧院
· 话剧《等待戈多》片段

美的拓展
· 戏剧作品

第二节 影视艺术

影视艺术是将视觉艺术与听觉艺术、时间艺术与空间艺术、纪实艺术与表演艺术、再现艺术与表现艺术有机地综合到一起的综合艺术。它是科学技术发展的产物，是科技与艺术的综合，是多门艺术的综合。电影与电视共同组成的影视文化，对人类社会生活产生了重大影响。从传播学的角度看，这种影视文化，可以说是人类文化史上自从语言、文字、印刷术产生以来，在文化的积累和传播上的一次划时代的革命，是信息传播从声与光（原始传播），铅与火（文字传播）到光与电（新技术传播）的重大的突破。从艺术学的角度看，这种影视文化，作为现代科学技术和各种艺术表现手段相结合而形成的新兴综合艺术，拥有许多前所未有的审美特征和艺术手法，正在产生越来越巨大的影响，可以说是人类艺术史上一次划时代的革命。

电影是用摄影、录音经过剪辑创造艺术形象，反映现实生活，表达思想感情的综合艺术，它在二维平面上表现四维时空效果。它是三种空间艺术（绘画、建筑、舞蹈）和三种时间艺术（音乐、文学、戏剧）与高科技的结合艺术。电影具有无限的时空自由度，具有无宏不纳、无微不察、无奇不有、无妙不生的审美效果。

影视艺术

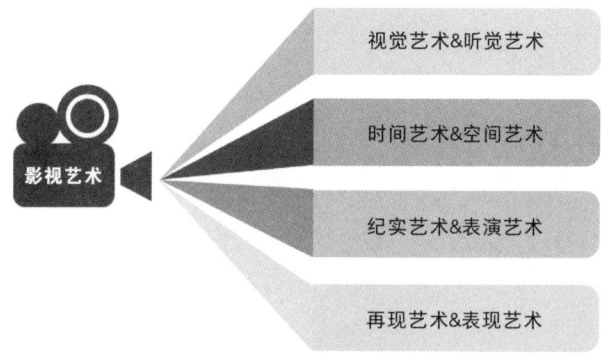

人类早就有创造阴影艺术的灵感。相传公元前 142 年，汉武帝把宠妾李夫人用灯影照在帘上欣赏，这可以算作最早的灯影艺术构思。中国民间的走马灯、皮影戏，都有类似电影的效果。电影的出现，依赖连续摄影及放映技术的成功，其生理依据是视觉暂留现象。1895 年 12 月 28 日，法国卢米埃尔兄弟在巴黎卡布辛路的"大咖啡馆"第一次公开售票，放映了《火车进站》《工厂大门》《水浇园丁》等影片，取得惊人成功。这一天遂被电影史学家确定为电影诞生日，标志着无声电影时代的开始。1927 年 10 月有声电影诞生，数年之后彩色胶片问世，1935 年拍出了五彩片《浮华世界》，电影具备了画面、声音、色彩三大基本元素。经历了从无声到有声、从黑白到彩色、从普通银幕到宽银幕的发展过程，电影终于成为拥有最大欣赏群体的艺术。

电影的艺术手段就是银幕上视、听形象的综合，它由画面、蒙太奇、色彩、声音等构成，集中体现为银幕造型。

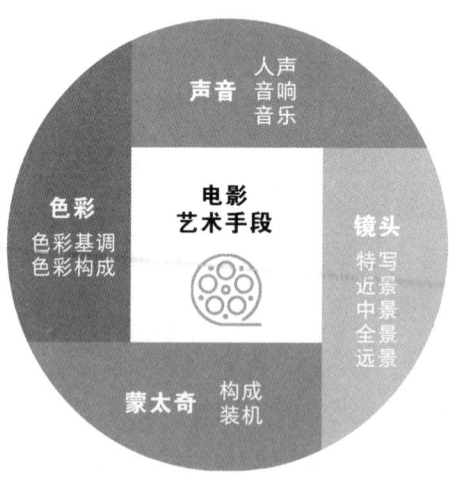

电影艺术手段

（1）镜头。镜头是指摄影机连续一次拍摄的电影片段，镜头既是影片结构的基本组成单位，又是电影表现手段的基本元素，它是观众眼睛的替代、视野的扩大、视域的延伸、视角的变换。依据视距的远近，镜头一般分为特写、近景、中景、全景和远景。镜头运动的形式分为推、拉、跟、摇、移、转、升、降等。镜头转换的技巧有"淡""切""化""划"等。

（2）蒙太奇。蒙太奇原是法语 montage 的译音，原意是"构成"和"装配"，是建筑行业的专业用语，被借用到电影艺术领域，在格里菲斯和爱森斯坦等人的不断完善下，成为电影的主要艺术语言。它是电影艺术特殊的表现形式，也是电影结构的主要创作思维模式，是将不同的镜头、场面和段落，根据创作构思、逻辑关系和剧情发展组接成一部完整的影片。蒙太奇创造了独特影视空间和时间，组织整合了各种视听因素，使电影生成了不同的节奏，拓宽了电影发展的道路，它的成熟使电影成为艺术。

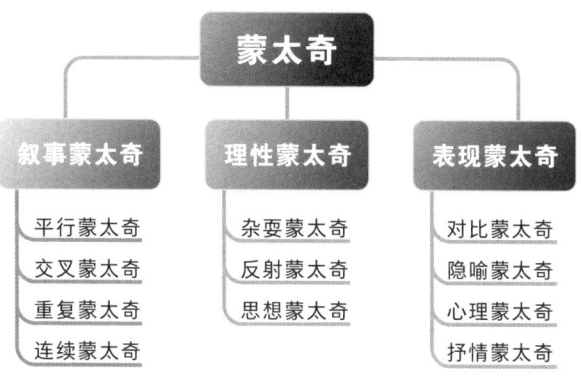

扫码看彩图

▲蒙太奇的类型

（3）色彩。色彩是电影的又一个重要艺术语言。通过用色，使画面的色彩表现出创作者的意图，使剧情内容和形象特征在色彩的运用中得到强化。电影的色彩造型分为色彩基调和色彩构成两方面。色彩基调是指影片色调的总倾向，它同影片的主题思想、导演风格密切相关，体现出创作者的主观情绪和总体构思。影片《红高粱》用红色基调，《末代皇帝》用灰黄色调，这些都是用色彩表现主题的美学构思。色彩构成是指在色彩基调的前提下各个场面和镜头的色彩造型，在银幕上构成一个有机的整体，例如描写旧社会用低灰调，描写新社会用高艳调。

（4）声音。电影中的声音一般分为人声、音响、音乐三大类。它们在艺术表现上错综复杂地交织在一起，构成了电影听觉不可分割的整体，而听觉元素又和视觉元素结合成有机的统一体，共同参与银屏空间和银屏形象的塑造。电影的人声有画内音和画外音两种，画外音的人声包括旁白和独白。电影中的音响不是简单地模拟自然声，而是作为一种艺术元素纳入影片，成为艺术创作的一种独特表现手段。音响包括影片中的动作音响、自然音响、背景音响、特殊音响等。电影音乐可分为有声源音乐和无声源音乐两种形式。有声源音乐，亦称画内音乐，客观性音乐，即影片中出现的音乐是画面中的声源发出的，如正在歌唱的人，演奏的乐器，开着的收音机、录音机、电视机等。此时音乐与画面保持同一现实世界的关系。无声源音乐，亦称画外音乐、主观性音乐，即影片中的音乐并非来自画面之中，而是创作者根据塑造人物性格和渲染环境气氛等需要设计的音

▲中国第一部电影《定军山》剧照

乐，它可以补充画面不易表达的情绪和感情。

电视较电影面世晚，是一门迄今为止最年轻的艺术，但却发展迅猛。它是运用电子技术对形象、色彩、声音进行摄录，再经过光电设置进行转换，用电磁信号进行播送，在接收机屏幕上显像。所以它既可以与声话并存、引人入胜的电影相媲美，又有迅捷的优势，迅速成为大众传媒的宠儿。英国是电视的摇篮，早在1930年就播出过电视剧《花言巧语的人》，但只是停留在实验阶段。1936年英国广播公司在伦敦正式播放电视节目，标志着电视诞生。1954年美国正式播放彩色电视节目，彩色电视的出现是现代科技为电视带来的一次重大飞跃。随着电视技术的不断进步，有线电视、高清晰度电视、数码电视的出现，电视艺术无可辩驳地成为当代信息社会不可缺少的一个重要组成部分，影响着人们的生活方式和思想的变化。我国自1958年开始播放黑白电视节目。1958年成立的中央电视台，是我国最早成立的电视台，原名北京电视台。我国自1973年开始播出彩色电视节目。

电视属于大众媒介，它既有传播新闻信息的功能，同时也有艺术的功能和娱乐的功能。电视艺术有电视剧、文艺专题片、文艺访谈等，作为一门独立的艺术，有着自己独具的美学特征。①电视的技术性形成了这门艺术的特性。电视画面的面积较小，清晰度较差，难以表现众多的人物和较大的场面，在镜头运用方式上多用中、近景的特写，少用远景和全景，场景转换不宜太快，以便让电视观众弄清人物和剧情。②电视的介入性形成了这门艺术的观赏特点。电视剧应当照顾到观众对剧情内容的兴趣，调动各种艺术手段来吸引观众，给观众以想象的空间和介入的机会，使观众对剧中人产生移情和共鸣，达到引人入胜的艺术效果。③电视的迅速性形成了这门艺术更加生活化的特点。电视剧制作周期短，成本较低，又拥有轻便灵巧的技术设备，因而能够深入生活，及时将人们关心的问题用艺术形式表现出来。

电影与电视的艺术手段基本相同，在画面和镜头的处理方法，在画面和声音的配合上，在构图和用光的创造等方面有着基本上相同的原则，它们有着共同的艺术特征。

（1）综合性与技术性。第一，影视艺术综合吸取了绘画、戏剧、文学、音乐、雕塑、建筑等艺术中的多种元素，成为一个崭新的艺术形态。电影与戏剧的关系最为密切，戏剧的舞台时空局限性被电影自由转换的时空打破，戏剧的程式性和虚拟性也被电影真实、自然、生活化的表演取代；电影从文学中吸取了许多叙事方式和叙事手段；从绘画、雕塑等造型艺术中，吸取了视觉形象的直接感染力；从音乐中吸取了节奏感，音乐成为电影中概括主题、抒发感情、渲染气氛的重要艺术手段。第二，电影是现代科学技术的产物，在其发展过程中，技术的进步，对于电影语言的创新，甚至对电影美学观念的演变，都有着不容忽视的重大影响。

（2）画面的运动性。影视画面是运动的，与绘画、摄影具有静止性的画面根本不同。它们不是通过瞬间来反映生活，而是可以直接反映生活的某些过程。电影与电视表现运动是与生俱来的本能。"活动照相""活动绘画"的称谓由此而来，主要是依靠运动的画面表现一个内容、刻画一种思维、完成一次叙事。这主要通过"蒙太奇技巧"来实现。长镜头也是构成画面语言的重要手段之一。它采用较长时间不间断地连续拍摄，比较充分而且更具有真实感地交代出一段情节或一个场面。

（3）时空自由转换性。只要内容需要，天南地北、昼夜古今可以在瞬息之间相继出现在影视画面上。这种全新的时空现象，专业界称为"电影新时空"。影视实现时空自由转换主要依靠蒙太奇。影视的时空重组主要有两种结构形式，即顺序式结构与交错式结构。顺序式结构是依照故事情节发生、发展的顺序，以时间的先后来组织不同的画面，自然地表现出生活的流程。交错式结构打破了时间的先后次序，让有关的场景互相穿插，出现交替、倒叙、闪回等。

（4）逼真性与假定性。逼真性是电影基本的美学特征，电影能够逼真地再现客观现实世界，在所有的艺术形象中，电影形象最真实，最具有直观性，能在人们眼前精确地再现出事物的一切细微特征，从而具有其他任何艺术无法企及的真实地反映对象的能力。电影的逼真性，表现在它是一种直观的真实，电影观众不能容忍银幕上有任何虚假或是细节失真。电影的假定性首先表现在电影绝不是对现实生活的机械照相式反映，而是凝聚着电影艺术家的审美理想、思想感情和艺术感受，体现出艺术家鲜明的艺术风格和创作个性。其次，电影的假定性充分显示在蒙太奇手法上，蒙太奇的本质就是假定的。电影时空的展缩、逆转、重叠、交叉、平行，电影声画的同步对立等一系列蒙太奇手法，都是建立在假定性上的。然而这种假定性并不会造成观众的误解，他们的欣赏逻辑和心理完全能接受这种艺术的假定性。例如英雄的心跳声可以响彻电影大厅，这当然是假定的，但谁也不会否认它的真实性。逼真性是电影美的本质所在，但这并不意味着电影中不存在或排斥假定性。恰恰相反，电影艺术同样存在并有赖于假定性，没有假定性，就没有任何艺术，也就没有电影。银幕本身就是电影中最大的假定性。银幕时间，则是对真实时间的延伸或压缩。这都是电影中存在假定性的表现。

作品鉴赏

电影《城南旧事》

电影《城南旧事》于 1983 年上映，影片根据台湾女作家林海音 1960 年出版的同名中篇小说改编而成，由吴贻弓执导。该片荣获第 2 届马尼拉国际电影节最佳故事片金鹰奖、第 14 届贝尔格莱德国际儿童电影节最佳影片思想奖等。影片的核心主题是离别，通过小女孩英子的视角，展现了她与疯女人秀贞、小偷、保姆宋妈等人的分别。

数字剧院

· 电影《城南旧事》片段

电影中巧妙地运用了虚实结合的手法，增强了故事的感染力和艺术效果，一些情节和人物通过英子的回忆、他人的讲述或者景物的暗示来展现，给观众留下了丰富的想象空间。影片的音乐《送别》贯穿始终，进一步渲染了离别的哀愁和人物命运的悲惨。电影《城南旧事》以细腻的情感、独特的叙事方式、精美的画面和音乐，展现了童年的纯真与美好，以及人生的无奈与成长。影片不仅是对过去时光的怀念，更是对人性、生命和社会的深刻思考，值得人们反复品味和欣赏。

电影《阿甘正传》

电影《阿甘正传》上映于 1994 年，在第 67 届奥斯卡金像奖中荣获最佳影片等奖项。影片以阿甘这个看似平凡却又非凡的人物为主线，深刻地展现了坚持、善良、勇敢与爱的力量。阿甘的一生充满了各种奇迹，他虽然智商不高，却凭借着单纯的信念和执着的精神，在人生的道路上不断前行。

电影的艺术表现也十分出色。画面优美，从美丽的自然风光到历史场景的再现，都给人以视觉上的享受。音乐更是电影的一大亮点，那首经典的《阿甘正传》主题曲旋律悠扬，与电影的情节相得益彰，为观众营造了一种温馨而感人的氛围。《阿

甘正传》是一部充满正能量的电影，它让我们看到了生命的无限可能，也让我们感受到了人性的光辉。它提醒我们，在这个复杂的世界里，我们应该保持一颗单纯而善良的心，勇敢地追求自己的梦想。

电视剧《围城》

电视剧《围城》于 1990 年首播，根据钱锺书的同名长篇小说改编，由黄蜀芹执导，该剧荣获第 11 届中国电视剧飞天奖长篇连续剧二等奖、第 9 届大众电视"金鹰奖"优秀电视连续剧奖等。《围城》紧紧围绕着方鸿渐的人生轨迹展开，从海外留学归来的他，带着些许虚荣与迷茫踏入了复杂的社会，在爱情、婚姻、事业等方面屡屡受挫，仿佛陷入了一座无形的围城。

该剧画面充满了时代感，从古老的建筑到人物的服饰，都真实地还原了那个特定的历史时期。台词更是精妙绝伦，充满了幽默与讽刺，既展现了钱锺书先生独特

的语言魅力，又深刻地揭示了人性的弱点和社会的荒诞。《围城》不仅仅是一部电视剧，更是一面镜子，让我们看到了人生的种种困境和无奈。生活中的围城无处不在，我们需要在不断的反思与探索中，寻找突围的方向，去追求真正的幸福和自由。

艺术实践

1. 以"我的大学生活"为主题，用手机拍摄短视频，记录自己在大学校园难忘、感动、有趣的故事或瞬间，在班级分享。

2. 分享一部让你感受到生命力量的经典影视或戏剧作品。

3. 观看话剧《青春禁忌游戏》，谈谈该剧的艺术特点以及给你带来了哪些思考和启示。

4. 观看电视剧《人生》，谈谈观后感。

第十三章

红色经典艺术

红色经典艺术作为一个复杂的有机整体，它是在中国进行伟大革命和建设的宏伟进程中所产生出的对社会具有重大意义和影响力的艺术作品，涵盖了文学、音乐、美术、戏剧、舞蹈等多个艺术领域，以革命历史、英雄人物、重大事件等为题材，根植于中国共产党领导的革命斗争和社会主义建设历程，反映了各个历史时期的社会面貌和精神特征。它展现了中国人民在争取民族独立、人民解放和国家富强、人民幸福过程中的革命思想和精神，具有鲜明的时代特征，其中蕴含着丰富的美学价值和思想内涵，并有着强烈的艺术感染力、情感激发力和价值感召力。

第一节　精神价值

红色经典艺术，作为中国共产党领导下的文化现象，以独特的艺术形式和丰富的主题内涵传承了红色精神基因，是中华民族精神文化宝库中的璀璨明珠，成为激励一代又一代中国人奋发图强的精神源泉。它所蕴含的精神价值，是跨越时空的永恒财富，弘扬了爱国主义精神、革命英雄主义精神和集体主义精神，对我们坚定理想信念，培育报国情怀，传承文化血脉具有重要作用。

一、理想信念的颂扬

在中国革命的长河中，红色经典艺术如同一盏不灭的灯塔，照亮了中华民族前行的道路，它是对中国革命历史和社会主义建设历程的艺术再现，承载了中华民族在争取独立解放和国家富强过程中的精神力量。作品大多通过生动描绘革命英雄人物的革命事迹，展现出坚定的革命信仰和为理想而奋斗的精神，这些英雄人物面对困难和挑战，始终坚守信仰，不屈不挠地追求革命胜利，这种精神激励着我们不断前行。

红色经典艺术中的每一个角色，无论是领袖人物还是普通战士，都怀揣着对革命事业的无限忠诚和对共产主义的坚定信仰。他们相信，只有通过不懈的奋斗和牺牲，才能实现民族的独立、人民的解放和共产主义的理想。这种坚定的信仰，成为他们战胜一切困难和挑战的精神支柱。例如，在小说《红岩》中，江姐（江雪琴）作为中国共产党重庆地区地下组织的重要人物，有着坚定的共产主义信仰，在长期的革命斗争中，始终保持着对共产主义的执着追求，无论环境多么恶劣，她都没有动摇过自己的信念。面对敌人的严刑拷打，她忍受百般折磨而始终坚定信仰，展现出作为共产党人的坚贞不屈和英勇无畏的精神风貌。虽然身陷牢笼，但江姐和革命者们始终带着革命必胜的信念，听到新中国成立的消息，江姐和众人商议绣制一面五星红旗。他们找来红色被面，拆下绣花，用黄纸做成五角星，然后一针一线地绣制起来，在绣制过程中，他们满怀深情，热泪盈眶，每一针每一线都凝聚着对新中国的热爱和期待。

在红色经典艺术中，我们可以看到无数英勇无畏的斗争场景。电影《上甘岭》中的志愿军战士们面对敌人的疯狂进攻，没有退缩而是英勇顽强地与敌人展开激战，他们用血肉之躯筑起了坚固的防线，用勇气和智慧击败了强大的敌人。这种血战到底、坚决战斗的胜利精神，彰显了中国人民志愿军的英雄气概，他们用自己的鲜血和生命，捍卫了革命的理想和信念，谱写了壮丽的英雄赞歌。

『江姐』原型江竹筠

电影《上甘岭》宣传海报

红色经典艺术还展现了革命先辈们无私奉献的高尚品质。影片《张思德》还原了红军战士和共产党员的杰出代表张思德同志的真实经历，他始终牢记自己的使命，为了保卫革命根据地，为了人民的利益，不惜奉献出自己的一切。在长征途中，他把自己的食物让给伤病员，自己却忍饥挨饿；在烧炭过程中，为了抢救战友，他不幸牺牲。张思德的无私奉献精神，如同一座丰碑，永远屹立在人们的心中。伟大领袖毛主席为纪念张思德同志发表了文章《为人民服务》，他写道：为人民利益而死，就比泰山还重，张思德同志是为人民利益而死的，他的死是比泰山还要重的。

毛主席题词

美的视窗
· 红岩
· 张思德
· 长篇小说《保卫延安》

在艰苦卓绝的革命斗争中，革命先辈们始终保持着乐观向上的革命精神。长篇小说《保卫延安》以史诗般的笔触描绘了革命战争时期中国人民解放军保卫延安的英勇事迹。小说中，战士们面对敌人的猛

长篇小说《保卫延安》

数字剧院
· 电影《上甘岭》片段

烈进攻，不仅毫不畏惧，反而以乐观的态度迎接挑战。他们相信在党和人民的领导下，革命事业必将取得最终的胜利。这种乐观的革命精神，不仅鼓舞了战士们的士气，更感染了广大读者，敬仰之情油然而生。

红色经典艺术弘扬了以爱国主义为核心的民族精神，展现了中华民族在危难时刻的团结一心、自强不息的精神风貌。这些作品通过艺术的形式，使后人不忘初心，坚定理想信念，这种精神力量激励着当代中国人不断前行。

二、报国情怀的抒发

红色经典艺术广泛涉及了革命战争、英雄事迹、民族团结等主题，其核心便是报国情怀的展现，这是植根于中华民族历史文化中的一种崇高情感。从诗词《沁园春·雪》到《七律·人民解放军占领南京》，从歌曲《抗敌歌》《游击队歌》到《没有共产党就没有新中国》，从反映抗日战争的《地道战》《地雷战》，到反映解放战争的《南征北战》《红日》，再到反映抗美援朝战争的《英雄儿女》等，作品通过生动的艺术形象和深刻的情感表达，展现了革命先辈们英勇无私的精神风貌与深厚的报国情怀。通过欣赏和学习这些作品，可以更加深入地了解革命历史，感受革命先辈们的伟大精神，从而增强爱国热情和社会责任感，激发爱国热情和报国之志。

红色经典艺术中，许多作品都展示了对国家独立和民族解放的渴望。小说《林海雪原》就是其中的典范，它用生动的笔触和感人的故事情节，描绘了革命先辈们为了推翻帝国主义、封建主义和官僚资本主义的统治，实现国家独立和民族解放而进行的艰苦卓绝的斗争，这也是报国情怀的重要体现。其后又被改编为话剧、电影、戏曲和电视剧等其他艺术形式呈现给广大观众。

红色经典艺术还展现了革命者们对人民福祉的深切关怀。影片《焦裕禄》以焦裕禄这一真实历史人物为原型，讲述了他在 20 世纪 60 年代担任河南省兰考县委书记期间，面对风沙、盐碱和内涝这"三害"，如何带领全县人民与自然抗争，改善生活环境，提高人民生活水平的故事。焦裕禄展现出极高的革命热情和无私奉献精神。他深知只有让人民过上幸福安康的生活，才能实现真正的国

数字剧院
·电影《英雄儿女》片段
·电影《林海雪原》片段
·电影《焦裕禄》片段

▶电影《英雄儿女》海报

▶电影《林海雪原》剧照

▶焦裕禄

家富强和民族复兴。

红色经典艺术中的报国情怀，还体现在对社会主义和共产主义理想的执着追求上。例如民族歌剧《沂蒙山》，它展现了抗日战争时期沂蒙山区军民团结抗日的故事，生动呈现了革命者们对社会主义和共产主义理想的坚定信仰。剧中，革命先辈们面对艰难困苦，始终坚守信仰，英勇奋斗，相信只有社会主义才能救中国，只有共产主义才能实现人民幸福。

红色经典艺术还塑造了一系列鲜活的英雄形象，如黄继光、董存瑞等，展现了他们为了国家和民族的利益，不惜牺牲个人生命的高尚品质。这些英雄形象成为报国情怀的化身，激励着人们学习他们的精神，为国家的繁荣富强而奋斗。作品中的故事情节往往扣人心弦，充满了对国家的深情厚谊。无论是黄继光舍身堵枪眼的英勇抗敌，还是董存瑞舍身炸碉堡的壮烈牺牲，都让人感受到革命战士们对国家的无比忠诚和热爱。这些情节不仅能够触动心灵，也激发了我们的报国情怀。

三、文化血脉的传承

红色经典艺术以其独特的魅力，蕴含着深厚的人文素养，这些作品不仅仅是革命斗争的纪实，更是对人性、情感、道德以及社会理想的深刻挖掘与展现。它们以艺术的形式，传递着人文情怀的温暖，成为连接过去与未来，传承文化育人的重要纽带。

红色经典艺术作品中蕴含深厚的爱国主义情感。例如，音乐作品《松花江上》《毕业歌》等，用动人的旋律深深触动着人们的心灵，激发了强烈的情感共鸣，让我们能够深刻感受到中华民族的历史苦难和抗争精神，从而增强自身的民族自豪感和责任感。红色经典艺术以超越生活的艺术性表述，充分激发了革命故事内核的震撼力与感染力，生动谱写了不同历史阶段人民楷模的价值观念与道德追求。例如，杨靖宇、刘胡兰、赵一曼等革命英雄的故事，就为我们树立了舍生取义、忠诚担当的道德典范。这些故事展现的优良品质，能够为我们提供优越的道德范式，进而在潜移默化中促成我们道德观念与价值体系的构建和完善，凝聚真善美的价值力量，引领我们向好向善。红色经典艺术还是中国共产党价值追求和伟大精神的重要艺术载体。通过学习这些作品能够引导我们正确认识党史上的重大事件、重要会议和重要人物，更好地正本清源、固本培元，在前进道路上增强历史主动精神。

油画《开国大典》以宏大的场面、鲜明的色彩和细腻的笔触，再现了1949年中华人民共和国成立的历史时刻，可以直观地感受到中国共产党领导人民进行革命斗争的艰辛历程和伟大成就，从而让我们更加深刻地认识到中国共产党的历史地位和作用。

油画《开国大典》

扫码看彩图

扫码看彩图

红色经典艺术作品具有独特的艺术魅力和审美价值，能够提升我们的审美素养和人文精神。油画《黄河颂》以其极高的历史价值和艺术价值成为油画创作中的一件奇珍。作品在构图、色彩以及技法方面都体现了当时油画创作的最高水准，展现了艺术家别出心裁的尝试和创造性。我们在欣赏作品中不仅感受到了艺术的魅力，还能够关注到社会现实和人民群众的生活，培养了我们的同情心和人文关怀精神。

第二节　艺术魅力

红色经典艺术，作为中国革命历史与艺术的完美融合，作品创作主要包括中国国内革命战争时期（1924—1949）、中华人民共和国成立初期至改革开放前（1949—1978）、改革开放后至今等三个时期。它不仅承载着厚重的历史记忆，更以其独特的艺术魅力，跨越时空的界限，触动着每一代人的心灵，展现了历史叙事美、艺术崇高美。这些作品深入人心，荡涤心灵，我们从中可以感受到革命精神的伟大力量，体会到英雄主义精神的崇高与壮美，更能在心灵的深处得到一次次的净化和升华。

一、历史叙事美，再现辉煌岁月

红色经典艺术通过细腻的笔触和生动的场景再现，将中国革命的历史画卷徐徐展开。革命战争时期的作品以宣传革命思想、鼓舞人民斗志为主题，代表作品如《团结就是力量》（音乐）、《风云儿女》（电影）等，都体现了强烈的革命精神和爱国情怀。中华人民共和国成立初期至改革开放前是红色经典艺术发展的鼎盛时期，作品以反映中国革命历史题材和新中国社会主义建设题材为主。美术领域出现了大量以革命历史为题材的作品，如《红军过草地》《井冈山会师》《开国大典》等，这些作品通过现实主义手法，生动再现了革命战争时期的英勇事迹和新中国建设的辉煌成就。文学领域也涌现出了一批优秀的红色经典作品，如"三红一创，青山保林"（即《红旗谱》《红岩》《红日》《创业史》《青春之歌》《山乡巨变》《保卫延安》《林海雪原》）等长篇小说，这些作品以其引人入胜的故事情节和鲜明生动的人物形象，深受读者喜爱。改革开放后至今，随着改革开放的深入和市场经济的发展，红色经典艺术被赋予的艺术欣赏和文化传承价值更加突出。这个时期，红色经典艺术得到了更加广泛的传播和普及，不仅在中国国内产生了深远的影响，还逐渐走向世界舞台。如美术作品《解放区的天》（刘文西，

1984年）《红星照耀中国》（沈嘉蔚，1987年）《八七会议》（沈尧伊，2000年）等，都以各自独特的方式，反映了中国革命建设和改革的历史进程。

红色经典艺术的历史叙事，不仅忠实记录了革命历史的波澜壮阔，更深入挖掘了历史事件背后的情感与思想。它们以历史的真实为骨架，以艺术的想象为血肉，构建了一个个鲜活、立体的历史叙事空间。在作品叙事中，我们能够感受到革命先辈们的英勇无畏、智慧与牺牲，以及他们对国家和民族的深厚情感。这种历史叙事美，不仅让人铭记历史，更激发了人们对未来的无限憧憬和坚定信念。

二、艺术崇高美，彰显英雄主义精神

红色经典艺术在塑造英雄形象、展现革命精神方面达到了前所未有的高度，作品通过精湛的技艺和深刻的洞察力，将革命英雄的光辉形象刻画得淋漓尽致。无论是英勇抗敌的战士，还是无私奉献的建设者，他们都以崇高的品质、坚定的信念和无私的奉献，成为艺术中的典范。这些英雄形象不仅展现了革命精神的伟大力量，更传递了积极向上、勇于担当的价值观，让艺术崇高美在红色经典艺术中得到了淋漓尽致的体现。

油画《狼牙山五壮士》

油画作品《狼牙山五壮士》是当代画家詹建俊于1959年创作，现收藏于中国国家博物馆。该画作描绘的是抗日战争时期五位八路军战士在寡不敌众的形势下，据险抵抗，胜利完成掩护任务后，毅然砸枪跳崖的英勇场面。作者巧妙地抓住了五位革命烈士英勇牺牲前的瞬间，深入刻画人物的英雄气概，通过人与山的比拟造型和象征意义，将人物大义凛然、视死如归的英雄气概与狼牙山峰的造型结合起来，使画面充满了崇高悲壮的气氛。

扫码看彩图

雕塑《李大钊纪念像》由著名雕塑家钱绍武于20世纪80年代精心创作，并最终矗立于河北省唐山市的大钊公园内，成为一处令人敬仰的纪念地标。该雕塑巧妙借鉴了中国汉代石刻艺术的精髓，通过深邃的线条和凝重的体量，刻画出李大钊同志方正、刚直、沉稳的面容，生动再现了这位中国共产党先驱者的崇高形象与坚定信念。雕塑不仅展现了李大钊同志在革命斗争中的英勇与担当，并成为激励后人铭记历史、不忘初心、继续前行的精神象征。

雕塑作品《李大钊纪念像》

三、荡涤心灵美，净化精神世界

红色经典艺术还以其独特的艺术语言和深刻的情感表达，触及了人们内心深

处，它往往能够引发观众的共鸣和反思，让我们在欣赏艺术的过程中得到心灵的净化和升华。无论是悲壮的战争场面，还是深情的家国情怀，都让人感受到一种强烈的震撼和感动。这种荡涤心灵美不仅让人们在面对现实生活的压力和困境时能够保持积极向上的心态，更激发了我们内心深处的善良、勇敢和正义感，成为人们精神世界中的一盏明灯。

《黄河大合唱》总谱封面

数字音乐厅
·黄河大合唱

音乐作品《黄河大合唱》以黄河为背景，通过昂扬的旋律和激情的歌词表达了中华民族在抗日战争时期所展现出的坚韧与不屈、团结与奋斗的精神风貌。这组歌曲不仅让人们感受到了黄河的磅礴气势和中华民族的伟大力量，更激发了人们内心深处的爱国情感和民族自豪感。在欣赏《黄河大合唱》的过程中，人们往往会被其深情的旋律打动，被其深刻的歌词震撼，从而在心灵深处得到一次深刻的净化和升华。这种荡涤心灵的美不仅让人们在面对现实生活的压力与困境时能够保持积极向上的心态与勇气，更激发了他们内心深处的善良、勇敢与正义感。

大型原创民族舞剧《骑兵》以解放战争中内蒙古骑兵部队的革命历程为背景，通过精心设计的六幕结构，将骑兵战士们的英勇善战、不屈不挠的精神风貌展现得淋漓尽致。该剧在舞蹈表现上大胆创新，摒弃了传统以木偶演马的方式，转而采用真人演马，通过细腻的舞蹈动作和演员精湛的演技，生动呈现出了蒙古马的性格与风采，同时也更加立体地展现了骑兵战士的英雄形象。结合写实与写意舞蹈语言，配以蒙古族音乐与多元音效，巧妙运用舞台空间与视觉效果，营造出强烈的戏剧张力与审美体验。观众在欣赏中能深刻感受到骑兵精神与家国情怀，产生了强烈的心灵震撼和情感共鸣。

数字剧院
·舞剧《骑兵》片段

第三节　艺术赏析

红色经典艺术跨越了音乐、舞蹈、美术、影视等多个艺术领域，以各自独特的方式，共同构筑了一幅幅波澜壮阔的革命历史画卷。在音乐和舞蹈中，我们感受到的是激昂的旋律和有力的舞步，它们如同时代的号角，激励着每一代人为理想而奋斗；在美术和影视作品中，我们看到的则是震撼人心的画面和感人至深的故事，它们以直观而生动的形式，让我们仿佛穿越时空，亲身经历了那段激情燃烧的岁月……

一、音乐作品《长征组歌》

作品创作于 1965 年，江西兴国籍开国上将萧华作词，军旅作曲家晨耕、唐诃、生茂、遇秋谱曲，是一部用诗词全景展现长征全程、用音乐生动再现峥嵘岁月的红色经典，被誉为 20 世纪华人音乐经典。整

个组歌共分为《告别》《突破封锁线》《遵义会议放光辉》《四渡赤水出奇兵》《飞越大渡河》《过雪山草地》《到吴起镇》《祝捷》《报喜》和《大会师》10 个部分，采用了混声合唱、齐唱、轮唱等多种演唱形式，乐曲以深刻凝练的歌词、清新优美的曲调、浓郁的民族风格和群众喜闻乐见的表演艺术形式，讴歌了中国工农红军在党中央毛主席的领导下，不屈不挠、无私无畏的革命精神，歌颂了红军指战员艰苦卓绝、英勇奋战的英雄气概，体现了中华民族不屈不挠、自立于世界民族之林的坚强意志。是我国迄今唯一一部史诗式记录长征历史、全景式展现长征全程的红色音乐史诗，被誉为中国合唱领域的里程碑之作。

《长征组歌》自创作以来，广受好评，成为一部脍炙人口的合唱经典。它不仅在音乐艺术上取得了很高的成就，更在精神层面上对人们产生了深远的影响，让我们更加深刻地认识到长征精神的伟大和红军战士的英勇无畏，激发了爱国热情和民族自豪感，成为弘扬革命精神、传承红色文化的重要载体，被选为 20 世纪华人音乐经典作品之一。

二、大型音乐舞蹈史诗《东方红》

作品首演于 1964 年，是为庆祝中华人民共和国成立 15 周年而创作的一部献礼巨著，该剧由三千多名文艺工作者集体创作并演出，以其恢宏的革命气势、壮阔的舞台图景和深刻的主题思想，成为中国革命历史记忆的艺术瑰宝，堪称社会主义美学的巅峰之作。

全剧共八场，包括《东方的曙光》《星火燎原》《万水千山》《抗日的烽火》《埋葬蒋家王朝》《中国人民站起来》《祖国在前进》《世界在前进》等。每一场都选取了中国革命历史各个阶段最有代表性的典型事件，以最能反映时代精神的革命历史歌曲作为各场音乐的主题，通过音乐、舞蹈、演唱、朗诵等多种艺术形式的综合

运用，生动再现了从建党到中华人民共和国成立的光辉历程。如《东方的曙光》再现了底层人民所受到的压迫，以及党的诞生和初期的革命斗争；《星火燎原》展现了土地革命和红军的壮大；《万水千山》演绎了红军长征的艰苦卓绝；《抗日的烽火》展现了八路军深入敌后开展抗日斗争的英勇事迹……该剧的舞蹈设计优美而充满力量，包含了多种舞蹈形式，如民族舞、现代舞等，这些舞蹈形式与音乐等元素相互融合，形成了独特的艺术风格，将革命英雄的形象和伟大精神展现得淋漓尽致。整部作品还包含了多首脍炙人口的歌曲，如《东方红》《八月桂花遍地开》《情深谊长》等，这些歌曲不仅旋律优美，而且歌词深刻，具有很强的艺术感染力。大型音乐舞蹈史诗作品《东方红》的成功不仅在于其艺术形式的创新，更在于其深刻的历史内涵和主题思想，它用艺术的方式梳理了中国革命的光辉历程，展现了中国人民在中国共产党的领导下所获得的伟大胜利，深刻表达了中国人民将革命进行到底的决心和意志。同时，它也以其宏大的叙事结构和生动的艺术表现，成为新中国文艺建设与发展中的一座里程碑。

三、美术作品《启航——中共一大会议》

油画《启航——中共一大会议》

作品由何红舟、黄发祥共同创作于2009年，现藏于中国美术馆。这幅作品尺寸为270cm×550cm，通过现实主义手法，生动再现了中国共产党第一次全国代表大会代表们在浙江嘉兴南湖画舫上登船启航的历史瞬间。

画作湖面水波激荡，天空浓云密布，风雨欲来，这种氛围既传达出波谲云诡的时代背景，也预示着大事件的即将发生。小船到大船由低到高起伏的曲线，象征着党在波折中奋进的前途，也昭示出扬帆起航、永葆初心的红船精神。色彩运用极具匠心，毛泽东的蓝色长衫与董必武的黄色长衫形成了鲜明的冷暖对比，这种对比不仅增强了画面的视觉冲击力，也寓意着革命者内心的冷静与热情并存。董必武的黑色上衣与左侧代表的白衣再次形成对比，进一步丰富了画面的色彩层次。作者在处理画面时，没有将所有人物全部置于船头，而是巧妙地放在了一个动态的关系中，凸显了矗立在船头的几位中心人物，既突出了重点，又尊重了历史真实。画面的色调凝重，光线集中在人物身上，增加了神秘气息。

油画《启航——中共一大会议》以其独特的艺术魅力和深刻的历史内涵，产生了广泛而深远的影响。它不仅是美术领域的杰作，更是党史学习和教育的重要资源，对于弘扬红船精神、激发爱国情感与民族自豪感、推动文化交流与传播等方面都具有重要意义。

四、戏剧作品秧歌剧《兄妹开荒》

作品创作于 1943 年，是延安时期鲁迅艺术文学院秧歌队王大化、李波等人积极响应毛泽东"文艺为工农兵服务"的号召，深入生活、服务人民群众而创作的秧歌剧。该剧以陕甘宁边区开荒劳动模范马丕恩、马杏儿父女的事迹为原型，通过秧歌剧的形式，展现了新型青年农民的形象和精神面貌，反映了当时解放区大生产运动的如火如荼。

秧歌剧《兄妹开荒》剧本封面

从内容上看，它以边区大生产运动为背景，描绘了兄妹俩积极投入开荒生产的场景。剧情简单却充满生活气息，展现了边区人民响应号召、自力更生的精神面貌，这种精神对于当时艰苦环境下的根据地建设等有着极大的鼓舞作用。艺术表现形式方面，它采用了秧歌这种民间艺术形式。演员的表演带有浓郁的民间风格，动作质朴且富有节奏感，像开荒的动作等通过舞蹈化的处理，既真实又有艺术美感。音乐上，其旋律简单、朗朗上口，具有典型的陕北民间音乐风格，节奏鲜明欢快，使得观众容易接受并且能够产生共鸣。主题思想层面，该剧突出了生产劳动的重要性，反映了抗日根据地群众积极向上的生活态度和为抗战胜利贡献力量的坚定决心，在当时起到了很好的宣传和动员作用，也为后来的文艺作品如何紧密联系社会生活实际提供了范例。

《兄妹开荒》不仅在延安受到热烈欢迎，还广泛传播到各解放区，甚至在国民党统治的大后方也曾得到热烈的赞扬，成为当时文艺创作中的一颗璀璨明珠。它不仅是一部优秀的文艺作品，还是一部生动的历史教材，记录了中国共产党领导下的解放区人民艰苦奋斗、自力更生的光辉历程，展现了人民群众在革命斗争中的伟大力量。

数字剧院
· 秧歌剧《兄妹开荒》片段

艺术实践

1. 抗战歌曲是 20 世纪中华民族先进文化的光辉典范，学唱抗战歌曲《在太行山上》，谈谈抗战歌曲在中国人民抗日战争中的重要作用。

2. 观赏油画《革命理想高于天》，运用本章所学知识，谈谈观后感。

3. 二胡独奏《三门峡畅想曲》描绘了新中国建设时期的火热劳动场景，聆听此曲，谈谈听后感。

4. 观看电影《我和我的祖国》，谈谈你喜欢其中的哪一个故事，为什么？

数字音乐厅
· 在太行山上
· 三门峡畅想曲

数字展馆
· 革命理想高于天

第十四章

音乐鉴赏

第一节　20 世纪前的中国音乐

在史前初民的原始狩猎与祭祀等活动中，产生了最早的中国民歌，也揭开了五音汇聚的音乐史页。历经数千年的发展演进，中国音乐始终向世界敞开胸怀，始终激发出自由和真切的呐喊，吞吐吸纳，借鉴融会，构成七彩缤纷的中华乐章。

一、钟鼓之乐（约前 1600—前 221）

这一段历史长达 1300 年左右，跨越商、西周、春秋、战国，直至秦统一中国。它又可以分为前后两个时期，前期是商代，西周以后则属后期。这两个时期既有共同之处，又有比较明显的区别。

1986 至 1987 年，在河南省舞阳县贾湖村新石器遗址发掘出了随葬的至少 16 支骨笛，据碳 14 测定，这些骨笛距今已有 8000~9000 年之久！这些骨笛用鹤类尺骨制成，大多钻有 7 孔，在有的音孔旁还遗留着钻孔前刻画的等分标记，个别音孔旁边另钻一小孔，应是调整音高用的。这些情况起码说明，那时人们已对音高的准确有一定要求，对音高与管长的关系也已具备初步认识。这也证明当时的音乐已发展到了相当高的程度，远远超出人们的想象。在这之前，中国音乐一定还存在一个漫长的历史时期，这段时间以千年还是以万年计，现在都难以猜测。

中国原始时期的主要乐器除骨笛外，还有骨哨、埙、陶钟、磬、鼓等。其中钟、磬、鼓在后世得到了极大的发展，至于埙和哨，还有与骨笛形制、原理相同（今天称为"篪"）的乐器，甚至直到今天仍存活于民间。原始社会音乐的主要形式是歌舞或乐舞，内容大都与狩猎劳动、与大自然斗争或是宗教性祭祀有关联，各时期都有代表性的乐舞或歌舞。到了商代，社会生活的一个最突出的特点是尊事鬼神。凡祭

美的视窗
· 贾湖骨笛

▶ 河南舞阳贾湖骨笛

180

祀等"礼"举行时必然要伴以歌舞，这是从原始时期以来的传统，古人所谓"礼没有乐伴随便不能施行"的话，正是对于这种传统做的总结。商代的另一个社会特点恰恰是崇尚乐舞。商人以音乐与神鬼对话，是认认真真唱给神鬼听的。乐舞成为人们进献、事奉、娱乐、人神沟通的重要手段。商代的乐器，在当时重要又对后世影响深远的当数钟和磬。用青铜铸造的商钟，其横截面不是圆形或椭圆形，而是橄榄形（但两端要更尖些），构成它主体的两弧形板片形状有点像中国的瓦，所以人们称之为"合瓦形"。正是这种"合瓦形"结构，构成了中国钟的一大特色，而且为在同一个钟的不同部位敲击出两个不同音高的音提供了最佳前提。磬是用石块打制成的，上钻一孔，吊起敲击。随着时代的发展，商代的磬也制作得越来越精美。周代是最早对"礼"（祭祀、朝飨等仪式）和"乐"（伴随"礼"进行的乐舞）做出规定的时代，这就是所谓制定礼乐。礼乐制度的影响延续几千年直到清代结束。某一等级的人，才能享用这一等级的礼乐。就乐而言，等级的内容包含有对乐舞名目、乐器品种和数量、乐工人数等的绝对限定，超出规格就是严重违法。如果说商代人尊事鬼神的话，那么周代人尊事的则是礼，对于鬼神，却是"敬"而"远之"的。周代开始对乐器以"八音"进行分类，所谓"八音"，就是以直接关系到乐器发音的材质作为乐器分类的依据，从而把所有的乐器分为八类，有"金"（上古称铜为金，青铜制的钟等乐器属这一类）、"石"（石制的磬）、"土"（实指用土烧制的陶、埙属此类）、"革"（"革"即皮革，鼓类乐器虽然有木等各种鼓框，但受击发声在于皮革，所以鼓类乐器属此类）、"丝"（中国的弦乐器自古以来即用丝做弦，故弦乐器瑟、琴、筝均属丝类）、"木"（木制的击奏、刮奏乐器如"柷""敔"）、"匏"（"匏"是葫芦类植物，笙、竽等簧管乐器用它做座，故归一类）、"竹"（箫、管、笛

◀ 埙

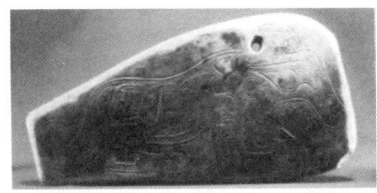

◀ 虎纹磬

◀ 合瓦形钟

◀ 马王堆汉墓一号墓出土的瑟

等竹制管乐器属这一类）。这八类乐器，足以构成庞大的钟鼓乐队，其中尤以钟和磬为重要乐器。钟声洪大、磬音清亮，以它们为主可以造成庄严辉煌的音响效果，最高贵族选用它们来体现自己在社会上的崇高地位，是再恰当不过的了，这是钟磬类乐器在那时能达于极致的社会原因。春秋时期，开始出现"礼崩乐坏"的局面，宗法制度渐次瓦解，宗族、血亲观念逐渐被地域性的封国观念代替，各地区原来只能在社会下层流行的当地音乐随之取得了自己应有的地位，社会上称之为"新乐"。《诗经》中的《国风》是各诸侯国的本国歌诗，其中绝大部分是春秋时期的作品，正是春秋时期各地音乐逐渐复兴才出现的现象。战国时期的"新乐"，引人注目的有赵国，其实更应注意的是楚国，楚音乐的风格与中原各国不同，这从《楚辞》和《诗经》的不同就可看出。1978 年在湖北随县（今随州市）出土的

▶ 曾侯乙编钟

战国初曾侯乙墓的编钟、编磬及其他乐器，是迄今所见最庞大的钟鼓之乐的乐队配制。曾侯乙编钟的音域跨越达五组，且其中间约三组十二音齐全。所有曾侯乙墓出土的乐器无不制作精致，性能良好，工艺达到了惊人的高度，有些制作的精良程度是现在人都无法企及的。

二、歌舞大曲（前 221—960）

这段历史将近 1200 年，它同样可分为前后两个时期，前一时期包括秦、两汉、三国、晋，后一时期为南北朝、隋、唐、五代。两个时期的共同特点是歌舞大曲是音乐的主要形式。它们的区别则在于前一时期汉族音乐是主要的音乐成分，后一时期经过历史上空前的中外各族音乐大交流而达到了歌舞音乐的巅峰。

秦代管理音乐有两大机构。其一是"太乐"，从属于"奉常"，"奉常"是掌礼的，"太乐"管理礼仪音乐。另一就是"乐府"，从属于"少府"，"少府"的职能是搜罗全国各地的物品供皇帝享用，所以"乐府"也就是搜罗各地有特色的歌舞供皇帝精神享受的机构。后代把与乐府搜集的歌谣相似的歌体也都称为"乐府"。乐府搜集的最有名的歌曲形式叫"相和歌"。结构较大的"相和歌"，后来也称为"大曲"。秦汉时期乐府越来越庞大，"相和歌"发展很快。秦汉以后，钟、磬在乐队中的重要地位逐渐为筝、瑟代替，筝和瑟可以演奏旋律性强和比较快速的乐曲，擅长烘托庄严肃穆气氛的钟、磬是不能与之相比的。筝是东汉末年发展起来的乐器，它的历史最早可追溯到战国时的秦。这一时期带有农耕社会

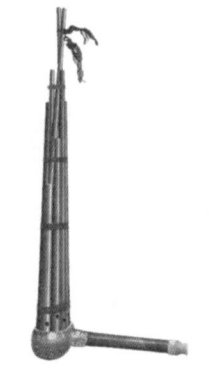

▶ 筝

特色的瑟失传了，但不少具有游牧民族特色、便捷而能在马背上演奏的乐器却也传了进来，其中对后世影响较大的是曲项琵琶和筚篥，值得注意的还有箜篌。汉以后新发展起一种音乐形式，叫"鼓吹乐"。"黄门鼓吹"也是一种鼓吹乐，演奏汉代皇帝飨宴群臣的"食举乐"，并奏杂舞曲。

各族音乐经过几百年的大交流，随着隋、唐社会的相对安定，进入了融合、消化、吸收的历史阶段。隋、唐都把影响较大的外族音乐专门分部，隋分立七部乐，后增为九部乐，后立十部乐。十部乐中较重要的有清乐、西凉乐、龟兹乐。唐代发展形成的"大曲"，集器乐、歌、舞于一体，是一种较高的艺术形式。其形成显然也与音乐交流分不开，并非汉魏大曲自然发展的结果。著名唐大曲有《霓裳羽衣》《凉州》《伊州》《秦王破阵乐》等。隋唐时期新兴起的民歌称"曲子"，其中包括汉族和其他民族的民歌，后来乐工也模仿创作曲子。一方面新的曲子还在继续产生，另一方面旧的曲子经过社会筛选，基本固定下来，这些较为固定的曲子，包括前代流传下来并经过筛选的乐曲，例如大曲的某些段落，便是曲牌（文学家称之为词牌或词调）。曲牌的诞生，宣布了一个新的音乐体系行将诞生，曲牌产生的意义并不在于仅仅将曲牌作为音乐素材，更重要的是，它将形成一种新的音乐发展手法，新的音乐结构和组合体系，而这一体系，将从那时起一直贯穿至今，从而影响其后历史上市民音乐的整个进程。

三、新音乐品种的形成和声乐器乐的全面发展（960—1911）

这一段历史包括宋（辽、金）、元、明、清，其特点是不但以前占主导地位的歌舞音乐继续有所发展，而且产生了许多新的音乐品种，从而使声乐和器乐得到了全面发展，成为中国近代音乐的基础。

中国的音乐，在隋唐以前一直被深锁在高门大宅里，普通平民虽然是音乐的创造者，也是新的音乐品种的提供者，但并不能最终享有它们。到宋代以后，这种情况出现了根本性的转变，由于工商业发展和都市繁荣，以市民为代表的平民有了自己的娱乐场所，在当时称之为"瓦市""勾栏"。在"勾栏"内表演的艺术种类非常丰富，其中有关音乐的就有嘌唱、唱赚、鼓子词、诸宫调、杂剧等多种，这些都是宋以后新出现的音乐门类。比较著名的诸宫调如《西厢记》。"杂剧"最早见于唐代，到了宋代，"杂剧"逐渐成为一种新表演形式的专称，包括有歌舞、音乐、调笑、杂技等，元杂剧则形成中国戏曲的第一次高峰。如果说宋代前的中国音乐史几乎是宫廷音乐史，那么，宋以后事实上已是市民（或平民）的音乐史。

宋以后得到明显发展的另一类"平民音乐"是"文人音乐"，主要是琴乐。琴在汉末以后，产生过《广陵散》《酒狂》《幽兰》等流传至今的名曲。自宋以来，琴一直在文人中间传承不歇，琴乐的流传构成了中国音乐历史上很奇特的一页。宋时的文人音乐还有词乐，以姜夔的创作最为突出，其创作的《扬州慢》是姜夔路过扬州，见到被金兵劫掠后的凄凉景象所写的。

宋时也出现了许多新乐器，其中对后世影响最大的是胡琴类乐器的"祖先"——奚琴。奚琴的形制与近代胡琴相类似，只是当时不用"弓"，而用竹片擦弦。

▶ 奚琴

明清时期民间音乐活动进一步发展，民歌、曲艺、戏曲、民间器乐等种类大大增加，并达到了历史上最繁荣的时期，其中说唱和戏曲成为音乐最重要的两大体裁。说唱以南方的弹词和北方的鼓词（后称大鼓）以及流行南北的牌子曲为主。明末清初（17世纪中叶），新的戏曲声腔在南北各地纷纷兴起，而且此起彼伏，名目繁多，后来以梆子腔和皮黄腔影响最大。这里特别要说的是我国的国粹——京剧。1790年，安徽的四大地方戏班——三庆班、四喜班、春台班以及和春班先后进京献艺，获得空前成功。徽班常与来自湖北的汉调艺人合作演出，于是，一种以徽调"二黄"和汉调"西皮"为主，兼收昆曲、秦腔、梆子等地方戏精华的新剧种诞生了，这就是京剧。在200多年的发展历程中，京剧在唱词、念白、乐器等方面，融合了多个民族的发明，集歌唱、舞蹈、音乐、美术、文学等于一体，终于成为一种成熟的艺术形式。

中国很早便知道了音阶各音之间的关系和生成规律，并把有固定高度的乐音称

美的视窗

· 乐圣朱载堉

▶ 朱载堉塑像

为"律"。中国研究"律"的学问（即"律学"），早在春秋时期就产生了。到明代，大学者朱载堉终于由计算方法的改变而求得了十二律之间完全平均的音高关系，这就是十二平均律，朱载堉称为"新法密率"，即由新方法而求得的各律之间最精密的比率。这一发明详细记载在他1584年成书的《律学新说》中，他的发明比西方约早一个世纪。然而中国音乐从古代走向近代，却已是朱载堉发明十二平均律300年之后的事了。

乐曲鉴赏

流水

《流水》是一首非常古老、著名的琴曲。相传，《高山流水》原来是一个曲子，到了唐朝才分为《高山》和《流水》两个曲子。在《吕氏春秋》中记载，传说先秦的琴师俞伯牙擅长弹古琴，一次伯牙在荒山野地弹琴，樵夫钟子期竟能领会这是描绘"巍巍乎志在高山"和"潺潺乎志在流水"。伯牙惊曰："善哉，子之心与吾同。"子期死后，伯牙痛失知音，摔琴断弦，终身不操，故有高山流水之曲。《高山流水》取材于"伯牙鼓琴遇知音"，乐谱最早见于明代朱权的《神奇秘谱》一书。

乐曲从缓慢的散板、清澈的泛音到疾速的滚拂，表现了滴滴清泉、涓涓细流直至滔滔江河、浩瀚大海的不同景象，将水的姿态表现得淋漓尽致，给予人们丰富的想象空间。这首琴曲充满着人与自然的和谐之音，散发了天籁、地籁、人籁相知相合、浑然一体的气象。

十面埋伏

琵琶曲分为两个大类，即文曲与武曲，《十面埋伏》是琵琶武曲的顶峰之作，是一首历史题材的大型琵琶曲。乐曲激烈，震撼人心，气势雄伟激昂，艺术形象鲜明，用音乐叙事的手法完美地表现了名闻古今的楚汉战争垓下决战的情景。全曲分为三大部分，共有十三个小段落，琵琶的演奏手法在此曲中得到了淋漓尽致的发挥，创造了以单个乐器的独奏形式表现波澜壮阔的史诗场面，那激动人心的旋律令听者无不热血沸腾、振奋不已。

春江花月夜

《春江花月夜》早在 1875 年以前就在民间流行，原是一首琵琶独奏曲，名为《夕阳箫鼓》。1925 年，上海"大同乐会"的柳尧章和郑觐文首次将它改编成为民族管弦乐曲，并借用唐代著名乐府《春江花月夜》之题名改为现名。

民族管弦曲《春江花月夜》由江楼钟鼓、月上东山、花影层叠、水深云际、渔歌唱晚、洄澜拍岸、欸乃归舟以及尾声八个段落构成，乐曲旋律流畅婉转，格调古朴典雅、生动秀美，借景抒情，情景交融，描绘了月夜春江的迷人景色，贴切地表现出标题"春江花月夜"的新意。

数字音乐厅
· 流水
· 十面埋伏
· 春江花月夜

美的拓展
· 中国音乐
作品（一）

第二节　20世纪初至中华人民共和国成立前的中国音乐

20 世纪初，随着国门的打开，西洋音乐大量传入，东西方文化交汇冲撞，中国音乐艺术掀开了波澜壮阔的崭新一页。学堂乐歌标志着我国国民主义新文化在音乐领域中吐露新芽，萧有梅、李叔同、沈心工等一批通古晓今、学贯中西的新型音乐家成为新音乐运动的"助产士"。在抗战救国的狂飙之中，成千上万首极具时代精神的音乐作品脱颖而出；除歌曲创作获得汪洋大海般的收获之外，交响乐、大合唱、歌剧、钢琴、小提琴等诸多领域均呈现出历史性的进展；冼星海、聂耳、贺绿汀、马思聪、吕骥等一大批音乐家在各自的领域做出了杰出的贡献。

一、学堂乐歌——中国近代音乐的开端

中国在甲午战争中痛败之后，康有为、梁启超等反思教育，倡议维新，提倡废科举、办新学。新学课程设置中，就音乐一题，梁启超认为："今日不从事教育则已，苟从事教育，则唱歌一科，实为学校中万不可缺者。举国无一人能谱新乐，实为社会之羞也。""乐堂渐有发达之机，可谓我国教育界前途一庆幸。"1902年，清政府颁布《钦定学堂章程》，确定新兴学堂开设"乐歌"一科。

20世纪初，我国学堂里"乐歌课"所教唱的歌曲，当时称为"乐歌"，后来音乐界将清末民初时期的学校歌曲统称为"学堂乐歌"。学堂乐歌的内容大部分反映当时中国资产阶级知识分子要求学习欧美科学文明，实现"富国强兵"等爱国主义的思想。其特点大致有选曲填词、文白兼用、音乐风格以西洋模式为主。曾志忞、李叔同、沈心工等人为学堂乐歌在中国的发展起到了至关重要的作用。"学堂乐歌"被认为开创了中国近代音乐创作的先河，是中国现代音乐教育的开端，也是中国现代教育的开端。

乐曲鉴赏

送别

约翰·庞德·奥特维曲，李叔同词。歌曲短小、简洁，歌词富有意境和韵味，词与曲的配合深为精妙，时而写景，时而写情，似一幅清新淡雅的水墨画，短短的四句却融进了万般惜别的情绪，寄托着无限情思，唱来如怨如诉，抒发了离别时的愁思和忧伤，给人以亲切、自然的感觉。

李叔同（1880—1942），名文涛，又名广涛，字叔同，号漱筒，法名演音，号弘一，人称弘一法师，祖籍平湖，生于天津。1901年考入上海南洋公学，1905年秋赴日本留学，入东京上野美术专门学校，同时在音乐专科学校攻钢琴、作曲。其独立创办我国第一个音乐刊物《音乐小杂志》，成为向国内介绍西洋音乐、五线谱和贝多芬等的先驱人物。1910年回国，教授音乐、美术。后在虎跑寺正式削发为僧，初崇奉净土宗，后专修律宗。李叔同工诗词、书画篆刻，音乐以作词配曲为主，有《春游》《早秋》《送别》等。

▶ 李叔同

夕歌

夕阳西下，晚霞满天，三五少年，背着书包，蹦蹦跳跳地从学校高高兴兴回家。他们用深情而优美的歌声，表达出自己努力成为国家有用之才的心声。因为《夕歌》

是放学时所唱，所以有时也称《息歌》。又由于歌中唱到功课，因而又称《习歌》。近几年演唱时，强调歌中提到的"治国平天下"，故又称《祖国歌》。

二、抗战歌曲

伟大的抗日战争以惊天地、泣鬼神的业绩而彪炳千古，而为这一英雄史诗作伴奏的，是以人民音乐家聂耳、冼星海为代表的一大批音乐家所创作的抗战歌曲。这些响彻神州的铿锵战歌，以鲜血谱就，是冲锋的号角，是奋战的鼓声，激励着中华儿女与日寇血战到底。直到今天，每每听来依然令我们热血沸腾。

20 世纪 30 年代正值我国专业音乐教育和音乐创作的蓬勃发展时期。以黄自等为代表的学院派作曲家，由任光、聂耳、张曙、吕骥等组成的左翼音乐运动组织，以贺绿汀、冼星海、孙慎、周巍峙、麦新等为骨干的抗日救亡歌咏运动组织以及有贺绿汀、冼星海参加的上海文艺界协会救亡演剧队等先后投入了全国性救亡歌咏活动的洪流。以颇具专业水准的混声四部合唱《抗敌歌》为先导，一大批优秀的救亡歌曲陆续得以广泛传唱。

在抗日战争时期，大批的青年知识分子和艺术人才加入了八路军和新四军。抗日军政大学、延安部队艺术学校、延安鲁迅艺术文学院部队干部班也培养出许多音乐专门人才，使我军拥有了一支数量可观的专业创作队伍。他们在毛主席《在延安文艺座谈会上的讲话》和"为兵服务"口号的鼓舞下，深入战争最前线，创作出许多流传于抗日民主根据地的作品。

根据地的音乐名作与前述救亡歌曲一起构成了全民抗战的宏伟画卷，它作为新民主主义革命文化的产物，作为新音乐运动发扬光大的杰出成果，作为一个不屈民族代代传承的精神财富，作为一个伟大时代的象征，将永世流芳。这些歌曲，在抗战烽火中诞生，穿越历史的烟云，飞掠岁月的长河，以其独特的爱国主义旋律，激励着一代又一代的中华儿女。

数字音乐厅
· 抗敌歌
· 毕业歌

乐曲鉴赏

毕业歌

田汉词、聂耳曲，是电影《桃李劫》插曲。这是一首进行曲风格的群众歌曲，作于 1934 年。电影《桃李劫》描写"九一八"事变后，中国青年学生坎坷的生活道路。《毕业歌》表达了一代青年"天下兴亡，匹夫有责"的爱国激情，一批又一批的有为青年在此歌的激励下走上了抗日救亡战场。

义勇军进行曲

▶电影《风云儿女》剧照

田汉词，聂耳曲，创作于 1935 年 4 月，是电影《风云儿女》的主题歌。电影《风云儿女》由田汉做故事、夏衍写台本，表现了处于深重民族危机下的 20 世纪 30 年代的知识分子，从象牙之塔冲出来奔赴抗日前线的主题。

田汉在被捕前，将歌词写在一张包香烟的锡纸上，后由夏衍交给聂耳，聂耳很快将歌曲谱完，以《义勇军进行曲》为歌名发表在《中华日报》上。随着《风云儿女》的上映，这首震撼人心的战歌迅速传唱全国，被称为中华民族解放的号角。后来，美国著名黑人歌唱家罗伯逊演唱并录制了唱片，更使这首战歌载誉全球。《义勇军进行曲》的音乐是不朽的，由于它在中国人民争取自由解放的革命斗争中起过巨大的鼓舞作用，1949 年 9 月 27 日，中国人民政治协商会议第一届全体会议通过决议，将这首歌定为新中国代国歌；1982 年 12 月 4 日，中华人民共和国第五届全国人民代表大会第五次会议通过决议，将其定为中华人民共和国国歌。

数字音乐厅

· 义勇军进
行曲
· 松花江上

▶聂耳

聂耳（1912—1935），祖籍云南玉溪，生于昆明。原名聂守信，字子义（一作紫艺），我国杰出的人民音乐家。聂耳短促的一生中正式从事音乐工作只有五年左右，而真正从事音乐创作的时间还不到三年。但他给我们留下了极其宝贵的音乐财富和极其光辉的精神财富。据现有资料统计，聂耳共创作了 36 首歌曲、6 首民族器乐曲和口琴曲；写了 12 篇评论文章，剧本、小说、报道和学生时代的作文等共有 29 篇；还有数十万字的日记、书信等珍贵的文字资料。郭沫若曾赞誉他是"中国革命之号角"。

松花江上

张寒晖词曲。"九一八"事变后，日寇占领了我国东北，几十万东北军和人民流亡关内。当时西安街头也出现了大批东北军和东北的流亡者，他们中的许多人流离失所，啼饥号寒。当时在陕西省立西安二中任教的张寒晖见到这种流浪徘徊的惨景，和着泪水开始创作。1936 年底，在西安纪念"一二·九"运动一周年的游行队伍中，西安二中的同学们唱起这首歌曲走上街头，很快这首歌便从西安唱到华北，再唱到东北，唱到燃着抗日烽火的每一寸土地上。歌曲表现了东北沦陷后流亡关内的民众悲愤的情感，成为救亡歌曲的代表作之一，此歌与 1937 年 11 月江陵作词、刘雪庵作曲的《流亡曲》《复仇曲》构成流亡三部曲。

张寒晖（1902—1946），作曲家、戏剧家，河北定县人。自幼喜爱音乐，

1925 年考入北平国立艺专戏曲系学习。毕业后，在北京、西安等地从事教育、戏剧及报刊编辑工作。1941 年 8 月赴延安，继续从事文化、戏剧工作，业余进行音乐创作，写有 50 余首歌曲和数部秧歌剧，其中流传较广的有《游击乐》《军民大生产》等。

延安颂

莫耶词，郑律成曲。1938 年，一个夏日的傍晚，鲁迅艺术学院的学生郑律成在延安城北门外的山坡上，眺望着英姿勃勃的抗大队伍，激发起创作灵感。他打算谱一首曲子，并鼓动文学系的莫耶写出了《歌颂延安》。后来这首歌被更名为《延安颂》，当时全国各地许多知识青年正是唱着这支歌，奔向延安，投入革命的洪流中。《延安颂》由此成为延安精神的象征。

◀ 延安宝塔山

数字音乐厅

· 延安颂
· 黄河大合唱

郑律成（1914—1976），作曲家，原名郑富恩，原籍朝鲜。1933 年春，郑律成随同一批朝鲜进步青年来到中国南京，并在参加中国人民的抗日救亡歌咏运动中结识了冼星海。1937 年 10 月郑律成来到延安，在鲁迅艺术学院任声乐教员期间，创作出一系列重要作品，如歌曲《延安颂》《延水谣》《新山歌》和大合唱《抗日骑兵队》等，1939 年创作的《八路军进行曲》更名为《中国人民解放军军歌》。他善于吸取民间音乐素材，融化外来音乐语汇，形成自己朴实流畅、优美亲切的旋律特点，其音乐风格率真纯朴、奔放洒脱、充满激情。

《黄河大合唱》第一、五、六、七、八乐章

光未然词，冼星海曲。1938 年 11 月武汉沦陷后，诗人光未然（即张光年）带领抗敌演剧三队，从陕西宜川县的壶口附近东渡黄河，转入吕梁山抗日根据地。途中亲临险峡急流、怒涛旋涡、礁石瀑布的境地，目睹黄河船夫们与狂风恶浪搏斗的情景，聆听了悠长高亢、深沉有力的船夫号子。1939 年 1 月抵达延安后，他一直酝酿着《黄河》词作，并在新年除夕联欢会上朗诵了这部诗篇。冼星海听后异常兴奋，很快完成了这部大型声乐名作。4 月 13 日在延安陕北公学大礼堂首演，引起巨大反响。《黄河大合唱》共八个乐章，包括 7 首歌曲和一首配乐诗朗诵，分别是《黄河船夫曲》《黄河颂》《黄河之水天上来》（配乐诗朗诵）《黄水谣》《河边对口曲》《黄河怨》《保卫黄河》《怒吼吧，黄河》。《黄河大合唱》在中华民族最危急的关头，唤醒了广大人民的反抗意识，将整个民族紧密地团结起来，向着全中国吹响了战斗的号角。它已经超越了艺术的领域，仿佛是中华民族生生不息、永远不屈的魂魄。

冼星海指挥《黄河大合唱》

第一乐章：《黄河船夫曲》（混声合唱），本乐章运用领唱及合唱相呼应的演唱形式，描绘了船夫们与风浪搏斗的动人场面以及登上河岸时的乐观情绪。

第五乐章：《河边对口唱》（男声二重唱及混声合唱），这个乐章借用了锣鼓伴奏的一些手法，形象地叙述了流亡群众的悲惨遭遇，显示了"打回老家去"的斗争决心。

第六乐章：《黄河怨》（女声独唱），这个乐章由多乐段组成。运用大小调交替的手法和多变的节奏，很有层次地通过沦陷区一个妇女的悲惨遭遇和痛不欲生的控诉，揭露了日本帝国主义的残暴，哭诉了我们民族的深重灾难，用血和泪唤起人们拿起武器，投入神圣的抗日救亡战争。

第七乐章：《保卫黄河》（轮唱），本乐章以跃动、生机勃勃的音调，以快速大跳的动机和逐步扩张的音型，运用卡农的音乐表现形式，生动地表现了游击健儿前赴后继、英勇战斗，为保卫黄河、保卫全中国而奔赴战场的壮丽情景。

第八乐章：《怒吼吧，黄河》（混声合唱），以号角性、战斗性的音调，象征东方巨人为最后胜利发出呐喊，具有强烈的感人力量。

冼星海

冼星海（1905—1945），我国现代著名的音乐家，1945年10月30日病逝于莫斯科。原籍广东番禺，生于澳门贫苦船工家庭。童年和少年时期曾在新加坡生活和学习，后在岭南大学预科、北京大学音乐传习所、国立艺专音乐系、上海国立音专及法国巴黎音乐学院学习。1935年回国后积极参加抗日救亡运动，1938年到达延安，任鲁迅艺术学院音乐系教授和音乐系主任，同年6月加入中国共产党。冼星海是一位多产的作曲家，一生中创作了近300首音乐作品和大量论文，塑造了无数生动的艺术形象，并以他对革命音乐的巨大贡献，赢得了"人民音乐家"称号。作品有《救国军歌》《只怕不抵抗》《在太行山上》《到敌人后方去》等。他在延安鲁迅艺术学院时期创作的《黄河大合唱》是我国音乐艺术的不朽名作。

三、器乐曲的发展和创新

在近现代，民族器乐随着社会形态的巨大发展，出现了与以往不同的发展状况。首先，发展趋于城市化，并呈现出分散发展的势头。主要散落在各大城市中，如音乐社团的建立、地方性乐种的出现及确立、流浪艺人的创作演奏等方面。其次，部分民族器乐种类开始由自娱性向表演性发展。

1. 广东音乐

广东音乐，亦称粤乐，是我国地方民间音乐中的瑰宝，是晚清起逐渐形成而兴盛于民国、发源于珠江三角洲流传于所有粤语方言区的一个具有鲜明地方色彩和独特风格的民间器乐曲种，具有融汇古今中西的特质。它的前身主要是粤剧过场音乐和烘托表演的小曲，大约在20世纪20年代初期，发展成为能独立演奏的器乐曲种。从20世纪20年代起，广东音乐更有了飞跃的发展，进入了乐种的成熟期，充分显示出广东音乐作为新兴地方民间音乐的旺盛生命力，出现了许多专业的作曲家和演奏家，如何柳堂、吕文成、易剑泉、尹自重等。约在1926年间，受江南丝竹影响，吕文成将二胡引进港、澳，并改用钢丝琴弦，移高定弦，成为发音清脆明亮的粤胡（又称高胡）；加入扬琴、秦琴，并以高胡为主奏乐器，称为"三件头"，又称"软弓"；后来又在"三件头"的基础上加入洞箫、笛子、椰胡等丝竹乐器，乐队有了扩大，大约在1930年乐队才定型下来。代表曲有何柳堂的《赛龙夺锦》《鸟惊喧》《醉翁捞月》《七星伴月》；吕文成的《步步高》《平湖秋月》《醒狮》《岐山凤》《焦石鸣琴》；尹自重的《华胄英雄》及易剑泉的《鸟投林》等。广东音乐以其清新明快、活泼开朗、细腻悠扬、优美动听的旋律而吸引了众多乐迷，而且新作源源不断，显示了强大的生命力与深厚的群众基础，它是中国民间音乐的明珠，载誉海内外。

乐曲鉴赏

旱天雷

《旱天雷》原是由严老烈根据《三汲浪》改编而成的扬琴曲，现有多种演奏形式，旋律活泼，节奏欢快，表现了人们久旱逢甘霖的喜悦。《三汲浪》原是一首琵琶小曲，严老烈把原曲乐句拆开，运用放慢加花技法，对原曲给以新的节奏处理，充分发挥了扬琴密打竹法和善于演奏大音程的特长，旋律活泼流畅、生机盎然，节奏欢快，表现人们久旱逢甘霖时的喜悦心情。《旱天雷》被改编为民族管弦乐曲、钢琴曲、小提琴曲和弦乐四重奏。

平湖秋月

广东音乐大家吕文成先生的代表作，以清新明快、悠扬华美的旋律，描写了杭州西湖的胜景之一——"平湖秋月"，皎洁秋月清辉下的西湖晚风轻拂，幽静迷人。曲中的月色有着中国文人心目中静、虚、淡、远的意境，反映出中华民族追求高洁、润美、细腻、和谐的传统美学原则，体现出"但愿人长久，千里共婵娟"的

数字音乐厅
· 旱天雷
· 平湖秋月

美好情怀。

2. 民族音乐家刘天华

▶刘天华

刘天华（1895—1932），作曲家、民族器乐演奏家、音乐教育家，江苏江阴人。刘半农、刘天华、刘北茂三兄弟是中国文化史上著名的"刘氏三杰"。哥哥刘半农早年参加新文化运动，以后成为著名的文学家、诗人、语文学家；弟弟刘北茂是我国现代音乐史上一位多产的作曲家，被誉为"民族音乐大师"。刘天华中学时期曾学习西洋管乐器，后在江阴、常州等地教授音乐，并向民间音乐家学习多种乐器的演奏，记录民间曲谱，同时创作乐曲。刘天华于1922至1932年间，在北京大学任二胡、琵琶、小提琴教授。他立志革新民族音乐，呼吁从事音乐的人要"顾及一般民众"，他把最常见、最有群众基础的二胡作为改革和发展的对象，从选料、制作到演奏手法都予以改革和创新，提高其表现力，并为此创作了一批乐曲，使二胡登上了独奏舞台并纳入高等音乐学院的课程。其音乐作品既保留中国传统音调，又吸取西洋音乐的技法，具有新颖独特的表现力，主要作品有：二胡曲《病中吟》《良霄》《悲歌》《空山鸟语》《光明行》《闲居吟》《独弦操》《烛影摇红》和琵琶曲《歌舞引》《改进操》等。

数字音乐厅
·光明行
·空山鸟语

乐曲鉴赏

光明行

全曲共分为四段，另有引子和尾声，是一首具有中国气派的进行曲。在引子中，可以听到坚定整齐的步伐行进声，然后出现小军鼓似的敲击节奏和昂扬的音调。第一段号角声的旋律，气势昂扬，象征了觉醒的民众队伍走向光明。第二段进行曲风格的旋律，流畅舒展，优美如歌。乐曲由一种内在的、被抑制的热情，发展为更加开朗和富于自信心的新的音乐形象。第三段犹如人们踏着矫健步伐，昂首阔步地前进。第四段音乐情绪更加明朗。尾声最后出现了模拟军号声的主三和弦分解进行的旋律，使全曲生气勃勃，充满勇往直前的进取精神和对光明前途的乐观自信。

3. 民族、民间音乐家华彦钧

华彦钧（1893—1950），二胡演奏家，江苏无锡人。其父华清和系无锡洞虚宫雷尊殿道长，通晓音律和道教音乐，会演奏多种民间乐器。华彦钧自幼从其父学习笛、鼓、二胡、琵琶等乐器，并拜民间艺人为师，学习民间音乐。1918 年其父病逝，遂继为雷尊殿道长。1928 年患眼疾双目失明，加之时局动荡，只能靠卖艺维持生计。抗日战争期间，经常在街头编唱时事新闻，用二胡演奏抗日救亡歌曲，深受各界欢迎，人称"瞎子阿炳"。他创作的二胡独奏曲《寒春风曲》《听松》《二泉映月》以及琵琶独奏曲《昭君出塞》《大浪淘沙》《龙船》，均鲜明地体现了他对人间世态的深刻感受。华彦钧作为一位中国的民间艺人，在中国民间音乐文化的历史上，以自己度过的沧桑岁月和不平凡的经历凝聚成了获得世界性声誉的传世之作，其人其乐都饱含、蕴藏着中华民族最本质的精神与气节，他的音乐中充溢着对光明的向往与奋发进取的精神，成为民族音乐的经典之作与民族精神的结晶。应该说，他是一位在中国音乐史上罕见的、走向世界的民族、民间音乐家。

◀ 华彦钧

乐曲鉴赏

二泉映月

《二泉映月》是二胡经典作品之一，充满了浓郁的江南风格，旋律优美婉转，质朴动人，平静深沉而不乏昂扬之志，缠绵哀怨而饱含愤慨之情，具有感人的力量和神韵。乐曲自始至终流露的是一位经历旧中国生活坎坷和磨难，饱尝人间辛酸和痛苦的盲艺人的思绪情感和倔强不屈的性格。作品展示了独特的民间演奏技巧与风格以及无与伦比的深邃意境，显示了中国二胡艺术的独特魅力。

乐曲开始有一个感怀，叹息般的引子，几小节后出现的主题具有叙述和感慨万千的情绪基调。这个主题在全曲出现多次，随着旋律的发展，时而深沉，时而激扬，时而悲恻，时而傲然，它表现的是一位饱经沧桑的老人平静如水的心灵的独白，有微微的悲怨，但更多的是一种发自内心的刚直不阿、与命运抗争的倔强。并且，在最后，他让我们透过那微微的悲怨，看到前途的一抹光明。

数字音乐厅

· 二泉映月

四、艺术歌曲

"艺术歌曲"是 18 世纪末 19 世纪初，欧洲盛行的一种抒情歌曲的通称，其歌词多采用著名诗歌，侧重表现人的内心世界，曲调表现力强，表现手段与作曲技法比较复杂，伴奏占重要地位。许多艺术歌曲现已成为声乐教材或音乐会保留曲目。艺术歌曲具有以下显著特色：①诗与音乐的结合。歌曲根据原诗含义及原诗的抑扬顿挫等进行创作，所以歌曲所呈现的是作曲家对诗歌的主观看法。②以钢琴伴奏。钢琴伴奏的地位和声乐旋律同等重要。钢琴伴奏不只是起和声和节奏衬托的作用，往往用特定的音型或更复杂、更精致的织体以表现歌曲的意境与内涵。如舒伯特歌曲的钢琴伴奏就具有很高的艺术价值。③结构精致。艺术歌曲一般短小精致，是一种高度浓缩的音乐小品，在聆听、欣赏或演唱时要非常注意细节，因为每个字、每个音都有特意的安排。④内容丰富。由于歌词都是采用著名诗人的作品，所以内涵丰富，艺术价值较高。⑤要求演唱者具备较高的演唱技巧与艺术修养。艺术歌曲的特质决定它的演唱者必须具有良好的音质，细腻的声线，清晰的咬字与恰当的情绪表达能力，因此能否唱好艺术歌曲是衡量一名合格歌唱家的重要标志。

20世纪上半叶，中国作曲家也写有大量的艺术歌曲，赵元任的《教我如何不想她》、黄自的《思乡》、青主的《我住长江头》、贺绿汀的《嘉陵江上》都是优秀的艺术歌曲。

乐曲鉴赏

教我如何不想她

刘半农词，赵元任曲。这是一首反映"五四"精神的艺术歌曲，创作于1926年。歌曲共分四段，通过对春夏秋冬四季景色的寓于诗情画意的描绘，寄托了情思萦绕的青年独自徘徊咏唱，对友人——隐喻对故乡的深情怀念。这首歌曲的另一特色是，西洋的作曲技巧与我国民族音乐特点巧妙地糅合，其曲调和歌词和谐，转调自然、层次清晰，速度与力度变化有致，每段的结束句歌词、曲调基本相同，使全曲风格较为统一，民族色彩浓郁。

赵元任（1892—1982），字宣仲，国际著名的语言学家，江苏五进人，生于天津。一些人尊称他是"中国语言学之父"，他曾当过"全美语言学会"的会长，他是中国近代语言学的奠基人之一。赵元任精通汉语，能说30多种方言，能够熟练运用英文、德文、法文以及日文、古希腊文、拉丁文、俄文等。赵元任在美国康奈尔大学和哈佛大学留学期间主修数学、哲学并系统学习了钢琴、声乐和作曲，在夏威夷大学任教时，在那里开设过中国音乐课程。赵元任出版的歌集有《新诗歌集》（1928）、《儿童节歌曲集》（1934）、《晓庄歌曲》（1936）、《民众教育歌曲集》（1939）、《行知歌曲集》和《赵元任歌曲集》（1981）。

数字音乐厅
· 我住长江头
· 教我如何不想她

五、西域乐魂——王洛宾

王洛宾（1913—1996），著名作曲家、艺术家，北京人。1934年7月毕业于北京师范大学艺术系。1937年11月在山西参加由丁玲领导的西北战地服务团，后受西北战地服务团委派，前往兰州等地做唤起民众的工作。1938年5月在兰州参加"西北抗战剧团"，进行抗日救亡宣传。1949年9月参加中国人民解放军，同年随军进入新疆。历任中国人民解放军第一野战军第一兵团政治部宣传部文艺科副科长、新疆军区政治部文艺科科长、新疆军区歌舞团音乐创作员、新疆军区歌舞团艺术顾问等职。1988年9月荣获中国人民解放军胜利功勋荣誉章。1991年7月享受政府特殊津贴。

▲ 王洛宾

王洛宾为传播和发展祖国的西部民歌做出了突出的贡献。早在20世纪30年代，王洛宾还未进入新疆，就已经开始了对新疆民歌的收集整理，第一个把新疆民歌传入内地。在此后的半个世纪中，他的足迹遍布大西北，先后收集整理、改编翻译了十几个民族的700多首民歌，并创作了大量具有浓郁西部特色的优秀民歌，先后出版了8部歌曲集，使中国的西部民歌不仅流传全国，而且传遍了全世界。如《在那遥远的地方》《半个月亮爬上来》《达坂城的姑娘》《阿拉木汗》《都达尔和玛利亚》《青春舞曲》等歌曲，至今在世界各地的华人中广为传唱。其中《在那遥远的地方》和《半个月亮爬上来》被评为20世纪华人音乐经典作品。《在那遥远的地方》这首歌，还被世界著名歌唱家保罗·罗伯逊、卡雷拉斯等人作为保留曲目唱遍全世界，被享誉全球的巴黎音乐学院编入音乐教材，并于1992年10月荣获国务院文化部和中国唱片总公司颁发的"金唱片奖"。王洛宾是一位具有强烈爱国精神的音乐艺术家。在中华民族危难之时，他毅然奔赴抗日前线，几次参加抗日宣传组织，积极进行抗日救国的宣传工作。他用满腔的爱国热情，先后创作了《老乡，上战场》《洗衣歌》《风陵渡的歌声》《奴隶之爱》等大量抗日歌曲，唱遍华北前线，鼓舞了许多有志青年投身抗日救亡运动。新中国成立后，他又满怀对新中国的热爱之情，创作了《萨拉姆毛主席》《社会主义光芒照在我老汉的心坎上》《亚克西》等100多首歌颂党和社会主义的歌曲，在整个新疆乃至全国广为传唱。

数字音乐厅
· 在那遥远的地方
· 半个月亮爬上来
· 达坂城的姑娘
· 阿拉木汗

乐曲鉴赏

在那遥远的地方

这是一首较为宁静、内在情感浓郁的情歌，歌曲吸收了哈萨克族民歌《羊群里躺着想念你的人》的元素，既有哈萨克民歌的特点，又有青海藏族民歌的风格，可以称为中国的小夜曲。作品为上下句结构的单乐段，上乐句两小节，下乐句三小节，结构不对称。上乐句在高音区，曲调明亮而充满激情，下乐句在中低音区，音调温柔而饱含深情。朴素简洁的比兴歌词，自然和谐；生动流畅的旋律，倍受大家喜爱。这是一首跨越地域、语言、种族和时代、充满浪漫情怀的华人声乐艺术佳作。

半个月亮爬上来

歌曲为三段体，短小、精练，表现了青年人的爱情生活。第一段曲调平稳，充满夜晚的宁静气氛。中段旋律起伏较大，旋律分别由男高音、男低音及女高音唱出"请你把那纱窗快打开"的句子，诙谐地表现了小伙子的焦急心情。第三段仍回到第一段宁静的气氛中，似在温馨的夜色里，年轻人尽情享受着爱情的喜悦。

美的拓展

· 中国音乐作品（二）

第三节 中华人民共和国成立后的中国音乐

中华人民共和国成立后，我国政府在音乐教育、音乐创作等领域中采取百花齐放的方针，鼓励创作出了一批时代性、艺术性、民族性俱佳的作品，如大型音乐舞蹈史诗《东方红》、电影音乐作品《刘三姐》、歌剧《洪湖赤卫队》、钢琴协奏曲《黄河》、小提琴协奏曲《梁山伯与祝英台》等。尤其改革开放以来，中国音乐在与西方等外来民族音乐的交流融汇之中，发生了东西方音乐文化的又一次大碰撞。这次碰撞对于新时期中国音乐文化建设的影响至深至巨，从音乐创作、表演、音乐教育、音乐理论乃至音乐出版、音乐市场，几乎渗透到音乐艺术的一切领域，由此形成了新时期音乐文化建设大发展、大繁荣的光辉景象。"新潮音乐"的强劲崛起和流行音乐的大潮涌动是这一时期中国专业音乐发展中两个最重要的现象。中国音乐家和音乐艺术表演团体广泛参加了各种国际性的音乐交流和比赛活动，许多人获得了名列前茅的优异成绩，他们的足迹遍及世界各地，在将具有优秀传统的中国音乐文化介绍给世界人民的同时，也将外国优秀的音乐艺术、音乐思潮、音乐理论引进国内。

一、歌曲与歌剧

中华人民共和国成立后，群众歌曲创作十分活跃，它们继承革命音乐的传统，反映国家的新面貌，鼓舞了人民的斗志和劳动热情。合唱艺术是 20 世纪初由国外引进，从学堂乐歌起便在我国运用，自中华人民共和国成立后，合唱逐渐兴盛开来。新歌剧得到了新的发展，许多作品在继承传统歌剧的同时，又吸收了地方戏曲的特点和西洋歌剧的一些有益经验，陆续涌现出《小二黑结婚》(马可作曲)、《红霞》(张锐作曲)、《洪湖赤卫队》(张敬安、欧阳谦叔作曲)、《江姐》(羊鸣、姜春阳、金砂作曲)、《草原之歌》(罗宗贤、卓明理、金正平作曲)、《阿依古丽》(石夫、乌斯满江作曲）、《伤逝》（施光南作曲）等优秀作品。

乐曲鉴赏

祖国颂

乔羽词，刘炽曲。原系作者 1957 年冬天为彩色宽银幕文献纪录片《祖国颂》（初名《庆祝一九五七年国庆节》）写的两首混声合唱曲之一，另一首题为《今夜到处有歌声》。影片于 1958 年元旦献映后，合唱《祖国颂》随之在群众中流传。这首单乐章合唱曲分为三个部分。第一部分是领、合形式的乐段，旋律缓慢、开阔。中段的朗诵伴有优美动听的复调合唱，具有秦腔调式和旋法的某些特点，而朗诵词则配上了 $\frac{2}{4}$ 拍子的曲调："鸟在高飞，花在盛开，江山壮丽，人民豪迈，我们伟大的祖国进入了社会主义时代。"间奏之后，第二部分又以领、合形式唱着舒展深情的分节歌，展现了祖国大地一派劳动、丰收的喜人景象。第三部分是第一部分的变化反复，略去朗诵段落，气息更为宽广，意境更为壮丽，充满了民族的自豪感。

数字音乐厅
· 祖国颂
· 吐鲁番的葡萄熟了
· 那就是我

吐鲁番的葡萄熟了

瞿琮词，施光南曲，作于 1978 年。词作者运用暗喻与陪衬的手法，巧妙地把对祖国、对生活的爱和对情人的爱融合在一起，构思新，情趣高，不落俗套。曲作者用新疆维吾尔族的音乐为素材，为它谱写了一支动人的曲调。全曲贯穿着新疆民族歌舞中手鼓的典型节奏，风格浓郁、新颖别致，像姑娘轻声悄语般娓娓动听。表面上讲的是第三人称"她"，实际上却是表现姑娘自己等待、思念远方情人的炽热情感。

那就是我

陈晓光词，谷建芬曲，作于 1982 年，是一首吟诵体的抒情歌曲。所谓"吟诵体"是指节奏自由、带有朗诵诗歌般的韵律，并且着重内心体验的一类抒情歌曲。歌曲像一幅淡雅而又略带朦胧的山水画，通过对故乡的"小河""炊烟""渔火""明月"的绵绵思恋，把一个远方游子思念母亲的拳拳之心表达得淋漓尽致，抒发了思恋祖祖辈辈生息繁衍之地的深情。《那就是我》被视为 20 世纪华人经典之作，深受人们的喜爱,巴金在一本书中曾写道:最近听人唱了一首歌曲——《那就是我》,那优美的歌声经过我的耳畔、掠过我的心上,我的心就仿佛随着它回到了我的童年,回到了我的故乡。作品被编进了教科书,被许多艺术家演绎,成为很多歌唱家演唱会的必唱曲目。

数字音乐厅
·芦花
·红梅赞

芦花

贺东久词，印青曲，创作于2004年，是一首充满情感与意境的艺术歌曲，以其深刻的情感表达和优美的旋律，成为抒情歌曲的典范。歌曲旋律优美流畅，曲调抒情悠扬，完美地展现了江南水乡的风光和意境，表达了渔家姑娘的柔情，传达了深厚的情感和对美好生活的向往。

红梅赞

▶ 歌剧《红梅赞》剧照

歌剧《江姐》选曲。取材于长篇小说《红岩》的歌剧《江姐》是中国民族歌剧的丰碑之作。中国人民解放军空军政治部歌剧团于1964年首演于北京。该剧由剧作家、词作家阎肃担任编剧，作曲家羊鸣、姜春阳、金砂作曲。该剧优美的音乐旋律、鲜明的人物形象、强烈的艺术表现力，征服了无数观众的心，在全国歌剧舞台独领风骚，成为久演不衰的民族歌剧精品。其中《红梅赞》《绣红旗》《春蚕到死丝不断》《五洲人民齐欢笑》等经典唱段影响了几代观众。《红梅赞》用优美动人的旋律，将一个革命女性的坦荡心灵和壮丽情怀浸入亿万观众的心田。

二、民族器乐曲

我国的民族器乐分吹管乐器、拉弦乐器、弹拨乐器、打击乐器四大类。新中国成立后，我国器乐创作首先得到发展的就是民族器乐的创作与表演。在这方面，由于党和政府重视，在高等音乐学校里建立了民族器乐专业，并建立了一支数量可观的从事民族器乐教学和演奏的队伍，这支队伍在从事教学和演奏的同时，还挖掘、整理了许多优秀的民族器乐的传统曲目，同时也改编、创作了许多民族器乐新作品，还对传承乐器的音质不纯、音律不统一、音量不平衡、转调不方便、固定音高乐器之间的音高标准不统一、在综合乐队中缺少中低音乐器等不足方面，进行了大量的探索和改革，取得了很大成就，并涌现了许多成果。所有这些，都使我国民族器乐在新的历史时期焕发出新的光彩。

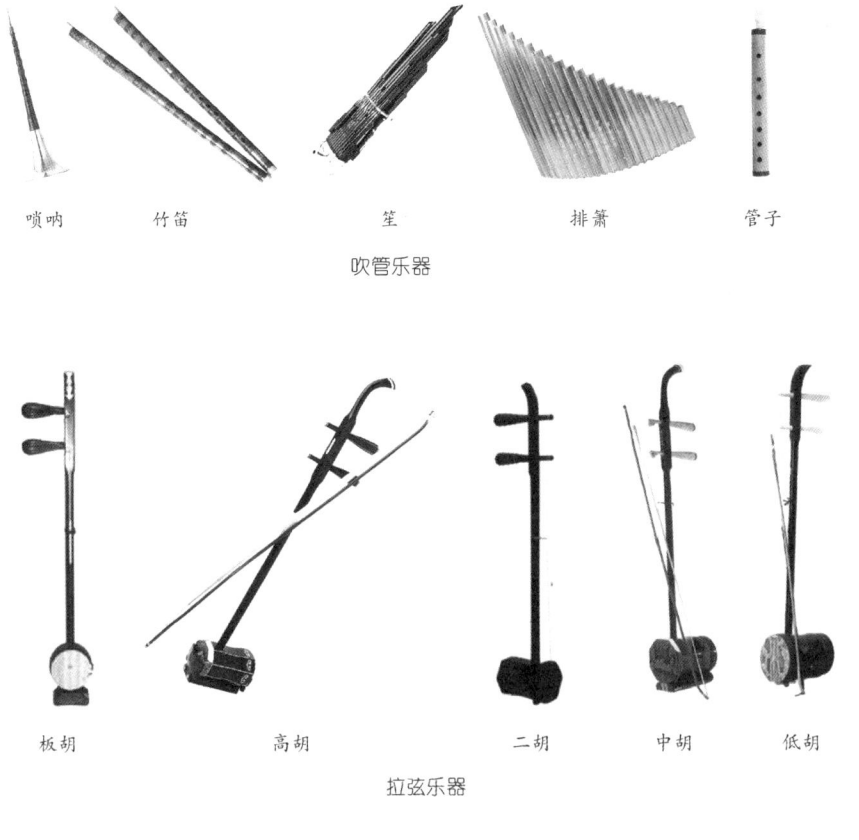

吹管乐器

| 唢呐 | 竹笛 | 笙 | 排箫 | 管子 |

拉弦乐器

| 板胡 | 高胡 | 二胡 | 中胡 | 低胡 |

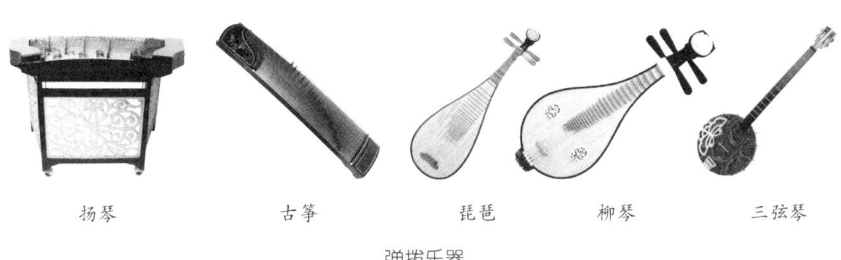

弹拨乐器

| 扬琴 | 古筝 | 琵琶 | 柳琴 | 三弦琴 |

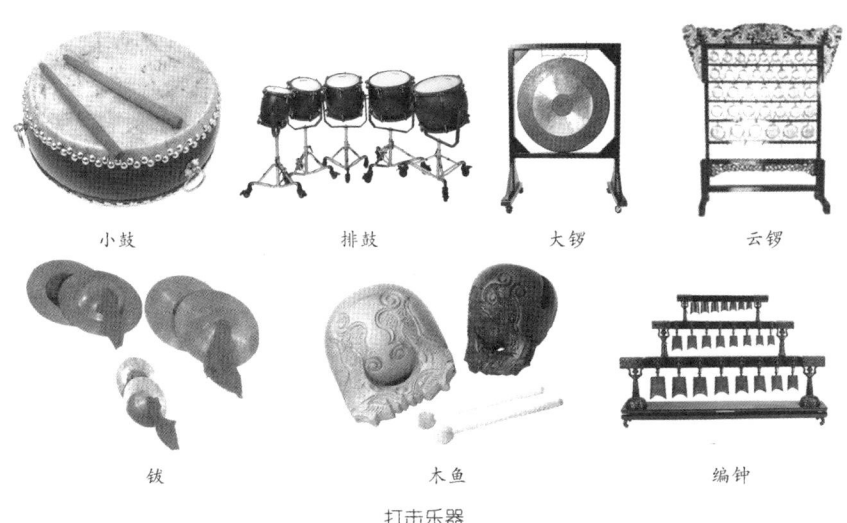

| 小鼓 | 排鼓 | 大锣 | 云锣 |

| 钹 | 木鱼 | 编钟 |

打击乐器

乐曲鉴赏

笛子独奏曲·扬鞭催马运粮忙

该曲创作于 1969 年。它以生动朴实的音乐语言，描写丰收以后农民驾着满载粮食的大车，喜气洋洋地运送粮食的情景。结构为带引子的 ABA 三段体。引子的音乐形象十分鲜明，伴奏乐队奏出快速而强烈的奔驰音型，笛子则用颤音奏出长音，紧接着又运用下滑音和顿音的巧妙结合奏出的音型，一下子就把运粮车队来回奔忙，农民吆喝着赶马车的热闹红火场面展现在听众面前。第一段是一个欢乐的小快板，四句体的音调热情欢快，对答呼应的短句生动活泼。突慢后转入对比性的中段。中段舒展而富于歌唱性的主题旋律充满着喜悦的情绪，抒发了乡亲们欢欣自豪的心情。这一主题在反复时的花簇节奏，使音乐增添了一种乐观、诙谐的色彩。再现乐段的情绪更加热烈奔放。最后在模仿马的欢嘶以后，笛子奏出高亢的音调结束全曲。

二胡独奏曲·秦腔主题随想曲

该曲为赵震霄和鲁日融于 1958 年采用秦腔曲牌创作，原为民族管弦乐曲，后改成二胡独奏曲。该曲采用陕北地方戏曲的曲牌和唱腔为素材创作而成，乡土色彩浓郁，节奏和旋律起伏多变、富有戏剧性，情绪豪放热烈，生动地表现了西北人民勤劳朴实以及豪爽的性格。

唢呐独奏曲·百鸟朝凤

该曲原是一首民间乐曲，流行区域很广，在山东、安徽、河南、河北等地都有不同版本。1953 年春，由山东省菏泽代表队作为唢呐独奏参加第 1 届全国音乐舞蹈会演演出时，受到热烈欢迎。后灌制成唱片，流行全国。此曲在第 4 届世界青年联欢节上荣获民间音乐比赛银质奖。

全曲共分"山雀啼晓""春回大地""莺歌燕舞""林间嬉戏""百鸟朝凤""欢乐歌舞""凤凰展翅""并翅凌空"八个段落，乐曲旋律热情奔放，用唢呐模拟百鸟争鸣合唱的欢腾情景，展现出生机勃勃的大自然景象，抒发了人们美好欢乐的心情，表现了人们对大自然的赞美和热爱。在乐曲中能听到布谷鸟、鹁鸪鸟、小燕子、黄雀、画眉、百灵鸟、黄蜡雀等禽鸟的叫声，它象征着黑夜的消逝和朝阳初升的生动意境。

打击乐合奏·鸭子拌嘴

该曲由安志顺创作于 1982 年。乐曲取材于西安鼓乐《五调坐乐全套·中吕粉蝶儿》的开场锣鼓。全曲充分发挥民间打击乐器的性能，运用不同敲击方法以及音色、音量和力度的变化对比，生动地描绘了鸭子遨游水中，追逐嬉戏，不时发出"嘎嘎"欢叫声的情景。

乐曲一开始，由钹独奏模拟鸭子引颈鸣叫，霎时把听众引到可爱的鸭群中间。接着，由两个不同音高的木鱼和云锣敲打轻快而均匀的节奏，那"各的各的"诙谐的木鱼声和"叮咚"作响的清脆的云锣声，勾勒出一幅鸭子蹒跚而行的画面；在鸭子拌嘴的高潮过去之后，尾声以弱而慢的艺术处理，饶有风趣地描绘了一群鸭子昂首凸肚，摇摇摆摆逐渐远去的情景。

民乐合奏·瑶族舞曲

该曲由彭修文根据刘铁山、茅沅的同名管弦乐曲改编成民乐合奏曲。乐曲生动描绘了瑶族人民欢庆节日时的歌舞场面。

夜幕降临了，人们穿着盛装，打着长鼓，聚集在月光下。由高胡奏出幽静委婉的主题，犹如一位窈窕少女翩翩起舞，婀娜多姿。然后姑娘们纷纷加入舞蹈的行列，情绪逐渐高涨。突然，三弦和大阮奏出根据主题衍变的粗犷热烈的旋律，恰似一群小伙子情不自禁地闯入姑娘们的舞列欢跳起来，尽情地抒发了兴奋的感情。第二段改用 3/4 拍子，旋律时而富有歌唱性，时而出现跳跃的节奏音型，恰似一对恋人正在边歌边舞，相互表达爱慕之情，憧憬着美好的未来。第三段再现了开始的主题，人们又纷纷加入舞列，欢跳着、旋转着、歌唱着，气氛越来越热烈，感情越来越奔放。最后以强烈的全奏将乐曲推向高潮后结束全曲。

数字音乐厅
· 瑶族舞曲

三、钢琴曲和西洋管弦乐曲

新中国成立后的钢琴独奏音乐大多为取材于民间音乐的标题性小品或主题变奏曲，有的则属于声乐曲或民间音乐改编性质，所以具有旋律流畅、和声简明、民族色彩鲜明、比较适合演奏等特点，因而受到了广大人民群众的喜爱。许多作品不仅充实了我国钢琴音乐曲目，同时也被外国音乐家喜爱。新中国成立以来，管弦乐创作也开始繁荣起来，在创作上富有鲜明的民族风格和地方特色，手法干净简洁，音乐形象鲜明，如李焕之的《春节序曲》，郑路、马洪业的《北京喜讯到边寨》，马思聪的《山林之歌》，瞿维的交响诗《人民英雄纪念碑》，辛沪光的交响诗《嘎达梅林》等。此外，在交响音乐的创作方面，作曲家们也都做出了巨大的努力，对无论是面向广大听众的通俗性作品，或者是专业性较强的交响音乐，还是只有少数专家才能够鉴赏的实验性作品，都进行了探索，取得了可喜的成果。

▶ 常用西方乐器

长笛　短笛　英国管　单簧管　双簧管　大管

圆号　小号　短号　次中音号　长号

大号　小提琴　中提琴　大提琴　低音提琴　三角铁

定音鼓　小军鼓　大鼓　钟琴

木琴

手风琴

立式钢琴

三角钢琴

管风琴

钢琴协奏曲·黄河

钢琴协奏曲《黄河》是根据冼星海 1939 年完成的《黄河》大合唱改编而成。乐曲共分为四个乐章。首乐章《序曲——黄河船夫曲》，以磅礴气势展开黄河上船夫与波浪搏斗的情景。粗犷的划船声，狂号的浪涛风声，在钢琴连串的琶音与乐队的呼应下，到达乐曲的第一个高潮。然后，引入钢琴的华彩乐段，经过短暂的喘息，在钢琴强劲的跑句带引下，全曲又再返回乐曲开始时的紧张搏斗场面。第二乐章《黄河颂》，以《黄河》大合唱中的同名独唱曲的旋律作基础发展，描绘出黄河与中原大地的河山美景。乐曲逐渐加以展开，层次与力度逐渐加强，终于形成歌颂性高潮，以强有力的和弦终结全曲。第三乐章《黄河愤》，以《黄水谣》的曲调做骨干，中间插入《黄河怨》的材料。全曲结构宏大，情绪变化多而富有深度。钢琴在与乐队的呼应交织下，从愤恨的高潮滑落，在带有无奈伤痛的和弦中结束。终章《保卫黄河》以铜管乐奏出短促庄严的引子，带出钢琴的华彩乐段。由钢琴奏出《保卫黄河》的主题曲调，进入高潮时，庄严雄浑的曲调营造出一个恢宏气势的胜利高潮，终结全曲。

小提琴协奏曲·梁祝

该曲由何占豪、陈钢作曲，1959 年写成并首演。当时作者是上海音乐学院的青年学生，为了探索交响音乐的民族化，选择了家喻户晓的民间传说为题材，吸取了越剧中的曲调为素材，成功地创作了这部单乐章、带标题的小提琴协奏曲。乐曲描述了梁、祝二人的真挚爱情，对封建礼教进行了愤怒的控诉与鞭笞，反映了人民反封建的思想感情及对这一爱情悲剧的深切同情。乐曲的结构为奏鸣曲式，由引子、呈示部、展开部、再现部组成。作品从故事中择取"草桥结拜""英台抗婚"和"坟前化蝶"三个主要情节，分别作为乐曲呈示部、展开部及再现部的内容；运用西洋协奏曲中的奏鸣曲式，很好地表现了戏剧性的矛盾冲突；吸收了我国戏曲中丰富的乐曲表现手法，使之既有交响性又有民族特色。

管弦乐曲·春节序曲

该曲由李焕之作曲，发行于 1955 年，原为《春节组曲》的第一乐章，是对热烈欢快的大秧歌歌舞的概括描写，有闹秧歌的锣鼓声、歌声、秧歌队员的舞姿和灵巧的穿花场面以及一唱百和的镜头。该曲为复三部曲式、快板，主部主题取材于两首陕北民间唢呐曲，情绪欢腾热烈，表现了人们过春节时欢快愉悦的心情以及载歌载舞的欢腾场面。中部主题是一支亲切悠扬的陕北秧歌调，先由双簧管奏出，

数字音乐厅
· 黄 河
· 梁 祝
· 春节序曲

美的拓展
· 中国音乐
  作品（三）

后由大提琴重复，表现了人们对幸福生活的赞美和对美好未来的向往。再现部是主部的变化再现。最后，乐曲在热烈欢腾的气氛中结束。

第四节　中国民歌

民歌即民间歌曲，是劳动人民为了表达自己的思想感情而集体创作的一种艺术形式，其源于人民生活，在群众口头的代代相传中不断得到加工。民歌音乐语言简明精练，音乐形象鲜明生动，表现手法丰富多样。

在千差万别的自然条件、社会条件、生活方式、劳动方式的影响下，我国民歌形成了体裁形式、风格色彩、表现手段、艺术经验、音调素材的丰富性和多样性。它有许多分类的方法，从题材形式来看，大致可分为号子、山歌、小调、舞歌、风俗仪式歌曲等。近半个世纪产生的新民歌中，又出现了进行曲和颂歌两种新的题材因素。从风格色彩来看，我国有五十六个民族，各民族的民歌都以自己独特的风格特征丰富着祖国音乐文化的宝库。在一些居住地域广的民族中，如汉族、藏族、蒙古族、哈萨克族、维吾尔族、壮族等，民歌还可按不同的地方风格特点再行细分。

劳动号子、山歌、小调是我国民歌的三种主要形式。

号子也称劳动号子，是一种伴随着劳动而歌唱的民间歌曲。一些协作性较强而劳动动作在节奏、速度上经常变化的集体劳动，需要步调一致、动作协调，如果没有统一的指挥号令，动作就会参差不齐、力量分散，劳动就无法顺利进行。劳动号子就是人们在这类劳动场合，为了统一节奏、协调动作、激发劳动热情和缓解疲劳而唱的一种歌。劳动号子曲调高亢激奋，节奏沉稳有力，调式调性变化频繁，一领众和或众人齐唱，变化多端。在节奏较缓的劳动中，"领"句较长，"合"句稍短，而在较为紧张的劳动中，领句、合句都十分短促。另外，多数情况下，领句唱完之后，合句再接唱，但也有合句在领句结束以前就进入的，两个声部由此构成重叠状态。这种劳动号子虽然也有曲调，但主要还是强调节奏以便人们在同一的有规则的节奏中进行劳动。劳动号子从大的方面分，主要有搬运号子、工程号子、农活号子、渔船号子和作坊号子五大类。每一类号子歌词内容多为劳动呼号用语，少数为见景生情、即兴编歌。由于劳动强度不一，号子的节奏有的规整有力、有的短促轻捷、有的长而舒展，唱法有独唱、对唱和一人领唱众人和等，后者最为常见。领唱者既是劳动者又是指挥者，其歌词复杂、曲调高扬舒展；和者为劳动者，曲调深沉有力、节奏性强。

山歌一般是指人们在山野、田间、牧场等劳动中，为抒发思想感情而编唱的民歌，大多是以独唱或对唱形式出现，见景生情，即兴编词，内容以表现劳动与爱情生活为主。山歌的音乐极富地方特色，是民歌中风格性最强的品种。山歌的种类繁多，分布很广，南方有"客家山歌""兴国山歌""柳州山歌""江浙山歌""弥渡山歌"等；北方有"信天游""山曲""花儿""慢赶牛""爬山调"等；少数民族地区有蒙古族的"长调"，苗族的"飞歌"，藏族的"哩噜"，壮族的"欢""加""伦"以及彝族、瑶族、黎族、畲族的各种山歌等。

小调又称"小曲"，属中国民歌体裁的一种，多产生于民间日常生活和风俗性活动，经过历代流传，艺术上多经加工。小调分布于大多数汉族地区，以山东、河北、江苏更具代表性。小调可分为三类：①由明、清俗曲演变而来，如《叹五更》《四季调》，这类曲目流传较广；②地方性小调，由群众随口编唱，流传于一定地域，如《小白菜》《对花》；③歌舞性小调，可边歌边舞，如北方的秧歌调，南方的茶歌等。小调反映了广泛的社会生活内容，有爱情婚姻、风土人情、娱乐游戏、民间故事等。其音乐特征是曲调流畅、旋律变化丰富，善于表达叙述性和抒情性内容，节奏鲜明、富于动力感。小调既具有广泛的群众性，也有一定的专业特征，在中国民歌各类体裁中占有十分重要的地位。

乐曲鉴赏

数字音乐厅
· 小河淌水
· 康定情歌
· 玛依拉
· 北京的金山上

小河淌水

该曲为云南弥渡山歌（当地称"调子"），歌词质朴自然，富于想象。全曲五个乐句，以从容舒展、比较自由的节奏和回环起伏、清新优美而具有云南地方特色的旋律，描绘了一个充满诗情画意的深远意境：银色的月光下，周围一片宁静，只有山下的小河不时发出潺潺的流水声；聪慧美丽的阿珠，见景生情，望月抒怀，把对阿哥的一片深情，倾注在优美的旋律中；柔婉的歌声，深厚的情意，随着小河的流水，飘向阿哥居住的地方。

康定情歌

康定位于我国四川省西部高原。《康定情歌》是一首流传于我国西南地区的传统民歌，又名《跑马溜溜的山上》。这首民歌抒发了青年男女热烈相爱，追求自由幸福生活的情感，其旋律流畅、优美、深挚。每乐段由三个乐句组成。前两句主要在中、高音区，情绪高昂、热烈；第三句是第二句的变化重复，从低音区起腔，感情深挚、委婉。歌词每段两句，中间加用了"溜溜的""月亮弯弯"等衬词，活跃了节奏，舒展了歌腔，又使歌曲更加风趣、生动。这首民歌于抗战时期为专业音乐工作者收集、加工、演唱，以后流播全国。

玛依拉

哈萨克族以放牧为主，其民歌高亢嘹亮，富有草原风味。"玛依拉"是一位哈萨克族姑娘的名字，传说她长得美丽，又善于歌唱，牧民们常常在她的帐篷周围，倾听她美妙的歌声。歌曲一开始"人们都叫我玛依拉，歌手玛依拉"，便表现了这位姑娘开朗活泼、惹人喜爱的性格。也像大多数哈萨克民歌一样，它的后半部分有一个短小的副歌，曲调轻盈明快，把这位天真美丽的姑娘的形象，表现得惟妙惟肖。此歌曲由王洛宾采集改编而成。

北京的金山上

藏族民歌题材广泛，音域宽广，歌词精练风趣，曲调丰富多变，节奏活泼热烈，风格独特。其主要分为两种：一种是劳动歌曲，包括山歌、牧歌，内容是赞美山川、河流和歌颂生产劳动的；一种是生活歌曲，主要是表达男女之间的爱慕之情，歌唱对人、对事、对生活的爱憎之感。《北京的金山上》是根据藏族民歌《山南古酒歌》改编而成，表达了翻身农奴对领袖毛主席的真挚感情。

美的拓展
· 中国民歌作品

第五节　中国流行音乐

一、流行音乐的概念

流行音乐是指那些结构短小、内容通俗、形式活泼、情感真挚，并被广大群众喜爱，广泛传唱或欣赏，流行一时的甚至流传后世的器乐曲和歌曲。这些乐曲和歌曲，植根于大众生活的丰厚土壤之中。因此，流行音乐又有"大众音乐"之称。

流行音乐起源于美国的爵士音乐。20世纪初，美国出现了一种由多民族文化汇集而成的爵士音乐。这种新兴音乐，以它独特的演奏（演唱）方式，刷新了听众的耳目，轰动了全美国，又很快传遍西欧各国。美国人斯蒂芬·福斯特创作的《美丽的梦神》《我的肯塔基故乡》《故乡的亲人》《老黑奴》等早在20世纪初期就传入我国。

二、流行音乐的特点和分类

流行音乐中器乐作品的特点是节奏鲜明，轻松活泼或抒情优美，演奏方法多种多样，音响多变，色彩丰富，织体层次简明，乐队规模不大，现代作品多使用电声乐器。其声乐作品的特点是生活气息浓郁，抒情、风趣，音域不宽、手法通俗、曲调顺口、易于传唱；歌词多用生活语言，浅显易懂，易为听者接受和传唱；歌手多是自成一格，发声方法各有千秋，不受声乐学派的约束，演唱时感情重于声音技巧，动作自由不羁，自然亲切，易引起听众的共鸣；小乐队的强声伴奏与歌声融为一体。由于流行音乐具备上述特点，所以就容易和普通民众连在一起，易于被接受。

流行音乐所包含的内容极其广泛。在器乐作品中，它包括丰富多彩的轻音乐、爵士乐、摇摆舞曲、迪斯科舞曲、探戈舞曲、圆舞曲以及各种不同风格的舞曲和各类小型歌剧的配乐等。

1. 爵士乐（Jazz）

在众多流行音乐中，爵士乐是出现最早，并且是在世界范围影响最广的一个乐种。爵士乐形成于新奥尔良，可以说爵士乐就是美国最有代表性的民间音乐。

爵士乐的音乐特点：摇摆（听众有摇摆的欲望）；即兴，围绕一个音乐框架尽情发挥；个性化的声音，苍劲有力。爵士乐演奏乐器：钢琴、小号、萨克斯管、长号等。

2. 摇摆乐（Swing）

20世纪30至40年代，大型爵士乐队风行美国。由于他们演奏的舞曲曲调动听、活泼、节奏鲜明，又有很强的艺术性和挑逗性，听到这种音乐，人们不禁会随着它的节奏和韵律，扭摆着身子翩翩起舞。故人们称之为Swing。Swing这个词的意思是"摇摆"，在我国称之为摇摆乐。

20世纪30年代，摇摆乐队的一个重要的功能就是为大众提供跳舞音乐。摇摆乐时代的大乐队通常至少拥有一位歌手，有些乐队按常规都有好几位歌手。优美的歌词加上歌手的独特个性以及靓丽外表也是对听众构成吸引的几大主要因素。在摇摆乐时代，爵士音乐家纯粹是为了聆听而演奏的场合是很少的，这一点对大多数后来的爵士乐团来讲是个惯例。吸引成百上千万的摇摆乐迷们的不是爵士乐中的即兴演奏，摇摆乐时代爵士乐大受欢迎的主要原因在于吸引了乐迷的眼球，煽动了他们的腿脚，而非唤醒了他们的耳朵。

3. 摇滚乐（Rock）

从20世纪50年代起，摇摆乐逐渐衰落。开始出现了摇滚乐。摇滚乐和爵士乐、摇摆乐有着很近的亲缘关系。不同的是，爵士乐和摇摆乐多以演奏为主，只是少部分加有歌唱；而摇滚乐以演唱为主，伴奏乐器只起到辅助作用。摇滚乐演奏乐器有电吉他、电贝司、电子琴和爵士鼓。

爵士乐和摇摆乐都产生在美国，而摇滚乐在美国和英国几乎是同时兴起的。1955年前后，在英国的利物浦市，先是出现一个由四个青年人自由组合的摇滚乐演唱组合，取名"蟋蟀"，并取得一些成功。不久，约翰·列侬（吉他手、歌手）、保罗·麦卡特尼（键盘乐手）、乔治·哈里森（吉他兼键盘乐手）和理查德·斯达克（鼓手）四个青年，也成立了一个流行歌曲演唱组合，针对"蟋蟀"演唱组，他们戏谑地给自己的小组取名为"甲壳虫"。"甲壳虫"演唱组的正式名字，英文叫Beatles Band，中文音译名叫"披头士乐队"。有趣的是"披头士"这个词用得恰到好处，因为它形象地概括了他们留着长发，穿着牛仔裤、休闲衣的独特形象。

而 Beat 这个词，原义的意思是拍、打，正说明了他们的摇滚演唱风格。"披头士"后来也成了这类风格的时尚青年的专用词。

几乎是在列侬组成"甲壳虫"乐队的同时，美国也升起了一颗摇滚新星。他就是绰号叫"猫王"，被人们称为"美国摇滚乐之王"的普雷斯利。之后，美国、英国和欧洲流行乐坛上，还出现了一些有名的摇滚歌手，摇滚乐也形成了众多的流派。

4. 乡村音乐（Country Music）

1925 年，美国田纳西州纳西维尔建立了一家广播电台。他们开办了一个"往昔的歌剧——老乡音"的专栏节目。邀请了一位名叫杰米·汤普森的 81 岁的民间歌手演唱，节目受到听众们的热烈欢迎。从此，人们统称这种音乐为"乡村音乐"。而纳西维尔市也被公认为"美国乡村音乐的白宫"，所有乡村歌手都视之为"乡村音乐的圣地"。

乡村音乐在唱法上，起先多用民间本嗓演唱，形式多为独唱或小合唱，用吉他、班卓琴、口琴、小提琴伴奏；乡村音乐的曲调，一般都很流畅、动听；在服饰上也比较随意，即使是参加大赛及音乐厅重要场合演出，也不必穿演出服，牛仔裤、皮草帽、休闲鞋都可以。乡村音乐演奏的乐器有吉他、电吉他、夏威夷吉他、小提琴、班卓琴和口琴等。

5. 迪斯科（Disco）

20 世纪 70 年代，美国出现了一种唱片夜总会。这里伴舞用的音乐既不是爵士，也不是摇摆乐和摇滚乐，而是一种节奏强烈、单一为"嘭—嘭—嘭"的流行音乐，它的名字叫迪斯科。迪斯科不应算是流行音乐中的一个流派，而是对乐曲进行特殊的改编，不管是现代还是古典曲目，都可以改编成 Disco 舞曲，它的重点放在了节奏和打击乐上。

迪斯科音乐大多带唱，歌词简单，节拍是双拍子，曲调短短几句来回反复，速度比进行曲略快，每分钟约为 125 拍。由于电声乐器和电子合成器的不断完善，一些乐手充分利用现代电声音响设备，将电子鼓、高低音吉他等各种乐器与电子合成器进行技术性的编配和制作，使它们产生奇异、节奏强烈的音响。

三、中国内地流行音乐发展概况

中国内地流行音乐的发展迄今已有百年历史。它产生于 20 世纪 20 年代末 30 年代初。30 年代至 40 年代是第一个高峰期，80 年代是第二个高峰期。进入 21 世纪，中国内地流行音乐进入了新的发展阶段。

1. 中国早期流行音乐产生和发展的特殊历史环境

流行音乐在我国的创始人是黎锦晖。黎锦晖（1891—1967）生于湖南湘潭，自幼学习古琴和弹拨乐器。家乡民间音乐和当地流行的湘剧、花鼓戏、汉剧等戏剧音乐对他影响至深。他家族中的黎锦熙先生是中国现代语文学界的大师，黎锦光先生则是三四十年代流行音乐界最多产的重要作家。1927 年，黎锦晖在上海创办了中国第一所训练歌舞人才的学校"中华歌舞专科学校"，后又组建"中华歌舞团"。自1928年起，由于受当时社会时尚变化的影响，黎锦晖逐步改变了原先的创作方向，创作了大量适合城市市民阶层口味的流行歌曲。中国第一首流行歌曲《毛毛雨》产生了，其他的还有他创作的《桃花江》《特别快车》《夜深沉》《小小茉莉》《蔷薇处处开》等。1931至1936年间，黎锦晖还为《人间仙子》等十几部电影配乐，其中的大部分插曲是流行歌曲。同时，他也创作舞厅音乐，把民间旋律爵士化。黎锦晖在30年代创作的流行歌曲的总数超过了500首。

中国流行音乐从产生到1949年新中国成立前的发展，是在半封建半殖民地条件下进行的。由于特定历史环境的限制，它的发展是不完善的。一方面，它带有浓重的殖民地气息，存在先天不足的软弱；另一方面，由于不发达的社会经济文化，流行歌曲只面向人数不多的小资产阶级及市民阶层。作品题材狭窄，制作技术粗糙。这决定了中国流行音乐的发展必将经历一条曲折的道路。

随着全国解放，群众歌曲领域形成了一支阵容强盛的创作队伍。这一时期的歌曲创作，特别是群众歌曲的创作，呈现着良好的态势。合唱、齐唱、独唱、重唱、表演唱等体裁形式均有佳作，各种风格的歌曲在民族化上都有明显的成就，当属我国歌曲创作的又一个繁荣时期。这个时期的歌曲创作，旋律或以中原地区的民间音乐为基础，或以少数民族音乐为素材。配器或用民族乐队，或用管弦乐队，手法比较传统，广播电台是最主要的传播媒介，群众性集体歌咏是最普遍的音乐生活方式。

2.20世纪后期的中国流行音乐

伴随着改革开放的东风，中国内地流行音乐崛起并得到迅速发展。文化的多元、经济的发展、科技的进步，为流行音乐提供了适宜生长的土壤和气候。20世纪70年代末，港台地区流行音乐传入内地，邓丽君以她的《小城故事》《月亮代表我的心》等轻柔细软的音调陶醉了人们久闭的心房。随后令人耳目一新的是以侯德建、叶佳修为代表的台湾校园歌曲，《龙的传人》《外婆的澎湖湾》《乡间的小路》等以其独特的纯净意味和中国古典诗词的韵味给内地歌坛以极大的冲击。

从20世纪80年代开始，歌曲创作进入一个丰收期，创作出大量经典乐曲，如《年轻的朋友来相会》《军港之夜》《在希望的田野上》《中国，中国，鲜红的太阳永不落》《金梭和银梭》《那就是我》《我爱你，塞北的雪》《少林寺》《月之故乡》《党啊，亲爱的妈妈》《我的中国心》《小草》《妈妈的吻》《心声》《重整河山待后生》《济公活佛》《迟到》《采蘑菇的小姑娘》《难忘今宵》等。

1986年是世界和平年，受港台《明天会更好》大型演唱会的启发，内地的音乐工作者

也开始计划筹办首届百名歌星演唱会。当年 5 月，这场题为《让世界充满爱》的大型流行音乐演唱会在北京体育馆正式演出，获得巨大成功。郭峰作曲，陈哲、刘小林、王健、郭峰、孙铭填词的主题曲《让世界充满爱》不胫而走，盛行一时。《让世界充满爱》音乐会的推出，标志着内地流行音乐创作群的崛起和流行音乐成为社会音乐生活的一个重要组成部分的时期已经到来。

1988 年是流行音乐最为兴盛的一年。上半年刮起的"西北风"是十年来引人注目的一个高峰期。"西北风"这一称谓来自流行歌曲《黄土高坡》中的词句"不管是东南风还是西北风，都是我的歌"。指的是当时风行全国且具有北方民歌风的流行歌曲热。其代表性作品有《一无所有》《信天游》《黄土高坡》《我热恋的故乡》《我心中的太阳》《少年壮志不言愁》《中华赞美诗》《心愿》《我们是黄河，我们是泰山》等。所谓"西北风"是因为上述部分作品采用了陕北民间音乐的音调，实际上也包括了一批以北方民间音乐素材创作的作品，喊唱成为一种突出的演唱方法。"西北风"在音乐观念上是对港台流行音乐、南方及中原音调为主的我国音乐创作现状以及之前几年流行音乐界"阴盛阳衰"现象的一种逆反。它明显地引入了欧美摇滚思维，挖掘和汲取了我国北方音乐的巨大能量，内容具有批判意识，风格慷慨激昂，是刚刚萌生的乡土摇滚与传统民歌的折中，在中国流行音乐发展进程中是个很大的突破。

进入 20 世纪 90 年代后，随着"卡拉 OK"的普及，流行歌曲在大街小巷广泛传播。流行音乐创作队伍有所壮大，作品数量也有所增加，题材涉及更广。在反映时代、反映社会、反映人生的深度和广度上进行了更大的拓展的作品有艾敬的《我的 1997》、李春波的《一封家书》和何勇的《钟鼓楼》等城市民谣，它们真实贴切地表现了普通人的日常生活和喜怒哀乐。张楚的《姐姐》、腾格尔的《父亲》把关注的视角投向了社会的底层。《弯弯的月亮》在赞颂家乡的美丽的同时，也表达了"今天的村庄还唱着过去的歌谣"的惆怅。《同桌的你》《露天电影》等冠以"校园民谣"的作品中所蕴含的怀旧情绪直接反映出作者对处于高速发展中的现代社会的思考，是近年来内地流行乐坛中出现的新潮流。《涛声依旧》吸取了中国古典文学的意韵，黑豹的《别去糟蹋》则表达了反对暴力、呼唤和平的人道主义思想。

题材内容上的开拓也推动了音乐体裁及表现手法的发展与创新。《纤夫的爱》等以传统民间音乐为素材的流行歌曲继承了 20 世纪 80 年代的新民歌的传统，并在歌曲的流行化处理上进行了新的开拓。20 世纪 90 年代中期兴起的以传统戏曲唱法演唱流行歌曲的所谓"戏歌"的热潮，比 20 世纪 80 年代中期流行的那种将戏曲民歌加上电声乐队伴奏和迪斯科节奏处理的"大联唱"又进了一步。唐朝乐队的《梦回唐朝》将京剧的韵白融入摇滚乐中，郑钧的《回到拉萨》吸收了西藏民间音乐的因素。

继 20 世纪 80 年代的迪斯科和摇滚乐之后，爵士、雷盖（Reggae）、饶舌乐（Rap）

和拉丁节奏（Latinrhythm）等国际流行乐坛常见的风格体裁在今后乃至现在对中国内地的流行音乐亦产生了更广泛的影响，出现了一大批优秀的演唱者及传唱度高的音乐作品。

3.21世纪中国流行音乐的发展和变化

21世纪是网络盛行、科技发展的一个时代，流行歌曲无论是在创作上还是表演上，相较于20世纪而言更加多元化和个性，中国流行音乐进入了又一个黄金时代。一是借鉴欧美流行音乐对中国流行音乐进行的歌曲创造性革新。《奔跑》《天下父母心》《牧马人》《传奇》《致青春》《怒放的生命》《飞得更高》等，都是受到欧美流行音乐的影响而创作的流行金曲。二是"中国风"歌曲的兴盛。"中国风"是中国民族传统音乐和西方流行音乐的相互交织与相互融合、既古典又现代的曲风，是"三古三新"（古辞赋、古文化、古旋律，新唱法、新编曲、新概念）结合的中国独特乐种，其歌词具有中国文化内涵，使用新派唱法和编曲技巧烘托歌曲氛围，歌曲以怀旧的中国背景和现代节奏相结合，产生含蓄、忧愁、幽雅、轻快的歌曲风格，代表性作品如《青花瓷》《望春风》等。三是"民族风"歌曲的兴起。21世纪初，以蒙古族歌手腾格尔，彝族男子音乐组合"彝人制造"，藏族歌手容中尔甲、尼玛泽仁·亚东等为代表，持续不断地推出带有民族风格的流行音乐作品，包括《蒙古人》《天堂》《鸿雁》《彝人回家》《高原红》《神奇的九寨》《父亲的草原，母亲的河》《呼伦贝尔大草原》《康巴汉子》等。最为突出的是起于2004年的"刀郎热"，刀郎是新疆原创流行音乐的新生代，其音乐融入了西部民歌木卡姆的旋律，以清淡的抒情味、新鲜而蕴含着浓郁民族音乐风格的流行曲风受到广大民众的喜爱。"凤凰传奇"也带来了普通民众最想要的曲风，代表作《月亮之上》《最炫民族风》开创了最具动感的新派"民族风"流行曲风，掀起了"民族风"流行歌曲的新高潮。四是结合民族唱法和流行唱法的"新民歌"被民众喜爱，谭晶演唱的《在那东山顶上》、萨顶顶的《自由行走的花》等都是"新民歌"的代表。

乐曲鉴赏

夜来香

黎锦光词曲，创作于1944年，是电影《春江遗恨》的插曲。1945年在上海流行，先后被改编成多种语言，流行于海内外。许多歌评家认为："黎锦光的《夜来香》是一首经久不衰的优秀作品，也是中国流行歌曲的代表作之一。"黎锦光是黎锦晖的弟弟，他的代表作还有《五月的风》《疯狂世界》《采槟榔》《哪个不多情》《拷红》等。

数字音乐厅

·夜来香

妈妈留给我一首歌

徐银华词，徐景新曲，创作于 1981 年，电影《小街》插曲。优美的旋律，温馨朴实，真挚深远，触动人心，使人回忆起儿时母亲的温暖和关怀，表达了对母亲的深情厚意和无尽思念，给人一种精神寄托和慰藉，使人仿佛感受到了妈妈的拥抱和鼓励，在人面对挫折和困难时给人带来力量和勇气。

一无所有

崔健词曲，创作于 1986 年。《一无所有》标志着大陆摇滚乐的正式产生。它表明了一个与以往的一切流行音乐都不同的音乐形态，也表明了一种不同的音乐观念。在 1986 年，它与《让世界充满爱》之间在文化意识上和音乐形态上的巨大反差，预示了日后流行音乐的发展趋势和多样化的发展倾向。

黄土高坡

陈哲词，苏越曲。这首歌曾红遍海内外，震撼了一代人的心灵。演唱者胡月在 20 世纪 80 年代以《黄土高坡》《走西口》《我热恋的故乡》等歌曲闻名，成为风靡全国的"西北风"歌曲的代表人物。

千万次的问

冯小刚、郑晓龙、李晓明词，刘欢曲，创作于 1993 年，电视连续剧《北京人在纽约》主题曲。进入 20 世纪 90 年代以来，诸多电视剧音乐的流行表明，电视是中国大陆流行音乐赖以生存的温床。歌曲《千万次的问》在电视连续剧《北京人在纽约》播出后，反响强烈，盛况空前。

真心英雄

李宗盛词曲，创作于 1993 年，是一首脍炙人口、鼓舞人心、催人奋进的歌曲，作者以他对人生的感悟，重新向我们诠释了英雄——真心英雄的定义。"不经历风雨，怎么见彩虹，没有人能随随便便成功"成为名句，它激励人们要勇当生活的强者。歌曲速度较慢，但句句铿锵有力、鼓舞人心，第一部分阐述了作者的心情与对爱的向往，第二部分是高潮部分，无论从歌词上还是旋律上，都淋漓尽致地表达了歌曲的精神。

时间都去哪儿了

陈曦作词，董冬冬作曲，创作于 2011 年，朴实无华的歌词直达人心底，温柔而真挚的旋律带着对亲情的浓浓呼唤缓缓流淌却震撼人心，歌曲描绘了人生中的时间流逝，呼唤人们珍惜当下，勇敢追求梦想，同时也要珍视亲情和友情，让生命更加充实。

数字音乐厅
· 妈妈留给我一首歌
· 一无所有
· 黄土高坡
· 千万次的问
· 真心英雄
· 时间都去哪儿了

美的拓展
· 中国流行音乐作品

西方音乐经过了几千年漫长的发展过程，巴洛克音乐之前，西方音乐可以划分为古希腊、古罗马时期，中世纪时期和文艺复兴时期三个主要历史阶段。

古希腊、古罗马是西方文明的摇篮，西方的哲学、美学及各种艺术形式从这里开始，西方的音乐文化也是从这里开始，几千年来经过音乐家的共同努力，发展成今天这样光彩夺目的一株奇葩，在文化艺术的宇宙中受到人们的仰慕，成为整个西方文明中一个重要的组成部分。

对古希腊人来说，音乐（music）比我们现在所理解的音乐有更广阔的含义，它是希腊神话中掌握艺术和科学之神缪斯（muse）的形容词形式。这个词的来源告诉我们希腊的音乐首先被认为是追求真理和美德的活动，被认为是懂得精神世界的宇宙世界的钥匙。音乐有神奇和强大的力量，既能陶冶人的思想和灵魂，也能医疗人的身体。古罗马音乐是从希腊借鉴来的。公元146年，古罗马帝国吞并了古希腊，把大量的艺术作品从希腊掠运到古罗马，同时带来了许多著名学者（包括音乐家）、歌唱团体和乐队。古罗马人发展了音乐中娱乐、消遣、外观宏大的特性，为了战争和军事的目的，古罗马人发明和发展了铜管乐器以炫耀军威和鼓舞士气。

中世纪音乐是指公元5世纪至15世纪的西方音乐。在这1000年中，欧洲经历了封建制度的形成、发展、衰退的历史过程。中世纪既是整个西方文明的基础时期，又是西方音乐艺术的构成时期，它所取得的艺术成就影响深远。

文艺复兴指的是14世纪至16世纪发生在欧洲的一场资产阶级文化运动，它使人们从专一的宗教信仰向世俗方面过渡，从对神的绝对信仰向理性观念过渡。人文学者认为，人有追求个人幸福爱情的权利，应该用平等博爱的思想反对封建的等级制度。人文学者的这些主张反映了新兴资产阶级反对封建桎梏，争取精神解放和自由发展的要求。这一时期的音乐艺术创作同样渗透着人文主义思想，由于对人和现实生活的强调，音乐呈现出越来越丰富，越来越世俗、明朗和情感化的倾向。

一、西方巴洛克音乐

"巴洛克"一词来自葡萄牙语 baroque，原意为不圆的、形状不规则的珍珠，现指欧洲17世纪和18世纪初期豪华的建筑风格，音乐家借用此语概括地说明同一时期的音乐风格。巴洛克音乐的显著特征是复调织体占主要地位，其写作技术达到了空前绝后的高峰；无论是声乐还是器乐，巴洛克音乐的旋律都空前地华丽复杂，有相当多的装饰音和模进音型；力度上不追求渐强和渐弱的细微变化，而是采用较为清晰的"阶梯式力度"；巴洛克时期的音乐，以巴洛克晚期的作曲家维瓦尔蒂、亨德尔和巴赫为代表人物。

1. 红发神父——维瓦尔蒂

▶ 维瓦尔蒂

安东尼奥·维瓦尔蒂（Antonio Vivaldi），1678 年 3 月 4 日出生于意大利名城威尼斯的一个音乐世家中，1741 年 7 月 28 日逝于奥地利维也纳，终年 63 岁。

维瓦尔蒂是意大利巴洛克时代的音乐大师，小提琴家、作曲家兼音乐教育家，他的创作对以后的巴赫等人产生过巨大的影响。维瓦尔蒂的父亲出生于因制作小提琴而闻名的布雷西亚，父亲一头褐红色的头发遗传给了安东尼奥，以至于成名后的他有了一个"红发神父"的绰号。

维瓦尔蒂在作曲方面所涉猎的音乐形式繁多，但人们公认他为巴洛克协奏曲领域的王者之一，维瓦尔蒂诸多创作中流传至今的重要作品也以这类协奏曲居多。据统计，他一生总共写作了 400 多首协奏曲，其中包括独奏协奏曲和管弦乐协奏曲（两者的区别在于前者为突出独立的乐器而作，后者则是专为管弦乐团或合奏团谱写的）。这些作品充分体现出维瓦尔蒂的音乐天赋，从中我们可以听到鲜活的旋律、热情的节奏、华丽的音色以及令人感到意外的音乐主题和对比变化，可以说这些协奏曲充分体现出了巴洛克音乐的特色。

维瓦尔蒂留给世人最脍炙人口的小提琴协奏曲——《四季》，是协奏曲《和声与创意的实验》第一号到第四号的合称，实际上它与后来古典主义时期乃至浪漫主义时期成熟的小提琴协奏曲相比，在形式上有不少差异。虽然独奏小提琴在维瓦尔蒂的这组作品中已经占有十分重要的地位，有很多足以让小提琴发挥独特演奏技巧的段落，但显然还没有成为"主导"，乐团的地位依然无可动摇。但即便如此，《四季》依然被认为是这类作品的先驱，而被载入史册，使其成为巴洛克时期乃至古典音乐历史上最著名的小提琴协奏曲之一。《四季》所包含的四首作品分别被冠以《春》《夏》《秋》《冬》的标题，每首作品包含三个乐章，构成四个相互独立、彼此间却藕断丝连的"整体"，实在是作曲家巧妙的构想。维

▶ 《和声与创意的实验》的总谱封面

瓦尔蒂为每个乐章都附上了一段诗词，以文字形式描绘每个乐章所力图表现的主题，起到"画外音""解说词"的作用。所以听众随着这些优美诗句的引导，非常容易进入作曲家所营造的音乐气氛中，或许这就是《四季》得以成为最受欢迎古典入门曲目的原因所在。事实上在很多人看来，就算没有这些文字，从音乐层面来领悟这部作品，也没有太大的难度。因为蕴含其中的主题，将随着精致、优雅的旋律源源不绝地流出，作曲家对四季变换细致入微的刻画早已深藏在音乐当中。

乐曲鉴赏

《春》第一乐章

维瓦尔蒂的诗句是这样写的："春天来了，鸟儿欢唱，欣喜若狂，来把春报。微风习习,好似喃喃细语。天空乌云密布,电闪雷鸣,转瞬风停雨止,鸟儿重又歌唱。"音乐通过独奏小提琴和乐队之间的对比，表现出春天蓬勃的朝气。

数字音乐厅
·《春》第一乐章

2. 清唱剧大师——亨德尔

乔治·弗里德里克·亨德尔（George Friedrich Handel），1685 年 2 月 23 日出生于德国中部的哈雷镇，1759 年 4 月 14 日逝于英国伦敦，终年 74 岁。亨德尔虽然出生于德国，但在德国和意大利成名后，长期定居英国。他是欧洲历史上巴洛克时期最重要的作曲家之一。他的贡献是多方面的，但他最大的贡献是清唱剧的创作。亨德尔的清唱剧质朴感人，把高度的艺术性和虔诚的宗教信仰融入了一个个音符之中。他的清唱剧占据英国舞台长达 100 年之久，并成为英国衡量作曲家音乐水平的标准。

亨德尔

与他伟大的同龄人巴赫不同的是，他的家庭并没有多少音乐气息。他的父亲是一个理发师兼外科医生，认为音乐是卑贱的职业（在当时的制度下，音乐家只能算是有技艺的仆人）。但天生喜爱音乐的亨德尔不顾父亲的反对，偷偷地学习弹管风琴，亨德尔就是在这样充满矛盾的逆境中度过了他的童年。

1703 年，亨德尔正式开始了他的音乐生涯。1705 年，亨德尔创作的歌剧《阿尔米拉》的演出获得了成功，使他得以踏上留学的旅程。他在那不勒斯、罗马、佛罗伦萨和威尼斯等地学习了 3 年，同斯卡拉蒂和科雷利等大师交往，把意大利的歌剧艺术学到手。1714 年，亨德尔以一部精心创作的《水上音乐》欢迎新国王乔治，国王对乐曲的华贵典雅赞叹不已。1742 年，他在一种不可思议的热情驱动下，仅用 24 天就完成了清唱剧《弥赛亚》的创作。同年这部作品在爱尔兰首府都柏林低调上演，出乎很多人意料，这部作品在都柏林"一炮打响"。次年在伦敦上演时英王乔治二世亲临剧院，当终乐章《哈利路亚》奏响时，国王按捺不住心中的激动，站起来听完了全曲（《哈利路亚》要站着听作为一条不成文的规定一直延续到今天）。为了维护《弥赛亚》的地位不因过多的演奏而受损，英王下旨每年只在春天演奏一次，且只有亨德尔本人才有资格指挥。1759 年春，74 岁的大师照例指挥了演出，在暴风雨般的掌声中，老人倒下了。几天以后，这位乐坛上的巨星陨落了。亨德尔享受了国葬的待遇，长眠在历代国王圣贤下葬的威斯敏斯特教堂墓地，在那里有一座亨德尔纪念像耸立至今。

乐曲鉴赏

哈利路亚

清唱剧的风格与歌剧十分接近，有人物，有事件，用宣叙调、咏叹调和合唱来演唱。不同的是清唱剧没有戏剧动作和表演。清唱剧的合唱不仅数量多，规模大，而且处于全剧的中心地位。在音乐史上从古至今都有作曲家从事清唱剧的创作，最有成就的作曲家首推亨德尔。他的《弥赛亚》是清唱剧创作上的高峰。

《哈利路亚》是亨德尔的清唱剧《弥赛亚》中最著名的一首合唱曲，是《弥赛亚》第二部的终曲，意为"赞美神"。它虽然是一首宗教歌曲，但因其气势磅礴，富于对崇高理念的赞美和歌颂，激励着人们的精神而广受欢迎。

3. 近代音乐之父——巴赫

▶ 巴赫

约翰·塞巴斯提安·巴赫（Johann Sebastian Bach），1685 年 3 月 21 日出生于德国边远小城市埃森纳赫，1750 年 7 月 28 日逝世于莱比锡，终年 65 岁。巴赫是欧洲音乐史上极为重要的音乐家。他的 48 首前奏曲与赋格，至今一直被音乐家视为经典。因为他的音乐为欧洲近代音乐的发展开辟了道路，巴赫因此被誉为"西方音乐之父"。

巴赫出生于一个音乐世家。自 16 世纪初到巴赫逝世的 200 多年里，巴赫家族出现过 53 位音乐家。巴赫的创作包罗万象，涉及除歌剧外的一切音乐体裁，其中主要是各种类型的音乐作品，《马太受难曲》《b 小调崇高弥撒乐》和《勃兰登堡协奏曲》是其代表作。

巴赫的音乐创作以复调手法为主，构思严密，情感内在，富于哲理性和逻辑性，常常表现出坚定不移的信念，并往往以辉煌的高潮结束。可以说巴赫的音乐以其质朴、坚实、宏大的特点，为德国民族音乐奠定了基础，并在德国民族音乐的基础上，集 16 世纪以来尼德兰、意大利和法国等音乐之大成，达到了巴洛克音乐的顶峰。巴赫的音乐世界通常是从一个中心蔓延开来，再用一些简单的元素构建起来的。任何一个细微的素材，最后都可能发展成一座高耸入云的巨厦。巴赫的复调音乐理论对欧洲近代音乐理论的发展产生了不可估量的影响。作为学习研究，莫扎特抄过他的赋格曲。舒曼说："巴赫的音乐是我每天必读的圣经。"瓦格纳高度评价巴赫，说他的音乐是"一切音乐中最惊人的奇迹"。

巴赫对音乐科学也有重要的贡献。他对当时新出现的平均律给予积极的支持，并通过创作《平均律钢琴曲集》加以应用和推广，不仅扩大了调性范围的应用、转调的自由，丰富了音乐的语言和创作手法，而且以科学的音乐理论取代了音乐理论的神秘主义。这部48首前奏曲和赋格的《平均律钢琴曲集》是音乐史上的不朽杰作，自19世纪以来一直被音乐家们视为典范，尊称为"音乐圣经中的旧约"，至今仍被作为学习钢琴和复调写作技法的首选教材。

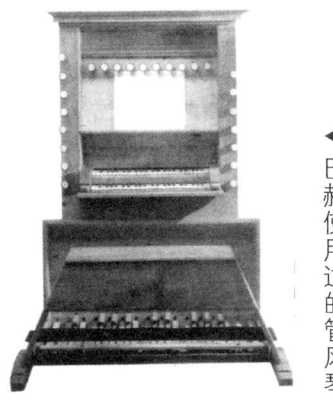

▲ 巴赫使用过的管风琴

数字音乐厅
·G弦上的咏叹调

乐曲鉴赏

G 弦上的咏叹调

《G弦上的咏叹调》原为巴赫《第三号管弦乐组曲》的第二乐章的主题，作于1727至1736年间，十九世纪德国的著名小提琴家威廉密（August Wilhelmj，1845—1908）将这段主题改编为钢琴伴奏的小提琴独奏曲，由于主奏小提琴必须在G弦（小提琴四根弦中最粗的一根弦）上演奏全部旋律，故此定名为《G弦上的咏叹调》。此曲具有巴洛克后期的夜曲风格。

"G弦"为小提琴的低音弦，其发音浑厚深沉，音色丰满，常演奏富于表情和歌唱性的旋律。改编者将这一特点与原曲如歌的曲风紧密结合，风格纯朴典雅，悠长而庄重的旋律充满浓浓的诗意美，使此曲成为脍炙人口的名曲，成为音乐会上经常演奏的小提琴曲目之一。

二、西方古典主义音乐

古典主义音乐通常指欧洲18世纪中叶至19世纪初的音乐风格。这一时期的音乐特征可以概括为优美、均衡、自信和理性。海顿、莫扎特、贝多芬的作品典型地体现了这样的美学原则和风格特征。人们通常将这三位作曲家统称为"维也纳古典乐派"，是古典主义音乐发展的高峰。

维也纳古典派创作的年代，正是欧洲思想开展"启蒙运动"的时期。启蒙学者们提出了一系列的政治思想、人生哲学、艺术主张。他们提倡理性、科学、经验、个性解放、权利均等，反对神权、封建特权和封建制度。启蒙运动是一场思想解放运动，它对18世纪和19世纪的西方文学艺术产生了深远的影响。维也纳古典乐派的三位作曲家虽然有各自的创作特点，但都在不同程度上受到启蒙运动思想的影响，创作上体现了启蒙主义时期的时代精神。而18世纪末爆发的法国资产阶级革命，则给贝多芬的思想和创作带来了深远的影响。时代的熏陶和哺育，使得维也纳古典乐派作曲家们的音乐充满了生机勃勃、乐观向上的精神气质，体现了新兴市民阶层的精神风貌和鲜明的世俗特征。从总的方面来看，他们的音乐具有题材重大、崇尚理性、气势宏伟、逻辑性强、结构严谨、以主调和声风格为主的美学特征。他们发展了一种乐器化的动力性语言，并把它广泛运用到各种音乐体裁的创作中，在短短的几十年内为不同乐器而作的奏鸣曲和奏鸣交响套曲等体裁获得了突飞猛进的发展。海顿、莫扎特、贝多芬虽然同属于维也纳古典乐派，在创作上有着明显的师承关系，但又各具鲜明的个性。这些个性在音乐气质、体裁选择和表现手段上都有明显的区别。

1. 交响曲之父——海顿

▶ 海顿

弗朗茨·约瑟夫·海顿（Franz Joseph Haydn），1732年3月31日生于奥地利南部奥劳镇，1809年5月31日逝于奥地利维也纳，终年77岁。

海顿作品的特点从形式上来说体现出典型的德奥风格：结构严谨，平衡匀称，旋律、配器清晰，是德奥古典音乐的主要奠基人之一。他的作品广博浩瀚，遍及声乐、器乐的各个领域。其早期作品处于从巴洛克向古典风格的转换期，经过此后大量的音乐实践，逐步形成了近代交响曲和四重奏曲的曲式以及弦乐四声部为基础的双管制管弦乐队体制。18世纪90年代后，他的创作达到了炉火纯青的境地。

海顿一生写了100多部交响曲，其晚期创作标志着古典交响曲形式的成熟。海顿的交响曲，情感表现稳重，格调典雅，结构严谨，最早确立了交响曲的结构形式特点。这就是"奏鸣曲—交响套曲"的结构形式：第一乐章，快板，奏鸣曲式，充满活力和激情；第二乐章，慢板，三部曲式或变奏曲式，抒情而充满冥想；第三乐章，小步舞曲式的三部曲式，具有乡土风格；第四乐章，快板，舞曲性质的回旋曲式。海顿交响曲的首、尾乐章都使用了展开短小动机的发展手法，这是海顿交响曲在结构上的一个特点。不仅如此，海顿的交响曲创作还奠定了以弦乐四个声部为基础、双管制现代管弦乐队的基本格局。海顿的交响曲创作，不仅开拓了古典交响音乐的发展道路，同时也为后来整个交响音乐艺术的发展奠定了基础，因此被誉为"交响曲之父"。

乐曲鉴赏

数字音乐厅
· 小夜曲

小夜曲

弦乐四重奏曲《小夜曲》选自海顿《F大调第十七弦乐四重奏》的第二乐章。作品大约作于1762年，后来被改编为管弦乐曲、管乐合奏曲、小提琴独奏曲、吉他曲等。

乐曲色彩明朗，具有典雅质朴的情调，轻快的节奏和娓娓动听的旋律表现了无忧无虑的意境，而展开部的旋律进行，时而出现极其自然的大跳音程，使曲调更富于朝气。由第一小提琴加上弱音器奏出的主旋律流畅而亲切，充满了欢快的情绪，其他三个声部由第二小提琴、中提琴、大提琴用拨弦奏法，模仿情歌式小夜曲用吉他伴奏的音响效果。

2. 音乐天才——莫扎特

沃尔夫冈·阿玛多伊斯·莫扎特（Wolfgang Amadeus Mozart），1756 年 1 月 27 日生于奥地利萨尔茨堡，1791 年 12 月 5 日逝于奥地利维也纳，终年不到 36 岁。

莫扎特

不仅在音乐史上，就整个艺术史而言，莫扎特也是罕见的人物。在经典音乐巨匠中，有不少人被称为天才，可真正神奇的天才恐怕只有莫扎特。有人曾做过估计，如果把莫扎特在他 35 年短暂的一生所创作的乐曲重新抄写一遍，恐怕也要用上 30 年的时间，况且莫扎特的作品中，很少有"败笔"。莫扎特的音乐使欧洲音乐文化达到了一个高峰。

在欧洲音乐史的源远长河中，自幼便显示出音乐才干者并不罕见。可像莫扎特那样早熟的奇才，能在那样小的年龄便被公认为"神童"的音乐家，却是再难找寻。他 3 岁就能在钢琴上弹奏许多他所听到过的乐曲片段，5 岁就能准确无误地辨明任何乐器上奏出的单音、双音、和弦的音名，甚至可以轻易地说出杯子、铃铛等器皿碰撞时所发出的音高……如此过硬的绝对音准观念是绝大多数职业乐师一辈子都达不到的。

莫扎特的父亲列奥波尔德·莫扎特（Leopold Mozart）原籍德国，是一位颇受人们尊敬的小提琴家、作曲家，小莫扎特非凡的音乐天赋很早就已引起他的欣喜与关注。有一次，他与一位朋友一起回到自己家中，看到 4 岁的儿子正聚精会神地趴在五线谱纸上写东西。父亲问他在干什么，儿子一本正经地回答："我在作曲。"孩子的举止使两位大人相觑一笑，面对着纸上歪七扭八的音符，他们以为这不过是小孩的胡闹。然而，当细心的父亲将儿子的作品认真地看了几眼之后，忽然兴奋地眼噙泪花对客人喊道："亲爱的，你快来看！这上面写的是多么正确而有意义啊！"从 1762 年起，在父亲的带领下，6 岁的莫扎特和 10 岁的姐姐安娜开始了漫游整个欧洲大陆的旅行演出。他们到过慕尼黑、法兰克福、波恩、维也纳、巴黎、伦敦、米兰、波隆那、佛罗伦萨、那不勒斯、罗马、阿姆斯特丹等许多地方，所到之处无不引起巨大的轰动！在奥地利国都维也纳，他们被皇帝请进王宫进行表演。

莫扎特的创作成就遍及各个领域，尤其在德国歌剧艺术的开拓史上立下了不朽业绩。他的作品反映了18世纪末，处在被压迫地位的德奥知识分子摆脱封建专制主义的羁绊，对美好社会和光明、正义、人的尊严的追求。他的音乐风格具有诚挚、细腻、通俗、优雅、轻灵、流利的特征，大都充满了乐观主义的情绪，反映了上升时期的德奥资产阶级向上的精神状态，在莫扎特后期的创作中，也出现了悲剧性、戏剧性的风格，对社会矛盾的反映更趋深刻。

乐曲鉴赏

费加罗的咏叹调

数字音乐厅
· 费加罗的咏叹调

《费加罗的婚礼》布景图

歌剧《费加罗的婚礼》完成于1786年，内容取材于法国剧作家博马舍的同名话剧。剧情梗概是：在阿尔马维瓦伯爵家，男仆费加罗要同女仆苏珊娜结婚，而喜新厌旧的伯爵则企图占有苏珊娜，故想方设法阻止他们的婚姻。聪明机智的一对仆人联合被伯爵冷落的伯爵夫人，设下圈套，当众揭穿了伯爵的丑行，捍卫了自己幸福的婚姻。

全剧共四幕，"费加罗的咏叹调"是第一幕中费加罗对行将被罚往军队当兵的书童凯鲁比诺唱的一首饶有风趣的歌曲。

3. 乐圣——贝多芬

路德维希·凡·贝多芬（Ludwig Van Beethoven），1770年12月16日生于德国波恩，1827年3月26日逝于奥地利维也纳，终年不到57岁。

贝多芬是继巴赫、海顿、莫扎特之后欧洲音乐史上的又一位巨人。他的音乐是古典主义音乐与浪漫主义音乐之间的桥梁和里程碑。200多年来，他的音乐，特别是九部交响曲，一直震撼着全世界。我国近代音乐的先驱李叔同曾尊称他为"乐圣"。

贝多芬肖像

贝多芬的创作构思宽广、形象宏伟、感情深邃、对比鲜明，这使他偏重于采用并扩充奏鸣曲式。尽管维也纳古典乐派中的三位著名作曲家所处的生活年代相当接近，但是贝多芬的思想同海顿和莫扎特显然并不属于同个时代。海顿一生备受凌辱，他虽也偶尔激怒过，但却总是逆来顺受，当时进步的文学思潮和革命情绪都很少能使他激动，他的音乐同斗争也是永远绝缘的。莫扎特精神上遭受的苦难并不比海顿少，他勇于反抗，宁愿贫困而不能忍受大主教的侮辱，但在他的音乐中，从那充满阳光和青春活力的欢乐的背后，往往还是可以感觉到一种痛苦、忧郁和伤感的情绪。只有贝多芬，他不但愤怒地反对封建制度的专制，而且用他的音乐号召人们为自由和幸福而斗争。

贝多芬是人类艺术史上最伟大的创造者之一。一方面他有着卓越的音乐天斌、炽热的叛逆气质和巨人般的坚强性格；另一方面他那百折不挠的意志和对社会的责任感而产生的崇高思想，形成了他作为一个音乐家的特殊品质。他通过自己的创作，特别是在他的九部交响曲中，反映了那个时代伟大的人民运动和最进步的思想。他以时代和个人的命运为题，通过深刻的哲理和感人的艺术形象相结合，写出了一系列交响乐作品，表现了从斗争到胜利、从黑暗到光明、从苦难到快乐的资产阶级上升时期的精神历程。贝多芬的第九交响曲在几个世纪以来都被作曲家们视为创作样板和追求的目标。《第九交响曲》的第四乐章是以席勒的诗歌《欢乐颂》为歌词创作的，他把独唱、合唱融入过去纯乐器演奏的交响曲中。这种大胆独特的创作设计和构思，对 19 世纪的交响曲创作是极大的启示，如柏辽兹、马勒都在交响曲中运用了人声。

1824 年，贝多芬在维也纳指挥演奏他的《第九交响曲》及其合唱，取得了巨大成功。演出结束时，全场起立，经久不息地为他鼓掌，可他什么也没听见，仍背对观众默默地站着，直到一位独唱演员扶他转过身来。当他看到观众为他狂呼鼓掌的激动人心的情景时，感动得流下了热泪。可能就在此时此刻，他也意识到，他将痛苦留给自己，把欢乐留给人间的伟大革命即将要完成了。贝多芬在弥留之际，写完遗嘱后平静地躺着，汗水浸湿了他的衣服。他已精疲力竭，生命之火即将熄灭。他嘴唇颤动着，口中喃喃地说："请为我喝彩，戏剧已经结束了。"1827 年 3 月 26 日这一天，贝多芬在阴云密布、电闪雷鸣、暴雨倾盆的狂飙中离开了这个世界。他逝世前虽然很孤独、痛苦，而葬礼却极为隆重，有两万多民众自动跟随灵枢出殡，以他们发自肺腑的极大悲恸和崇敬之情安葬了这位旷世乐圣。

乐曲鉴赏

献给爱丽丝

贝多芬一生没有结过婚，但是，他一直盼望着能得到一位理想的伴侣。1808 至 1810 年间，贝多芬教了一个名叫特蕾泽·玛尔法蒂的女学生并对她产生了好感，在心情非常甜美、舒畅的情况下他写了一首《a 小调巴加泰勒》的小曲赠给她，"巴加泰勒"（bagatelle）意思是小玩意儿，贝多芬还在乐谱上题上了"献给特蕾泽"这样几个字，以后这份乐谱一直留在特蕾泽那里。贝多芬逝世以后在他的作品目录里也没有这支曲子，直到 19 世纪 60 年代德国音乐家诺尔为写贝多芬传记，在

数字音乐厅
· 献给爱丽丝

特蕾泽·玛尔法蒂的遗物中才发现了这首乐曲的手稿。1867 年在斯图加特出版这首曲子的乐谱时，诺尔把曲名错写成《献给爱丽丝》，从此人们反而忘记了《献给特蕾泽》的原名而称之为《献给爱丽丝》了。乐曲主题在这支曲子里先后出现了 16 次，把特蕾泽温柔美丽的形象作了概括的描绘，给人以极为深刻的印象，好似贝多芬有许多亲切的话语要向特蕾泽诉说。

《"命运"交响曲》第一乐章

作品创作于 1807 年。耳聋和个人情感生活的一系列危机，曾使贝多芬产生绝望的念头，但是艺术挽留了他，他最终战胜了命运，顽强地活了下来。作品用音乐表现了贝多芬的誓言："我要扼住命运的咽喉，它就绝不能使我屈服！"

全曲共四个乐章。第一乐章仿佛是全曲的一个缩影。开始的主部主题是一个动机（指简短的主题），他斩钉截铁、咄咄逼人，是整部交响曲的核心。贝多芬曾解释说："这是命运的敲门声。"整个乐章以这个主题的展开为主，表现了主人公与命运之间惊心动魄的搏斗，充满了力量与动感之美。

数字音乐厅
·《"命运"
交响曲》第
一乐章

三、西方浪漫主义音乐

"浪漫"（Romance）二字是译音，它源于中古时期描写神话、英雄与美人的文艺作品。浪漫主义音乐是继维也纳古典乐派之后于 19 世纪初至 19 世纪末叶在欧洲形成和发展的重要音乐流派。浪漫主义音乐的产生有其深刻的社会历史根源。法国大革命失败后，1815 年全欧性的封建势力复辟以及随后兴起的欧洲民主运动和民族运动是产生浪漫主义音乐的历史土壤。贝多芬是通向浪漫主义音乐的历史桥梁，在他的后期创作中已显露出浪漫主义音乐的一些特征。浪漫主义音乐初期的代表人物是奥地利的舒伯特和德国的韦伯。19 世纪三四十年代，随着欧洲民主运动和民族运动的高涨，浪漫主义音乐达到了鼎盛时期，为此做出突出贡献的作曲家有德国的门德尔松、舒曼、瓦格纳，法国的柏辽兹，波兰的肖邦，匈牙利的李斯特等。19 世纪 50 年代以后，随着民主运动的低落，浪漫主义音乐也开始衰落；到七八十年代，浪漫主义音乐逐渐走向解体。浪漫主义音乐的鼎盛时期虽然已经过去，但它的影响一直持续到 19 世纪后半叶，并影响了许多作曲家，如理查德·施特劳斯、马勒，故有人称他们是"晚期浪漫派"。

浪漫主义时期的作曲家既对封建统治下的黑暗社会现实极为不满，又对法国资产阶级革命时期幻想建立的理想的社会制度感到失望，因而看不到社会的出路，普遍产生失落、不满、苦闷的情绪。为了寻求精神的解脱，他们沉醉于个人情感的主观体验，寄情于遥远的过去和大自然，揭示社会的冷酷和艺术家的孤独，美化爱情。创作内容的这些变化，使浪漫主义音乐产生了许多新的艺术特点，这些特点主要表现为：个人主观感情的表现得到了深刻的揭示和加强，正如浪漫主义音乐家李斯特所说的"音乐是最纯的感情火焰"。浪漫主义音乐家重视民族、民间音乐并不断从中吸取滋养，使他们的创作具有了一定的民族特色。浪漫主义音乐的特点还表现为提倡音乐的标题性，主张"艺术综合"（音乐与诗歌、戏剧等艺术的结合）等。此外在音乐体裁形式上，浪漫主义作曲家也进行了大胆的革新和创作。他们创作了名目繁多的即兴曲、练习曲、夜曲、叙事曲、前奏曲、幻想曲、谐谑曲、无词歌等单乐章的器乐曲和大量的抒情艺术歌曲，还有由一系列的器乐或声乐小品组成的器乐或声乐套曲（如钢琴套曲、声乐套曲等），同时创立了体现浪漫主义美学思想的多乐章的标题交响曲和单乐章的交响诗。在表现手法上，自由舒展、连绵起伏的新的旋律在音乐中占据了突出的地位并被广泛运用到器乐音乐（包括交响乐）中。节奏的运用更加复杂和多样，使音乐更具活力。特别在和声语言上，不协和和弦及半音和声的运用，使音乐的表现力更为扩大。上述浪漫主义音乐的特点，主要反映在此时期的艺术歌曲、钢琴小品、交响乐和歌剧的创作中。

艺术歌曲和钢琴小品是浪漫主义时期新的艺术表现手段，它通过短小的抒情形式来满足和表现浪漫主义音乐家内心情感的需要。在19世纪初这两种短小的音乐体裁形式盛行于德国。德国的艺术歌曲的歌词多出自大诗人之手（如海涅、歌德等），作品具有严肃、深沉的特征。在艺术歌曲创作中做出突出贡献的作曲家有舒伯特、舒曼和勃拉姆斯。在钢琴小品这一领域做出杰出贡献的作曲家有舒曼、门德尔松和肖邦。

19世纪是意大利要求民族解放、反对封建势力的民主时期，从罗西尼至威尔第前期的歌剧作品，始终贯穿着这一主题思想。罗西尼的《塞尔维亚的理发师》《威廉·退尔》，威尔第的《纳布科》《伦巴第人》等是这方面的代表作。19世纪上半叶罗西尼、贝利尼、多尼采蒂的歌剧创作，标志着意大利歌剧美声时期的最高阶段。意大利歌剧的谣唱性风格一方面影响了许多国家，另一方面由于"唱高于一切"，削弱了歌剧的戏剧性，遭到了许多思想家、音乐家的尖锐批评。真正使意大利歌剧从谣唱性风格到戏剧性转变的是威尔第。威尔第反对谣唱歌剧一成不变的抒情歌唱高于戏剧性，也不同意瓦格纳以乐队为主导、声乐为辅助的"乐剧"，他认为"歌剧就是歌剧，交响乐就是交响乐"。他的现实主义歌剧是建立在意大利歌唱性传统上的"声乐戏剧"，它深深扎根于意大利歌剧艺术的传统中。《弄臣》《茶花女》《游吟诗人》《唐·卡洛斯》《西西里的晚祷》，特别是《阿依达》《奥赛罗》等作品是这方面的杰出代表。

1. 歌曲之王——舒伯特

弗朗茨·舒伯特（Franz Schubert），1797年1月31日出生于奥地利维也纳，1828年11月19日逝世于维也纳，终年31岁。

舒伯特是著名的奥地利作曲家。他从未得到过较为固定的音乐职位，他没有

稳定的收入。但他却在短暂而贫困潦倒的一生中，在音乐创作的各个领域中都留下了大量的传世佳作。他是浪漫主义交响曲和艺术歌曲的奠基人，他以 600 多首杰出的艺术歌曲，被人们誉为"艺术歌曲之王"。

舒伯特的歌曲和钢琴作品一道，体现着浪漫主义的音乐风格，是浪漫主义音乐的先驱者之一，而其交响乐与室内乐则为古典乐派风格，继承了古典主义音乐传统。所以说舒伯特的音乐风格具有古典主义音乐与浪漫主义音乐的双重性，是一个跨越两个音乐时代的人物。舒伯特的歌曲有意识地要把和声及器乐伴奏等纯音乐因素提高到与诗和旋律同等重要的地位，其旋律是十分完整的个体，透过诗中的意境反射出纯粹的音乐意境，不拘成规，富于独创性。古典派歌曲中，音乐与诗歌不时融合在一起的例子虽不少见，而忠实地将诗歌的内容和气氛音乐化的作品却在浪漫派歌曲中占了大多数。舒伯特的歌曲优美、质朴而深刻，作品中折射出那个时代小知识分子的苦闷与压抑、欢乐与痛苦，成为浪漫主义艺术的典范。

他一生共写下了 14 部歌剧、9 部交响曲、100 多首合唱曲及 600 多首歌曲等，其中最著名的有交响曲《b 小调第八（未完成）交响曲》、钢琴五重奏《鳟鱼》、声乐套曲《美丽的磨坊姑娘》等。

乐曲鉴赏

数字音乐厅
· 小夜曲

小夜曲

这是舒伯特短促的一生中最后完成的独唱艺术歌曲之一，也是舒伯特最为著名的作品之一。此曲采用德国诗人莱尔斯塔勃的诗篇谱写而成。

作为西洋乐曲体裁之一的"小夜曲"，其创作内容都以爱情为题材，这首《小夜曲》也不例外。"我的歌声穿过黑夜轻轻飘向你……"在钢琴上奏出的六弦琴音响的导引和烘托下，响起了一个青年向他心爱的姑娘所做的深情倾诉。随着感情逐渐升华，曲调第一次推向高潮，第一段便在恳求、期待的情绪中结束。抒情而安谧的间奏之后，音乐转入同名大调，"亲爱的请听我诉说，快快投入我的怀抱"，情绪比较激动，形成全曲的高潮。最后是由第二段引申而来的后奏，仿佛爱情的歌声在夜曲的旋律中回荡。乐句之间出现的钢琴间奏是对歌声的呼应，意味着歌手所期望听到的回响。

2. 钢琴诗人——肖邦

弗里德里克·弗朗索瓦·肖邦（Fryderyk Fanciszek Chopin），1810 年 3 月 1

日出生于波兰华沙附近的一个小村庄，1849 年 10 月 17 日逝世于法国巴黎，终年仅 39 岁。

肖邦是欧洲音乐史上最著名的钢琴作曲家和钢琴演奏家。因为他的作品主要为钢琴曲，且数量众多，并充满着诗一般的浪漫气息，因此被誉为"浪漫主义钢琴诗人"。肖邦是那个时代最先进的思想的代表和喉舌，他的音乐同波兰民族解放运动紧密相联，发挥着富于革命性的作用，他的爱国热忱，

◀ 肖邦

他对祖国的思念，在各类作品中都有不同程度的体现，在波兰舞曲和玛祖卡舞曲中表现得尤其突出。因此曾被舒曼誉为"藏在花丛中的大炮"，向全世界宣告："波兰不会亡。"他 21 岁离开波兰至去世一直旅居法国巴黎，晚年生活非常孤寂，痛苦地自称是"远离母亲的波兰孤儿"，临终嘱咐亲人把自己的心脏运回祖国。他的作品继承、发扬了欧洲 18 世纪和 19 世纪初古典音乐的传统，大大地丰富了欧洲 19 世纪上半叶浪漫主义音乐的天地，并对 19 世纪下半叶浪漫主义音乐的继续发展、各民族乐派的兴起以及此后整个近现代音乐的发展（包括 19 世纪和 20 世纪之交的印象主义音乐等），有很大的启发和影响。他的充满独创性的作品中常富有宽广如歌、感人至深的旋律，和声色彩丰富而极有表现力，节奏生动，并常与波兰民间音乐、舞蹈有密切的联系，在形式体裁上也是多样的，同样具有高度创造性。

乐曲鉴赏

A 大调波兰舞曲

该曲又名 A 大调波兰舞曲《军队》。这首乐曲作于 1838 年，之所以因《军队》而著名，是由于曲中的第一、二两主题的旋律，具有极为豪放、勇敢的军旅特色。

传统的波兰舞曲就是以风格雄浑、豪放而著称的，显示出波兰这个民族的尚武精神。在这首波兰舞曲中更是集中体现了这一点。欣赏这首波兰舞曲时，我们仿佛看到了古代波兰的勇士们，那强健的体魄、豁达的胸怀以及深刻而动人的虔诚融为一体，闪烁着骑士精神。乐曲正如标题所提示的，无比辉煌、壮丽，波兰的气质显得更加高贵，它的每一个音、每一个节奏，都闪烁着生命与力的光辉。

数字音乐厅
·A 大调波兰舞曲

3. 歌剧大师——威尔第

朱塞佩·威尔第（Giuseppe Verdi），1813 年 10 月 10 日出生于意大利北部帕尔玛公国不塞托市附近的隆科莱村，1901 年 1 月 27 日逝于意大利米兰，终年 87 岁。

威尔第是著名的意大利歌剧作曲家，举世公认的歌剧大师，他的《弄臣》《游

◀ 威尔第

吟诗人》《茶花女》《假面舞会》《阿依达》《奥赛罗》等著名歌剧在全世界久演不衰。他也是一位爱国主义者，受到意大利人的尊敬。

威尔第的创作以民族民间音乐为渊源，借鉴外国先进经验，取得了丰硕的成果。其歌剧以题材的社会性、现实性，人物和环境的质朴真实，音乐、戏剧的紧密结合，声乐歌唱的主导地位和变化丰富的动人旋律而著称。他把意大利歌剧推向了一个新的历史高峰，为世界歌剧艺术做出了杰出的贡献。

乐曲鉴赏

薇奥列塔的咏叹调

歌剧《茶花女》创作于 1853 年，取材于法国作家小仲马的同名话剧。

剧情梗概是：美貌的巴黎名妓薇奥列塔与贵族子弟阿尔弗莱德一见钟情，两人离开奢华的巴黎，一起到乡间生活。但是，在阿尔弗莱德父亲的劝说下，薇奥列塔为了阿尔弗莱德家族的名声，谎称自己不再爱阿尔弗莱德而离开。阿尔弗莱德气愤地羞辱了薇奥列塔。当他得知真相时，薇奥列塔已生命垂危。最后她在阿

◀ 歌剧《茶花女》演出场景

尔弗莱德的怀中离开了人世。全剧共三幕，第三幕中《薇奥列塔的咏叹调》是她临终前唱的、也是全剧最感人的唱段之一。她回忆起往日的爱情，无限惋惜地同自己的生命和幸福做永远的诀别。悲剧性的旋律淋漓尽致地倾诉了女主人公的痛苦心境。

数字音乐厅
·薇奥列塔的咏叹调

4. 圆舞曲之王——约翰·施特劳斯

◀ 约翰·施特劳斯

约翰·施特劳斯（Johann Strauss），1825 年 10 月 25 日出生于奥地利维也纳，1899 年 6 月 3 日逝于维也纳，终年近 74 岁。

约翰·施特劳斯出生于音乐世家，祖父是一个舞厅的老板。约翰·施特劳斯的音乐成就受到他父亲的巨大影响。他的父亲叫约翰·施特劳斯，通常被称为老约翰·施特劳斯，也是一位杰出的音乐家，在音乐会最后经常加演的曲目《拉德茨基进行曲》就是他的作品。

施特劳斯是享誉世界的轻音乐作曲家和小提琴演奏家。他创作了大量脍炙人口的圆舞曲、波尔卡舞曲、进行曲和轻歌剧，作品共 479 首，其中圆舞曲 400 多首，同时他还担任自己乐团的指挥。他的创作紧密结合奥地利民间音乐和日常生活的音乐，曲调新颖、节奏活泼、配器华丽、通俗动人，堪称维也纳的交响音诗。他的音乐雅俗共赏，无论是专业音乐人士还是音乐爱好者，都会陶醉在他那轻松、愉快而高雅的轻音乐中，得到美的享受。

值得一提的是，著名的维也纳新年音乐会从 1939 年开始，每年的 1 月 1 日在维也纳的金色大厅举行。音乐会的曲目基本上是老约翰·施特劳斯和约翰·施特劳斯的，最后两首保留曲目永远是《蓝色多瑙河圆舞曲》和《拉德茨基进行曲》。

乐曲鉴赏

蓝色多瑙河圆舞曲

该作品最初是合唱曲，1867 年在维也纳公演。半年以后，施特劳斯将它改编成管弦乐曲，在巴黎举行的国际博览会上再次推出。后来，法国诗人巴比叶又为它重新填词。今天，此曲分别有合唱和管弦乐两种版本，都在世界上享有盛誉。在奥地利人心目中，这首圆舞曲已经成为国家的象征，被亲切地称作"奥地利的第二国歌"，每年的维也纳新年音乐会它都被作为保留曲目演出。乐曲以典型的三拍子圆舞曲节奏贯穿，由序曲、五段小圆舞曲及一个较长大的尾声连续演奏而成，音乐主题优美动听，用音乐为人们呈现了一幅美好的图画。

《蓝色多瑙河》钢琴版乐谱封面

数字音乐厅

·蓝色多瑙河圆舞曲

5. 俄罗斯音乐的集成大师——柴可夫斯基

彼得·伊里奇·柴可夫斯基（Peter Ilyich Tchaikovsky），1840 年 5 月 7 日出生于俄罗斯乌拉尔地区的维亚特卡省沃钦斯克村，1893 年 11 月 6 日逝于俄罗斯圣彼得堡，终年 53 岁。

柴可夫斯基是世界公认的近代音乐史上最伟大的俄罗斯作曲家，俄罗斯民族音乐与西欧古典音乐的集大成者。他 5 岁开始学习钢琴和作曲，1862 年入彼得堡音乐学院学习作曲，毕业后赴莫斯科音乐学院任教。他的音乐基调建立在民歌和民间舞蹈的基础上，所以乐曲中呈现出浓烈的生活气息和民间特色，他惯于采用

起伏的相对主题，利用音乐形象来表现生活中各种心理和感情状态的发展和演变过程。强烈的民族意识和民主精神贯穿着他全部的创作活动，他主张音乐的美，是建立在真实的生活和深刻的思想基础上的，因此他的作品一向以旋律优美、通俗易懂而著称，又不乏深刻性，他的音乐是社会的真实写照。透过他的艺术珍品，人们不难发现他不仅是现实主义和浪漫主义结合的典范，而且还是一位擅长以音乐描绘心理活动的大师。

他的作品中，很多都是极其优秀的世界名曲，他的抒情歌剧《叶甫盖尼·奥涅金》《黑桃皇后》、芭蕾舞剧《天鹅湖》《睡美人》和《胡桃夹子》都是俄罗斯音乐艺术的高峰，此外还有交响曲《第四交响曲》《第五交响曲》《b小调第六交响曲》《降b小调第一钢琴协奏曲》《D大调小提琴协奏曲》以及交响诗《罗密欧与朱丽叶》、音乐会序曲《1812序曲》等。

乐曲鉴赏

数字音乐厅
·《第一钢琴协奏曲》第一乐章
·芭蕾舞剧《天鹅湖》场景音乐

《第一钢琴协奏曲》第一乐章

柴可夫斯基的《第一钢琴协奏曲》是最著名和最具有代表性的钢琴协奏曲之一，作于1874至1875年间。作品完成之后，柴可夫斯基曾向当时的莫斯科音乐学院创始人尼古拉·鲁宾斯坦征求意见，尼古拉·鲁宾斯坦认为它"一无是处、无可救药"，要求柴可夫斯基必须按照自己的意思修改，他才能"给面子"，准许演奏。柴可夫斯基说："我一个音符也不改，我要按照现在的样子付印。"柴可夫斯基把"献给尼古拉·鲁宾斯坦"的标题抹去，改赠德国钢琴家汉斯·冯·彪罗。1875年汉斯·冯·彪罗在波士顿首演成功。1878年尼古拉·鲁宾斯坦也演奏了这首协奏曲，以改正自己的错误。

《第一钢琴协奏曲》在柴可夫斯基早期的大型作品中，是真正的开朗情绪和乐观主义的代表作，它称得上19世纪俄罗斯钢琴音乐的一个顶峰，也是19世纪欧洲音乐艺术史上最天才的创作之一。

芭蕾舞剧《天鹅湖》场景音乐

芭蕾舞剧《天鹅湖》创作于1876年，为四幕芭蕾舞剧。故事取材于俄罗斯古老的童话，也是柴可夫斯基最著名的代表作之一，由于原编导在创作上的平庸以及乐队指挥缺乏经验，致使1877年2月20日首演失败，直到1895年，在彼得堡的演出才获得了惊人的成功，从此成为世界芭蕾舞的经典名著。

《天鹅湖》的音乐像一首首具有浪漫色彩的抒情诗篇，每一场的音乐都极出色地完成了对场景的抒写和对戏剧矛盾的推动以及对各个角色性格和内心的刻画，具有深刻的交响性。这些充满诗情画意和戏剧力量，并有高度交响性发展原则的舞剧音乐，是柴可夫斯基对芭蕾音乐进行重大改革的结果，从而成为舞剧发展史上一部划时代的作品。

四、西方其他主要音乐流派

1. 民族主义音乐

民族乐派是继浪漫主义音乐流派形成后不久在东欧、北欧地区形成和发展的致力于发展本民族音乐文化的音乐流派。民族乐派的创作活动从 19 世纪 30 年代开始，一直持续到 20 世纪初。在上述地区出现的民族乐派主要有俄罗斯民族乐派、捷克民族乐派、挪威民族乐派、芬兰民族乐派等。受西欧浪漫主义时期民族和民主运动的影响，19 世纪 30 年代以后，随着东欧、北欧地区资产阶级民族、民主运动的兴起和民族意识的日益觉醒，在政治上或文化上长期受到外国垄断和压制的国家中，一些进步的艺术家产生了摆脱外国文化的垄断、振兴本民族文化的强烈要求。民族乐派就是在这样一种空前高涨的复兴本民族文化的历史潮流中蓬勃兴起的。民族乐派虽然致力于发展本民族的音乐文化，但与同时期的浪漫主义音乐流派在思想和艺术上有广泛的交流和吸收。民族乐派的许多作曲家如格林卡、斯美塔那、德沃夏克、格里格等都是在西欧受到浪漫主义思潮的影响和艺术上的熏陶后走上发展本民族音乐文化道路的。同样，在浪漫乐派的许多作曲家如肖邦、李斯特的作品中，也显露出强烈的民族风格。可见，一方面民族乐派是浪漫主义音乐的继续发展，另一方面也为浪漫主义音乐文化增添了新的血液和丰富的音乐内容。

民族乐派虽然与浪漫乐派有许多相通之处，但在题材内容和表现手段上却显示出区别于浪漫乐派的新的创作风格和特征，这些特征主要表现为：民族乐派的作曲家们都有着强烈的爱国主义精神和民族自豪感，因此除借鉴西欧古典、浪漫乐派的创作成果外，更强烈采用本民族的历史和传说作为创作题材，歌颂本民族波澜壮阔的历史斗争、带领人民反抗并推翻异族压迫和封建暴政的民族英雄、人民群众的爱国主义精神，从对祖国光荣历史的再现和感受中激发同胞的爱国主义热情。除此之外，表现祖国的自然风光，本民族的风土人情、神话传说、人民的性格和爱好的作品也大量出现，这些作品抒发了作者对祖国、对人民的深情厚谊和无限的爱。

乐曲鉴赏

德沃夏克·《"自新大陆"交响曲》第二乐章

德沃夏克（Antonín Dvořák），钢琴演奏家，作曲家，1841 年 9 月 8 日出生于捷克尼拉哈基维克，1904 年 5 月 1 日逝于布拉格，享年 63 岁。他是 19 世纪捷克最伟大的作曲家之一，民族乐派的主要代表人物，在捷克历代音乐家中，他的声誉最高。

《"自新大陆"交响曲》又名《"新世界"交响曲》，是 19 世纪民族乐派交响曲的代表作。1893 年，德沃夏克应瑟伯夫人的邀请，抵达美国，担任新设立的国家音乐学院院长。该作品是德沃夏克对美国所在的"新大陆"所产生的印象的体现，意在此曲中使用粗犷的风格，以他所观察到的印第安音乐、美国民间音乐及黑人灵歌，为这首交响曲增添风味。

第二乐章：复三部曲式，慢板。这一乐章是整部交响曲中最为有名的乐章，经常被提出来单独演奏，其浓烈的乡愁之情，恰恰是德沃夏克本人身处他乡时，对祖国无限眷恋之情的体现。本乐章的第一主题，被誉为所有交响曲中最为动人的慢板乐章，这充满无限乡愁的美丽旋律，曾被后人填上歌词，而改编成为一首名叫《念故乡》的歌曲。

2. 印象主义音乐

印象主义音乐是指 19 世纪末至 20 世纪初以法国作曲家德彪西为代表的一种新的音乐风格。印象主义的其他作曲家主要还有拉威尔、迪卡斯、鲁塞尔等。印象主义这一概念最早出自 1874 年法国画家莫奈展出的一幅标题为《日出·印象》的绘画。当时看到这幅画的保守的学院派人士对画中出现的不同于传统的绘画风格持嘲笑态度，并将以后类似莫奈这样的画家贬称为"印象派"，1887 年，由于德彪西的参赛作品交响组曲《春天》在曲式结构上模糊不清，评委会要他"警惕模糊的印象主义"。但随着这种艺术潮流的发展，人们逐渐认识到它独特的艺术魅力和价值，用印象主义音乐概括以德彪西为代表的音乐风格已不再具有贬义。

印象主义音乐家喜欢描绘大自然的光线和色彩给人带来的瞬间印象和感受，这在德彪西的创作中比比皆是，如《月光》《雨中花园》《水中倒影》《透过树林的钟声》《大海》等。印象主义作曲家甚至认为音乐更能把印象主义的理想和给人们带来的朦胧的感觉、模糊的印象表现出来，因为音乐的运动和光的流动都是在时间内进行的，所以音乐比绘画更有条件表现不同时间感官印象的全过程。用象征主义诗歌和戏剧进行创作也是印象主义音乐重要的一部分。德彪西的歌剧《佩里亚斯与梅丽桑德》、管弦乐前奏曲《牧神午后》以及为大量的象征主义诗歌谱写的歌曲，表现了他与象征主义艺术家共同的审美趣味，在隐晦、暗喻、神秘、似是而非的气氛中，开辟了一个梦幻和令人着迷的音乐世界。

带有飘逸和风雅格调的印象主义音乐虽然缺少古典、浪漫主义音乐中动人心魄的艺术力量和深刻的思想内涵，但其超脱尘世、优雅纤细的艺术品位给人们带来了独特的艺术风格和丰富的感官愉悦。不仅如此，印象主义音乐以其独特的艺术风格和音乐形式上的大胆探索，为一个新世纪音乐的到来准备了条件。

乐曲鉴赏

德彪西·大海

克洛德·德彪西（Claude Debussy），1862 年 8 月 22 日出生于法国巴黎郊区，1918 年 3 月 25 日逝于巴黎，终年不到 56 岁。德彪西是印象派音乐的奠基人，19 世纪末 20 世纪初最重要的作曲家之一。他以在管弦乐和钢琴这两个创作领域的巨大成就开创了"印象主义"风格的新型音乐，并推动了 20 世纪音乐的发展。

数字音乐厅
·大海

◀ 德彪西

交响素描《大海》，作于 1905 年 3 月，初演于 1905 年 10 月。本曲为德彪西最大的一部交响音乐作品，由《黎明到中午的大海》《波浪的游戏》《风和海的对话》三个乐章构成，但每个乐章之间又有内在的联系，集中起来构成一部完整的作品。它表现了"大海"的景色极其富有动态的性格，并通过整个乐队的不同音区，极为强烈地表现出"大海"中各种画面的色彩。乐曲在时间和空间上给人以完整的"海"的印象和对海的幻想。新颖的和声、短小的旋律、丰富的音色、自由的发展，这些印象派的手法，都生动地刻画出了一幅幅大海的生动画面。

3.20 世纪音乐

20 世纪音乐是指发生在 20 世纪不同国家有别于传统的各种现代音乐风格流派的总和。其中最有影响的风格流派有新古典主义音乐、表现主义音乐、十二音音乐、噪音音乐等。20 世纪音乐是西方音乐史上的新世纪，众多的艺术思潮不仅使音乐艺术呈现出复杂多样的创作局面，而且在表现上进行了很大的革命。

从表现的内容和形式上看，20 世纪音乐主要有以下几个方面的特征：首先，在内容上更多受到本世纪各种哲学、美学、艺术思潮的影响。其次，出现了许多反映现代的自然科学、大工业生产、科学幻想及抽象概念的作品。最后，反对传统的音乐表现手段和形式，追求表现手段的独特、新颖，这一点成为20世纪音乐最主要的特征。

乐曲鉴赏

格什温·蓝色狂想曲

数字音乐厅
· 蓝色狂想曲
· 青少年管弦乐队指南

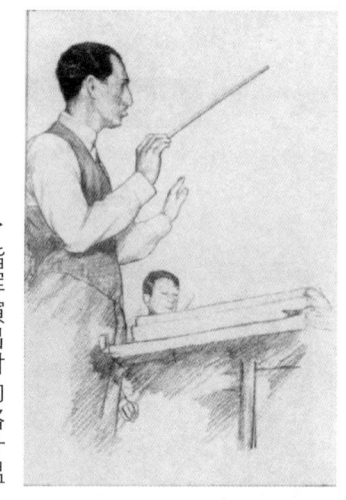

▶ 指挥演出时的格什温

乔治·格什温（George Gershwin），1898 年 9 月 26 日出生于美国纽约，1937 年 7 月 11 日逝于美国洛杉矶的好莱坞，终年还不到 39 岁。格什温是深孚众望的美国现代作曲家。他在音乐创作方面的重要价值，是把以美国爵士音乐为代表的通俗音乐与音乐厅、歌剧院中的"严肃音乐"巧妙地融为一体，创作出"交响爵士"的新风格。

《蓝色狂想曲》创作于 1924 年，此曲是爵士乐与严肃音乐结合的创举之作，是世界上最早的爵士交响音乐体裁。狂想曲指对英雄事迹、民间传说、风土人情等的自由幻想之作。一般为内容连贯的单乐章曲，它往往以流行的、民族的或民间的曲调为主要素材。如李斯特的《匈牙利狂想曲》、德彪西的《第一单簧管狂想曲》、冼星海的《中国狂想曲》等。

据说，格什温是在火车上完成这部作品的构思的。火车飞奔的声音和眼前掠过的景象，使作曲家对美国大城市的丰富多彩与超前的发展速度感到由衷的喜悦和自豪。乐曲是一首自由曲式的单乐章乐曲，全曲结构非常自由，具有爵士乐即兴演奏的特色，钢琴独奏三次华彩的演奏穿插于乐队之中，乐曲轻快、诙谐而又气势辉煌，其特色之处就是将爵士乐中的节奏和布鲁斯音调引入了交响乐，格什温自称此曲是"布鲁士大都市的狂欢""一个有关美国的万花筒"。1984 年，在美国洛杉矶进行的第 23 届奥林匹克运动会开幕式上，有 84 架钢琴和 750 人组成的管弦乐队演奏了此曲，给全世界人民留下深刻的印象。

布里顿·青少年管弦乐队指南

本杰明·布里顿（Benjamin Britten），1913 年 11 月 22 日出生于英国洛斯托夫特，1976 年 12 月 4 日逝于英国奥尔德堡，终年 63 岁。他在创作中尊重本民族的传统，又大胆吸收和运用现代派的风格、技巧，他向英国民众积极普及经典音乐，促进了本土音乐文化的发展。特别是人们永远不会忘记，他对青少年的关心和为在青少年中推广音乐所做出的贡献。

《青少年管弦乐队指南》创作于 1946 年，是布里顿受英国教育部委托为科教纪录影片《管弦乐队的乐器》而谱写的音乐，目的是向青少年介绍管弦乐队中各种乐器的音色和性能。该影片放映后，受到普遍欢迎，它不仅使广大青少年获益匪浅，甚至对具有较多音乐知识的听众来说也是一种美好的享受。人们从这部作品中，领略到布里顿使一项平凡的日常工作——写电影配乐，升华为技巧娴熟、精细微妙的艺术创作。

韦伯·歌剧魅影

安德鲁·劳埃德·韦伯（Andrew Lloyd Webber），1948 年 3 月 22 日生于英国南肯辛顿的音乐世家，音乐剧大师。20 世纪 80 年代，韦伯陆续写出了《猫》《星光列车》《歌剧魅影》《日落大道》《微风轻哨》等作品。

《歌剧魅影》是其代表作，该剧以精彩的音乐、惊险的剧情、恐怖的氛围、完美的布景，成为音乐剧中永恒的佳作。在这部音乐剧中，韦伯运用了超现实手法和异化声音的处理，其剧中的一些名曲的经典程度不亚于最出色的古典音乐，旋律优美典雅却像流行歌曲一样广为大众接受。

《歌剧魅影》剧照

艺术实践

1. 聆听笛子独奏《喜相逢》，说说你喜欢我国哪一种民族乐器以及它演奏的作品。

2. 在你的成长中，哪一首流行歌曲给你留下了深深的烙印，说说理由，推荐给同学们。

3. 聆听管弦乐曲《动物狂欢节》，感受各种西方乐器的音色差异和不同表现力。

4. 聆听贝多芬《D 大调小提琴协奏曲》，思考贝多芬"我要扼住命运的咽喉，它绝不能使我完全屈服"巨人般性格对其音乐成就的影响。

数字音乐厅
· 歌剧魅影
· 喜相逢
· 动物狂欢节
· D 大调小提琴协奏曲

美的拓展
· 西方音乐作品
· 常用音乐术语注释

参考文献

［1］朱光潜.谈美书简［M］.上海：华东师范大学出版社，2014.

［2］李泽厚.美的历程［M］.北京：文物出版社，1981.

［3］李岚清.李岚清音乐笔谈：欧洲经典音乐部分［M］.北京：高等教育出版社，2004.

［4］仇春霖.大学美育［M］.北京：高等教育出版社，2005.

［5］曾繁仁.美育十五讲［M］.北京：北京大学出版社，2017.

［6］叶朗.美学原理［M］.北京：北京大学出版社，2009.

［7］王旭晓.美的奥秘［M］.山西：山西教育出版社，2008.

［8］刘燕，宋方昊.设计美学［M］.湖北：湖北美术出版社，2009.

［9］中国劳动关系学院劳动教育中心.劳动教育评论［M］.北京：社会科学文献出版社，2020.

［10］王耀华，伍湘寿.音乐鉴赏［M］.北京：高等教育出版社，2006.

［11］金兆钧.光天化日下的流行［M］.北京：人民音乐出版社，2002.

［12］张帆，张聪.摄影基础［M］.山东：中国海洋大学出版社，2023.

［13］佘谦，张艳芳，汪艳.高职美育［M］.北京：高等教育出版社，2024.

［14］人力资源社会保障部.工匠精神读本［M］.北京：中国劳动社会保障出版社，2017.

［15］罗海旗.马克思恩格斯生产工具理论及其当代价值研究［D］.南京：东华大学，2023.

［16］陈国辉.红色经典文本的艺术样式研究［D］.内蒙古：内蒙古师范大学，2009.

［17］黄云明，张家赫.马克思劳动哲学视域中的劳动工具思想［J］.湖北大学学报（哲学社会科学版），2024（2）.

［18］季中扬.《庄子》中的技艺美学与工匠精神［J］.江苏社会科学，2021（3）.

［19］熊峰，周琳."工匠精神"的内涵和实践意义［J］.中国高等教育，2019（10）.

［20］惠雁冰."红色经典"述论［J］.红色文化资源研究，2017.

［21］李茂民.论"红色经典"的崇高美［J］.山东师范大学学报（社会科学版），2018（3）.

［22］严鹏．工匠精神：概念、演化与本质［J］．东方学刊，2020（2）．

［23］吴蓉蓉．新时期工匠精神的内涵和价值探析［J］．产业创新研究，2019（9）．

［24］杨述明．人工智能劳动工具属性的生成逻辑与社会适应［J］．江汉论坛，2024（4）．